W0378353

KNAUR.LEBEN

Über den Autor:

Topaz Adizes ist ein mit dem *Emmy* ausgezeichneter Autor, Regisseur sowie Experience Design Architect. Er ist Mitglied des *Edmund Hillary Fellowship/Neuseeland* und Stipendiat der *Sundance/Skoll Stories of Change/USA*. Seine Arbeiten wurden auf den Filmfestspielen in Cannes, dem *Sundance Film Festival* in Salt Lake City/Utah, dem *International Documentary Film Festival* in Amsterdam sowie dem *SXSW Film Festival* in Austin/Texas gezeigt, erschienen im *New Yorker Magazine*, in der Zeitschrift *Vanity Fair* sowie der *New York Times* und wurden mit einem *Emmy* für neue Ansätze im Dokumentarfilm sowie zweimal mit dem Preis *World Press Photo of the Year* für fesselndes Storytelling und interaktiven Dokumentarfilm ausgezeichnet. Er ist Gründer und Geschäftsführer des Studio für Erlebnisdesign *The Skin Deep*. Topaz studierte Philosophie an der *University of California* in Berkeley und der *Oxford University*. Er spricht vier Sprachen und lebt gegenwärtig mit seiner Frau und seinen zwei Kindern in Mexiko.

Weitere Information über The Skin Deep unter *TheSkinDeep.com*.

Mehr über Topaz Adizes und seine Arbeit auf seiner Webseite *TopazAdizes.com*.

Topaz Adizes

12 Fragen für die Liebe

Ein Guide für mehr Nähe in Beziehungen

Aus dem Englischen
von Horst Kappen

KNAUR.LEBEN

Die amerikanische Originalausgabe erschien 2024 unter dem Titel
12 Questions for Love: A Guide to Intimate Conversations and Deeper Relationships bei Sasquatch Books, Seattle.

Besuchen Sie uns im Internet:
www.knaur-leben.de

MIX
Papier | Fördert gute Waldnutzung
FSC® C014496

Deutsche Erstausgabe Oktober 2024

Redaktion: Tamara Fromme
Covergestaltung: atelier-sanna.com
Coverabbildung: © atelier-sanna.com / Shutterstock.com
Satz und Layout: Adobe InDesign im Verlag
Druck und Bindung: GGP Media GmbH, Pößneck
ISBN 978-3-426-28488-9

2 4 5 3 1

Für

meine Mutter Tria, die mich Integrität lehrte,

meinen Vater Ichak, der mich Leidenschaft lehrte,

meine Stiefmutter Nurit, die mich Kunst lehrte,

meine Frau Icari, die mich Nähe und Vertrautheit lehrte,

und meine beiden Kinder Cosmos und Lylah Oceana,

von denen ich noch vieles zu lernen habe.

INHALT

VORWORT

In einer Sommernacht des Jahres 2018 hockten meine Schwester, meine Tante und ich uns an einen Tisch in der Nische eines schummrigen Imbissrestaurants, wobei die beiden anderen Frauen ihren jeweiligen Ehemännern gegenüber Platz nahmen. Wir alle bestellten zu dieser späten Stunde ein paar Frühstücksgerichte von den zerfledderten Speisekarten, die uns die Kellnerin über den Tisch zuschob. Wir hatten den ganzen Abend lang getanzt und waren gerade dabei, unseren mitternächtlichen Hunger zu stillen, als meine Schwester Jeanne ihr Handy hervorholte und sagte: »Lasst uns dieses Fragespiel spielen!« Sie hat die Angewohnheit, uns in den ungünstigsten und unpassendsten Momenten in nicht gerade unverfängliche Frage-und-Antwort-Spiele zu verwickeln, aber wir waren alle zu müde, um ihr Widerstand zu leisten. Nach etwa der dritten tiefgründigen Frage fiel mir auf, dass ich dieses Spiel schon einmal gespielt hatte. »Wie heißt denn das Spiel?«, erkundigte ich mich zwischen zwei Fragen. »Ich glaube, es heißt {THE AND}«, antwortete sie, bevor sie zur nächsten Sondierung überging.

Topaz hatte ich Ende 2017 in Neuseeland kennengelernt, als wir beide in den Gründungsjahrgang eines Sozialkompetenz-Trainings für Jungunternehmer*innen aufgenommen wurden. Wir erkannten uns auf Anhieb als Seelenverwandte, die beide von dem Wunsch erfüllt waren, Menschen durch einen inneren Frageprozess zu mehr echter Nähe zu verhelfen. Seit mehr als einem Jahrzehnt widme ich mich der Selbsterforschung als Weg zu dem, was ich als radikale Selbstliebe bezeichne, zu dem tief in uns angelegten Gefühl von Wert, Würdigkeit und unserer göttlichen Natur. Über seine digitale Medienplattform *The Skin Deep* und eine einzigartige Zusammenstellung von Fragen namens {THE AND} führte uns Topaz zu einer tieferen zwischenmenschlichen Nähe. Wir waren beide der Auffassung, dass sowohl auf persönlicher als auch auf gesellschaftlicher Ebene der Schlüssel zu Glück und Erfüllung darin liegt, dass wir uns selbst und einander näher kommen. Einem Großteil des Unglücks und des Elends, das wir in der Welt erleben, liegt eine tiefe Entfremdung zugrunde. Wir fürchten uns davor, andere wirklich zu kennen und von ihnen gekannt zu werden, und unterlassen es so, die Fragen zu stellen, die unsere Illusionen über uns selbst und andere Menschen zerstören würden. Wir scheuen die unbequemen Fragen, mit deren Hilfe die Geschichten aufgedeckt würden, die hinter dem Trauma stehen, denn die Möglichkeit der Heilung macht uns Angst. Wir weichen dem aus, was die ohnehin brüchigen Fundamente vieler unserer Beziehungen offenlegen würde, weil wir befürchten, am Ende allein und ungeliebt dazustehen. All dieses Ausweichen und Vermeiden beraubt uns jedoch nur der reichhaltigen Möglichkeiten jenseits des Status quo unserer Existenz. Wir unterschlagen die Magie, die in einer echten Verbindung unvermeidlich ist, und begnügen uns stattdessen mit einer Attrappe von Beziehung, einer bloßen Fassade von Vertrautheit und Nähe. Was ich an Topaz so mag, ist, dass er schon immer der Überzeugung war, dass in uns allen mehr steckt, wenn wir nur anfangen würden, die richtigen Fragen zu stellen und einander die Wahrheit zu sagen. Und ich wusste, dass mehr möglich wäre, wenn wir damit beginnen würden, uns selbst die Wahrheit zu sagen. Die *12 Fragen für die Liebe* sind ein Angebot, uns in dieser Fähigkeit mit Topaz Adizes als einem kompetenten Begleiter zu üben, während er uns zugleich als ein Auffangbecken für die Wahrheiten dient, die wir einander mitzuteilen haben. Verdienen wir nicht alle solch eine liebevolle Anleitung, während wir uns gemeinsam darin üben, immer mutiger zu werden? Ich denke schon.

Ich erinnere mich nicht mehr daran, was ich in jener Nacht im Imbiss gegessen habe, aber ich weiß noch sehr wohl, wie ich meiner Schwester sagte, was ich an ihr bewunderte, und wie ich meinen Onkel zu meiner Tante sagen hörte, was er als ihr größtes Geschenk für ihre Beziehung empfand. Und ich weiß auch noch, dass ich mich ihnen allen auf eine aufrichtigere Art und Weise verbunden fühlte, als es vor unserem Besuch in diesem Lokal der Fall gewesen war. Eine Reihe von Fragen, die meine unmögliche Schwester aus ihrem Handy zauberte, öffnete zwischen uns den Raum für eine tiefere, liebevolle Verbindung. Und der Auftrag, diesen Raum größer werden zu lassen, ist es, was dieses Buch so notwendig macht. Mögen diese Fragen in Ihnen und den Menschen, die Sie lieben, eine Öffnung bewirken. Und möge sie sich nie wieder verschließen.

Sonya Renee Taylor, Aktivistin und Autorin des *New-York-Times*-Bestsellers *The Body Is Not an Apology: The Power of Radical Self-Love.*

WILLKOMMEN

Waren Sie schon einmal in der Situation, in der Gegenwart eines lieben Menschen nicht zu wissen, was Sie sagen sollen? Wobei Ihre Sprachlosigkeit nicht etwa Ausdruck der mangelnden Anteilnahme an diesem Menschen war oder der fehlenden Bereitschaft, mit ihm in Kontakt zu kommen, Ihnen aber einfach die Worte fehlten, die der Tiefe oder Bedeutung dieser Verbindung gerecht geworden wären? Oder ging es Ihnen schon einmal so, dass Sie mit einem geliebten Menschen immer wieder dasselbe Gespräch geführt haben, wobei Sie das Gefühl hatten, bis zum Überdruss immer wieder dieselben Dinge durchzukauen und, schlimmer noch, auf diese Weise die Beziehung zu diesem Menschen auszuhöhlen?

Fühlten Sie sich schon einmal so sehr zu einem Menschen hingezogen, dass Ihnen viel daran lag, eine tiefere Bindung zu ihm aufzubauen, und mussten dann feststellen, dass es Ihnen einfach an der Fähigkeit oder an der Erfahrung fehlte, diese neue Bindungsqualität zu gestalten, von der Sie spürten, dass sie zwischen Ihnen möglich war?

Oder haben Sie sich schon einmal eine tiefere Verbindung mit einem Menschen gewünscht und befürchtet, ihn von sich zu stoßen, indem Sie ihm Ihre Gefühle offenbaren? Oder ihn möglicherweise ganz zu verlieren, wenn Sie versuchen, eine tiefere Beziehungsebene mit ihm zu betreten?

Haben Sie den Wert enger Beziehungen schon einmal infrage gestellt? Oder sich gefragt, worin Nähe eigentlich besteht? Was ihr Wesen ausmacht? Wie sie sich auf Ihr Leben auswirkt? Wie Sie sie herstellen können? Wie sie sich bewahren lässt? Oder ganz banal gefragt: Was Sie eigentlich davon haben?

Sollte dem so sein: Dann heiße ich Sie willkommen in diesem Buch!

Es ist kein Zufall, dass Sie jetzt diese Zeilen lesen. Wie auch immer Sie auf dieses Buch gestoßen sind, irgendetwas in Ihnen sehnt sich danach, Liebe, Nähe und Vertrautheit auf eine neue Art zu erfahren. Und ich hoffe, Sie sind bereit, sich auf diese neue Erfahrung einzulassen und die verwandelnde Kraft vertiefter Beziehungen zu entdecken, denn hier sind Sie am richtigen Ort.

***

In den vergangenen zehn Jahren habe ich im Rahmen des mit dem Emmy Award ausgezeichneten Filmprojekts {THE AND} Menschen jeder Art und Herkunft, die sich in den verschiedensten Formen von Partnerschaften befanden, dabei beobachtet, wie sie einfach nur miteinander reden. Aber es ging dabei um mehr, nämlich darum, einen Raum zu schaffen, in dem kraftvolle, kathartische Gespräche stattfinden können. Und es ging darum, Fragen zu entwickeln, die geeignet sind, die Teilnehmer*innen an solche Erfahrungen heranzuführen. Ich habe weitere Interessierte darin geschult, diesen geschützten Raum zu wahren, die entsprechenden Fragen zu formulieren und schließlich diese kraftvollen Augenblicke zu schaffen, in denen sich Menschen jeden Geschlechts und über alle sozialen, ökonomischen und kulturellen Grenzen hinweg auf neue und tiefgreifende Weise miteinander verbinden können.

Ich habe Tausende von Stunden damit zugebracht, mir die Videoaufnahmen all dieser Menschen im Gespräch anzusehen. Und ich habe eine Menge dabei gelernt. Ich habe etwas über das Wesen des Menschen erfahren und seine Sehnsucht nach echter, authentischer Verbindung zu seinen Mitmenschen. Ich habe gelernt, dass wir uns alle nach dieser Verbindung sehnen, ob es uns bewusst ist oder nicht. Ich habe gesehen, wie die Macht der Fragen unsere gesamte Wahrnehmung und damit auch die Art und Weise, wie wir das Leben erfahren, verändern kann. Ich habe eingesehen, wie sehr wir als Gesellschaft dazu aufgerufen sind, uns voreinander offen und verletzlich zu zeigen, und habe erfahren, wie sehr wir davon profitieren können, wenn wir es tun. Ich habe gelernt, wie Zuhören, wirkliches Zuhören, aussieht. Ich habe gelernt, dass das menschliche Herz für die Liebe bestimmt ist und sich dennoch erst durch ein Dickicht kämpfen muss, um den Weg zu einem anderen liebenden Herz zu finden. Und ich habe gelernt, dass in diesem Spannungsfeld jede Beziehung ihren eigenen, ganz besonderen Entfaltungsraum hat, der uns, wenn wir ihn betreten, reichlich Stoff für gemeinsames Wachstum bietet und eine Beziehung auf eine tiefere Ebene zu führen vermag, auf der uns die Schönheit und die Bedeutung dessen, was es heißt, am Leben zu sein, wieder zu Bewusstsein kommt.

All diese Lehren und Einsichten haben mich verändert, und ich habe durch sie etwas über meinen eigenen Lebensweg gelernt, der mich schließlich hierhergeführt hat.

In diesem Buch möchte ich an Sie weitergeben, was ich aus über eintausend Gesprächen, deren Zeuge ich wurde, sowie aus meinen eigenen persönlichen Erfahrungen an Lehren mitgenommen habe. Dazu zählt auch das Handwerkszeug, das Sie benötigen, um Ihre Beziehungen zu den Menschen, die Ihnen am meisten bedeuten, zu vertiefen. Wie die Paartherapeutin und Bestsellerautorin Esther Perel es ausdrückt: »Die Qualität unserer Beziehungen ist entscheidend für die Qualität unseres Lebens.«

Aber was ist das Entscheidende für die Qualität unserer Beziehungen? Ich behaupte, dass es die Gespräche sind, die wir mit unseren Partner*innen führen – die Tiefe der Verbindung, die wir untereinander herstellen und die wir entdecken, indem wir uns einem geliebten Menschen in einem gemeinsamen Raum des Dialogs zuwenden. Was aber ist das Entscheidende für die Qualität dieses Dialogs? Was ermöglicht es ihm, uns einen Raum der Erkundung, Entdeckung und Verbundenheit zu eröffnen? Es ist die Qualität der Fragen, aus denen sich dieser Dialog ergibt.

***

Dazu mache ich Sie mit 12 grundlegenden, auf wesentliche Punkte zielenden Fragen bekannt sowie mit den Werkzeugen, die Sie benötigen, um den Rahmen zu schaffen, in dem sie sich stellen und beantworten lassen, um so in Ihrer Beziehung eine tiefere Ebene der Verbundenheit zu erreichen.

In diesem Sinne möchte ich Ihnen meinen Dank aussprechen. Danke dafür, dass Sie hier sind.

Und nun lade ich Sie dazu ein, gemeinsam mit mir den Raum, in dem sich dieser Dialog entfaltet, zu erkunden.

EINFÜHRUNG:
Wo diese Reise ihren Anfang nahm

Den größten Teil unseres Lebens verbringen wir mit der Suche nach Antworten. Es ist das, was zu tun man uns in der westlichen Kultur beibringt. In der Welt, in der wir leben, werden diejenigen belohnt, die Ergebnisse liefern. Unsere Definition davon, wer in ihr etwas gilt, ist untrennbar mit Leistung verknüpft und nicht damit, sich Fragen zu stellen. Doch was wäre, wenn wir uns die Zeit nehmen würden, um uns zu fragen, was wir – als Gesellschaft und als Einzelne – überhaupt erreichen wollen? Stellen Sie sich vor, wie groß die Auswirkungen wären, wenn mehr Menschen, anstatt sich zu fragen: *Wie kann ich mehr Geld verdienen, um meiner Familie ein Erbe zu hinterlassen?*, sich die Frage stellten: *Wie kann ich dazu beitragen, meinen Enkelkindern eine bessere und lebenswertere Welt zu hinterlassen?* Die Antworten, die sich aus dieser zweiten Frage ergeben, könnten unsere gesamte Spezies auf einen anderen – und, wie ich glaube, weitaus nachhaltigeren – Weg bringen. Wie anders sähe unsere Welt wohl aus, wenn wir uns zuerst auf die Fragen konzentrieren würden, die wir uns stellen wollen, um dann die Antworten auf diese nachdenklicheren Fragen in uns reifen zu lassen?

Ich habe gesehen, dass die Fragen, die wir uns stellen, viel wichtiger sind als die Antworten, nach denen wir suchen. Schließlich ist jede Antwort von der Frage geprägt, die ihr zugrunde liegt. Deshalb können uns tiefer dringende Fragen nur zu besseren, hilfreicheren Antworten verhelfen. Und wenn wir anfangen, uns andere Fragen zu stellen: Könnte das dazu beitragen, die sozialen

Probleme zu lösen, die Natur zu schützen, politische Konflikte beizulegen und vielleicht sogar die Welt zu retten? Ich denke ja. Allerdings ist die Formulierung von Fragen, die wir uns als Gesellschaft stellen sollten, ein Gebiet, auf dem ich keine Erfahrung habe, zumindest bislang nicht. Meine Kompetenz liegt darin, kraftvolle Fragen zu stellen, um zwischen Menschen eine tiefere Verbindung herzustellen, einen Erkundungsprozess anzustoßen, zum Gefühl dafür zurückzufinden, was unsere Menschlichkeit ausmacht, gestörte Beziehungen neu zu beleben und, so wage ich zu behaupten, auch das Leiden zu lindern. Wenn ich also auch nicht mit Bestimmtheit sagen kann, ob es die Welt retten wird, wenn wir uns auf die richtigen Fragen anstatt auf die Antworten konzentrieren, so habe ich doch aufgrund jahrelanger eigener Erfahrung nicht den geringsten Zweifel daran, dass es uns zu einem tieferen Verständnis von Nähe und Intimität verhelfen und auf einen neuen, lebendigeren Weg führen kann, wenn wir lernen, bessere Fragen zu stellen.

***

Mein eigener Lebensweg ist geprägt von der Suche nach Nähe. Und diese Suche begann vor etwa vier Jahrzehnten mit einer Frage. Ich war vier Jahre alt und spielte mit meinem jüngeren Bruder. Wir waren im Haus meines Vaters und meine Mutter kam vorbei, um uns zu einem Feiertagsessen abzuholen. Zu diesem Zeitpunkt waren mein Bruder und ich bereits daran gewöhnt, wie sehr sich die Scheidung unserer Eltern auf unser Leben auswirkte. Oft wurden wir zwischen den beiden Elternhäusern hin und her gefahren und immer wieder zu Terminen bei gerichtlich bestellten Therapeut*innen gebracht, während das Familiengericht dabei war, eine optimale Sorgerechtsregelung für uns zu finden. Man kann wohl mit Fug und Recht behaupten, dass es eine schmutzige Scheidung war.

Mein Vater kam in das Zimmer, in dem wir mit unseren Spielsachen beschäftigt waren, und machte einen verzweifelten Eindruck. Er sagte, dass unsere Mama bald kommen würde, um uns abzuholen, dass er aber den Feiertag gerne mit uns verbringen würde und nicht wisse, was er tun solle. Um zu helfen, schlug ich vor, dass sie einen Vertrag aufsetzen sollten. Darin sollte festgehalten werden, dass wir den nächsten Feiertag bei ihm verbringen, wenn sie uns für diesen abholen würde.

»Gute Idee«, meinte mein Vater. »Und was genau soll in dem Vertrag stehen?«

Aber aus welchem Grund sollte mein Vater das mit uns Kindern besprechen oder mir die Aufgabe zufallen, diesen Vertrag zu formulieren? Schwer zu sagen. Wie dem auch sei, mit meinen vier Jahren diktierte ich ihm, was in diesem »Vertrag« ungefähr stehen sollte. Kurz darauf hörte ich das Knirschen von Kies, als der große gelbe Oldsmobile-Kombi meiner Mutter – ein klassisches Relikt aus den frühen Achtzigern – in die Einfahrt einbog.

Ich erinnere mich noch gut daran, wie das Scheinwerferlicht des Wagens in dem dichten Nebel hing. Und als meine Mutter aus dem Auto ausstieg, brach ein emotionales Chaos los. Ich weiß noch, wie mein Vater meiner Mutter den Vertrag zur Unterschrift hinhielt, den ich ihm diktiert hatte, und wie meine Mutter es entschieden ablehnte, darauf einzugehen, sondern stattdessen meinen schluchzenden dreijährigen Bruder schnappte und in den Kindersitz im Auto setzte. Dann, als sie auch mich hochnehmen wollte, nahm mein Vater meinen Bruder wieder aus dem Kindersitz heraus und setzte ihn auf der Türschwelle des Hauses ab. Ich weiß nicht, wie oft wir von unseren Eltern in das Auto gesteckt und wieder herausgezerrt wurden. Aber ich erinnere mich an das Gefühl, wie mir heiße Tränen über das Gesicht liefen, als ich meine Mutter anbettelte, den Vertrag zu unterschreiben, wobei es mir weniger darum ging, bei wem wir an welchem Feiertag sein würden, sondern einfach nur darum, diesem qualvollen Streit ein Ende zu setzen.

Schließlich schaffte es meine Mutter, meinen Bruder und mich in den Wagen zu setzen und den Wagen aus der Einfahrt zu lenken. Während des ganzen Vorfalls hatte sie keine einzige Träne vergossen. Sie war äußerst streitbar und schien dabei emotional kaum verwundbar zu sein. Sie war wirklich sehr stark.

Und dann passierte es. Wir waren an eine rote Ampel gekommen und warteten darauf, dass sie umsprang. Das Schluchzen meines Bruders war in ein Wimmern übergegangen. Die warmen Tränen waren auf meinem Gesicht getrocknet. Doch während wir an der Ampel warteten, hörte ich, wie meine Mutter leise zu schluchzen begann. Und in diesem Moment tauchte in meinem Kopf die erste große Frage auf, an die ich mich erinnern kann.

Schon damals schien mir an den verspätet einsetzenden Emotionen meiner Mutter, an der ganzen verrückten Situation von dem Moment an, als mein Vater mich bat, den Vermittler zu spielen, etwas grundlegend und vollkommen falsch zu sein. Irgendetwas stimmte in ihrer Beziehung nicht. Irgendetwas fehlte. Ich werde nie vergessen, wie ich im Auto saß und mich fragte: *Was ist hier nur los? Was stimmt hier bloß nicht?* Damals ahnte ich es noch nicht, aber dieser Augenblick markierte den Beginn meiner Suche nach einer Antwort auf die Frage, was Nähe bedeutet.

Meinen Brückenschlag finden

Rückblickend ist mir klar, was es war, das in der Beziehung zwischen meinen Eltern fehlte: echte Nähe – das Vertrauen, das aus ihr erwächst, die Bereitschaft, sich verletzlich zu zeigen, die sie ermöglicht, die tiefe Verbundenheit, die sie schafft. Aber mit meinen vier Jahren konnte ich all das noch nicht wissen. Da sie mir nie vorgelebt wurde, wusste ich nicht einmal, wie wahre Nähe überhaupt aussieht. Alles, was ich kannte, war, dass Konflikte in einer Partnerschaft immer nur in schrecklichen Situationen enden, wie derjenigen, in der mein Bruder und ich uns an jenem nebligen Abend wiederfanden. Das Beispiel meiner Eltern hatte mich gelehrt, dass es so unerfreulich und beängstigend ist, sich einem Konflikt mit der Partnerin oder dem Partner direkt zu stellen, dass es sicherer ist, sich vom eigenen Kind einen formellen Vertrag diktieren zu lassen, den beide Parteien zu unterzeichnen haben, als ein offenes und ehrliches Gespräch miteinander zu führen, um den Konflikt gemeinsam zu lösen.

Als ich anfing, mich mit Mädchen zu verabreden, und versuchte, eigene intime Beziehungen aufzubauen, stellte ich fest, dass meine Eltern ihre Abneigung, sich Konflikten zu stellen, unbeabsichtigt an mich weitergegeben hatten. Beim ersten Anzeichen einer Auseinandersetzung mit einer meiner Partnerinnen schützte ich mich vor dem emotionalen Chaos, das uns meiner Meinung nach mit Sicherheit bevorstand, indem ich mich fragte: *Wie wird das wohl enden?* Ich hatte nie etwas anderes erlebt, als dass ein Konflikt in Geschrei, Schmerz und Ausweglosigkeit mündet, ohne dass je etwas Positives dabei herauskommt. Wann immer sich also ein Konflikt anbahnte, war ich über seinen Ausgang nicht im Mindesten im Zweifel; das Ende war absehbar und in jedem Fall unschön. Mit dem Wissen, über das ich jetzt verfüge, kann ich erkennen, dass die Frage *Wie wird das enden?* nicht viele positive oder konstruktive Antworten zuließ. Aber mit meinem damaligen begrenzten Verständnis dafür, wie man intime Beziehungen aufbaut und sinnvolle Fragen formuliert, stellte ich mir, sobald sich ein Konflikt abzeichnete, jedes Mal diese Frage und erhielt die einzig mögliche Antwort, die mit meiner bisherigen Erfahrung vereinbar war: *Das wird böse enden.* Also zog ich die Trennung vor. Beim ersten Anzeichen eines Konflikts war ich verschwunden. Auf diese Weise schützte ich mich vor noch mehr emotionalem Schmerz.

Es ist kein Wunder, dass ich dieses Muster ständig wiederholte. Wie wir in diesem Buch noch sehen werden, gibt es aber kaum etwas Lehrreicheres, als sich in emotionale Konflikte hineinzubegeben. Indem wir uns mit unseren Konflikten anfreunden und sie fragen, was sie uns zu lehren haben, durchbrechen wir negative Muster und gelangen zu einem größeren, tieferen Verständnis unserer Welt, unserer selbst und unserer Beziehungen. Aber damals war mir das noch nicht klar. Da mir in meiner Kindheit ein Modell für Nähe gefehlt hatte und ich in meinen Zwanzigern vor jeder Andeutung davon zurückschreckte, mangelte es mir auch an der Art von zwischenmenschlichen Beziehungen, aus denen ich diese wertvolle Lehre hätte ziehen können. Aber im Nachhinein kann ich erkennen, dass auch die Fragestellung *Wie wird das enden?* letztlich ein wichtiger Baustein auf meinem Weg zum Verständnis davon war, wie man tiefe Beziehungen pflegt. Manchmal muss man erst herausfinden, wie etwas nicht funktioniert, um der Sache auf die Spur zu kommen.

Mit zunehmendem Alter lastete das Fehlen von Nähe in meinem Leben schwer auf mir. Dabei war mir nicht einmal wirklich bewusst, dass es gerade die Nähe war, die mir in meinem Leben fehlte, aber ich verspürte diesen starken Drang nach *irgendetwas*, das die Leere in mir ausfüllen würde, ohne benennen zu können, was es eigentlich war, woran es mir mangelte. Als ich das College abschloss, schaute ich mir mein Leben an und stellte fest, dass ich, trotz dieser namenlosen Leere, großes Glück hatte. Meine Eltern waren gesund. Ich hatte keine Studienschulden. Der Beruf meines Vaters bot mir ein finanzielles Sicherheitsnetz, da ich jederzeit bei ihm jobben konnte. In vielerlei Hinsicht war ich so frei, wie ein junger Mensch nur sein konnte. Und während mein gesamter Freundeskreis in großen Unternehmensberatungen arbeitete, was damals einfach angesagt zu sein schien, fragte ich mich: *Wie kann ich meine Freiheit – das kostbarste Gut, das es gibt – in den Dienst einer größeren Gemeinschaft stellen?* Die Antwort auf diese Frage ergab sich nicht sofort. Aber das war auch nicht nötig. Ich ließ mich einfach von der Frage selbst leiten.

Mit dieser bedeutungsschweren Frage im Kopf und im Herzen machte ich eine Bestandsaufnahme dessen, was ich über mich selbst wusste: Ich wusste, dass ich mein Leben nicht vergeuden wollte, ich wusste, dass ich auf der Suche nach etwas Wichtigem war (auch wenn ich nicht wusste, wonach), und ich wusste, dass eine Videokamera eine magische Anziehungskraft auf mich ausübte, die in meinem Herzen etwas zum Klingen brachte, ein Gefühl, dem zu folgen ich mich berufen fühlte. Irgendwie spürte ich intuitiv, dass die Kamera das Mittel war, dessen ich mich bedienen musste, um zu finden, wonach ich suchte. Und so machte ich mich, ausgerüstet mit kaum mehr als diesem wenigen »Wissensgut«, einer Videokamera und einem One-Way-Ticket nach Australien, im Dezember 1999 auf in die weite Welt. Eigentlich war mir gar nicht so recht klar, was genau ich filmen wollte, aber irgendetwas an offenen, ehrlichen Gesprächen zwischen Menschen zog mich an. Von Australien aus reiste ich nach Schweden und von dort weiter nach Indien, wo ich mit Menschen unterschiedlichster Herkunft sprach und diese Gespräche filmte. Und während dieser Zeit, die mir selbst zunächst wie ein zielloses Umherstreifen vorkam, fiel mir etwas Wesentliches auf.

Die Videokamera, die ich bei mir trug, war wie ein Brückenschlag in die Welten anderer Menschen. Sie war ein Schlüssel, der die Türen öffnete, hinter denen sie ihr Privatleben verbargen. Wenn man mit einer Kamera auftaucht, um eine Dokumentation zu drehen, erzählen einem die Menschen Dinge, die sie normalerweise nicht preisgeben würden. Auf einmal hatte ich Einblick in alle möglichen intimen Verhältnisse zwischen Menschen, die ich gerade erst kennengelernt hatte, einen Einblick, den ich sonst nicht gewonnen hätte. Ich war fasziniert. Diese Gespräche zu filmen hatte für mich etwas absolut Fesselndes, und mir wurde klar, dass es dies war, wonach ich gesucht hatte: Nähe und Verbindung. Aus meiner privilegierten Position hinter der Kamera sah ich, wie Menschen mit einem einzigen Wort wunderbare Bande knüpften. Ich sah Paare, die sich mit einem einzigen stummen Blick ganze Verse beredter Liebespoesie vortrugen. Ich sah, wie manche Menschen wirklich miteinander kommunizierten, sich wirklich aufeinander bezogen, indem sie ihrem Gegenüber ihre ganze Aufmerksamkeit schenkten. Und ich sah, wie andere die Bedürfnisse ihrer Gesprächs- oder Beziehungspartner*innen vollständig übergingen und stundenlang redeten, ohne auch nur ein einziges Mal zuzuhören.

Durch das Filmen hatte ich gefunden, wonach ich gesucht hatte, und indem ich es fand, erkannte ich, dass dieses Etwas noch viel wertvoller war, als ich mir jemals hätte ausmalen können. Je mehr ich vom Verhalten der Menschen und den Verbindungen zwischen ihnen fasziniert war, desto mehr wurde mir klar, dass wir in unserer modernen Welt Gefahr laufen, uns der Bedeutung dieser Verbindungen immer weniger bewusst zu sein, wenn nicht sie ganz zu verlieren. Und nachdem ich meine Fähigkeiten im Filmemachen jahrelang weiter vervollkommnet hatte, spürte ich, dass dies das Thema war, bei dem ich sie zum Einsatz bringen wollte. Ich hatte die Antwort auf meine Frage gefunden.

Die neue Frage lautete nunmehr: *Wie kann ich das Beste aus meinem Privileg machen und diese Chance nutzen, um meiner Gemeinschaft zu dienen, wie groß oder klein diese Gemeinschaft auch immer sein mag?*

Es ging für mich darum, mit meiner Kamera das unsichtbare Band aufzuzeigen, das sich zwischen Menschen formt und das wir als Nähe bezeichnen.

Aber wie das bewerkstelligen?

Mich auf meinem Lebensweg von Fragen leiten zu lassen hatte mich an diesen Punkt gebracht. Und nun wollte ich nicht aufhören, ihnen zu folgen, wohin auch immer sie mich als Nächstes führen würden. Also hielt ich in meinem Geist die Frage lebendig, wie ich enge Beziehungen am besten in den Fokus der Betrachtung rücken kann, um einerseits meine eigenen Wunden zu heilen und andererseits der Welt etwas von Wert vermachen zu können.

Den Zwischenraum beleuchten

Nehmen Sie sich einmal einen Moment Zeit, um sich selbst die Frage zu stellen: *Was ist Nähe?* Auf welche Weise erfahren Sie sie? Was macht sie in verschiedenen Beziehungen aus? Verändert sie sich von Mensch zu Mensch, und nimmt sie in verschiedenen Kultur- und Sprachräumen oder Gemeinschaften jeweils andere Formen an? Was eigentlich ist Nähe?

Es ist schwierig, diese Fragen endgültig zu beantworten, auch wenn es viele Theorien dazu gibt. Aber eines ist sicher: Auf abstrakte Weise können wir nichts über das Thema Nähe lernen.

Wer noch nie eine enge Beziehung zu einem anderen Menschen hatte und wer sich vor allem noch nie eine dieser Beziehungen bewusst näher angeschaut hat, wird sich schwer damit tun, das Wesen von Nähe zu beurteilen. Der Schlüssel zu ihrem Verständnis scheint darin zu liegen, wie stark die Verbindung ist, die wir herzustellen vermögen, und in der Bereitschaft, für diese Verbindung in jeder Art von Interaktion offen zu sein. Und das Ergebnis liegt meiner Meinung nach darin, dass in einem Augenblick der Nähe unser Gefühl des Menschseins oder dessen, was uns alle verbindet, gestärkt wird. Denken Sie einmal an den Moment, in dem Sie einem geliebten Menschen in die Augen geschaut und etwas so Bewegendes empfunden haben, dass Sie es nicht in Worte zu fassen vermochten. Oder an eine Gelegenheit, als sich irgendwo zufällig mit einer gänzlich unbekannten Person ein ausgiebiges Gespräch entwickelte, das Ihnen ein Gefühl davon gab, wie unglaublich schön und voller Überraschungen das Leben sein kann.

Menschliche Nähe ist eine unsichtbare Kraft, und mir persönlich gibt diese Kraft ein besseres Gefühl dafür, was es bedeutet, Mensch zu sein. Wenn ich von Stadt zu Stadt reise und Vorträge halte, habe ich immer zwei Magnete dabei. Während meines Vortrags hole ich sie hervor, um die unbestreitbaren Kräfte zu veranschaulichen, die zwischen ihnen wirken, und die illusorische Natur des Raums, der sie voneinander trennt. Hält man zwei Magnete nahe aneinander, lässt sich die Energie zwischen ihnen deutlich spüren. Sie ist unzweifelhaft vorhanden. Man kann die Kraft der Anziehung oder Abstoßung spüren, aber man kann sie nicht sehen. So wie es eine unsichtbare, zwischen den Magneten wirksame Kraft gibt, so gibt es auch eine Kraft, die zwischen Ihnen und jedem anderen Menschen wirksam ist. Die Verbindung, die zwischen uns entsteht und die wir Nähe nennen, ist nicht anders als diese magnetische Kraft. Auch sie wirkt in dem Raum zwischen uns. Stellen Sie sich also vor, Sie könnten Eisenspäne zwischen diesen Magnetpolen ausstreuen, um die Verbindungslinien zwischen ihnen sichtbar zu machen. Das ist es, worum es mir ging: diese energetische Verbindung in den Fokus zu rücken und das, was spürbar ist, auch sichtbar zu machen – das heißt, den Raum dazwischen zu beleuchten.

Dabei entschied ich mich für das Mittel, das mir auf meinem bisherigen Weg bereits so gute Dienste geleistet hatte – die Videokamera –, um ein einfaches Gespräch zu filmen und zu sehen, ob sich dieser Zwischenraum zeigen würde. In jeder dieser Sitzungen saßen sich zwei Personen gegenüber und stellten einander Fragen, die speziell auf ihre Beziehung zugeschnitten waren. Ich ließ beide Teilnehmer*innen etwa ein Dutzend dieser Fragen in einer vorgegebenen Reihenfolge stellen, um so den Raum für eine Verbindung zu schaffen und den Anstoß für ein kathartisches Gespräch zu geben. Auf diese Weise wurden sie mit Fragen konfrontiert, die für beide überraschend waren (beim Verlesen der Fragen sahen sie diese zum ersten Mal), und hatten damit die Chance, sich auf einen Dialog einzulassen, den sie sonst nicht geführt hätten. Gefilmt haben wir diese Sitzungen jeweils mit drei Kameras – als Totale und zwei Nahaufnahmen. Auf diese Weise sind die Gesichter der Dialogpartner*innen direkt nebeneinander wie auf einem geteilten Bildschirm zu sehen. So vernimmt man nicht nur das Gesagte, sondern sieht zugleich unmittelbar die Reaktion der Teilnehmer*innen darauf. Dadurch haben wir den besagten »Zwischenraum« sichtbar gemacht.

Wir haben diesem Projekt den Namen {THE AND} gegeben, weil es in einer Beziehung nicht um ein Ich *oder* Du geht, um ein Wir *oder* Sie. Es geht um dich *und* mich, um uns *und* sie. Es ist das »Und«, das uns verbindet. Es ist das »Und«, das die Verbindung zwischen dem Du und dem Ich herstellt und ein *Wir* erschafft. Dieses »Und« ist der energetische Raum zwischen uns. Und indem wir unsere Aufmerksamkeit und unsere Kameras auf diesen Zwischenraum richteten, gelang es uns, ein klareres Bild davon zu bekommen, was Nähe bedeutet, als ich es je für möglich gehalten hätte. Indem man beide Gesichter zugleich zeigt, bekommt man eine Ahnung von den unsichtbaren Fäden, die beide Beteiligten verbinden. Das duale Bildformat (und manchmal auch das Triptychon-Format, wenn wir zusätzlich die Totale zeigen) beleuchtet den Raum dazwischen und vermittelt einen Eindruck von der zugrunde liegenden Verbindung jenseits der gesprochenen Worte. Und das ist genau genommen eine einzigartige Erfahrung. Wie oft haben wir schon Gelegenheit, die Gesichter beider Beteiligten an einem Beziehungsgespräch in Großaufnahme zu sehen, während sie ihre Gefühle offen voreinander ausbreiten? Entweder sehen Sie die Gesichter eines anderen Paares im Profil oder, wenn Sie selbst Gesprächsteilnehmer*in sind, nur das Gesicht Ihres Gegenübers. Bei {THE AND} sehen Sie beide Personen zugleich und von vorne. Das ist keine normale menschliche Alltagserfahrung und offenbart somit eine einzigartige Perspektive, wie wir sie sonst wohl kaum zu Gesicht bekommen würden.

***

Daraus entstand das Format unseres Dokumentarfilmprojekts {THE AND}, das 2015 mit einem Emmy für neuartige Ansätze im Dokumentarfilm und zahlreichen anderen Preisen ausgezeichnet wurde. Das Filmprojekt verbreitete sich wie ein Lauffeuer im Internet und erreichte Hunderte von Millionen von Zuschauer*innen, einschließlich prominenter Persönlichkeiten wie Robert De Niro und Anne Hathaway. An dem Projekt haben bislang fast zwölfhundert Paare aus elf Ländern teilgenommen, quer durch alle Altersgruppen und das ganze Spektrum der Ethnien, Kulturen, der Geschlechter und der sexuellen Orientierung, und es werden immer mehr. Zusätzlich zu der großen Vielfalt an Beziehungsformen, die wir dadurch auswerten konnten, haben uns in den vergangenen zehn Jahren einige Teilnehmer*innen wiederholt aufgesucht, um ihren Partnerschaftsdialog auf diese Weise fortzusetzen. Somit geht {THE AND} nicht nur in die Breite, sondern auch in die Tiefe, da sich dabei zugleich ablesen lässt, wie sich eine Beziehung im Laufe der Zeit weiterentwickelt. Im Grunde genommen waren und sind wir dabei, ein Archiv zwischenmenschlicher Beziehungen für unsere heutige Zeit anzulegen – eine audiovisuelle Bibliothek des Menschseins, aufbauend auf den emotionalen Erfahrungen, wie sie im Beziehungsdialog zur Sprache kommen.

Bei einigen der Gespräche, die wir gefilmt haben, wurde ich Zeuge unglaublicher Momente der Nähe und Verbundenheit, die ich in meinem ganzen Leben nicht mehr vergessen werde. Und auch wenn es manchmal den Anschein hatte, als würde zwischen den Beteiligten nicht viel passieren, so war, als wir uns das Gespräch nochmals in der doppelten Frontalansicht der beiden Gesichter anschauten, auf einmal doch mehr auf der Ebene des Austauschs zu erkennen. Verbal und energetisch mag sich der Dialog zunächst belanglos angefühlt haben, aber das Zweipanel-Format von {THE AND} gab etwas zu erkennen, das unter der Oberfläche lag. Selbst wenn eine*r der Beteiligten auf eine Frage überhaupt nicht antwortete, sprach der Gesichtsausdruck, mit dem beide aufeinander reagierten, Bände über die Art ihrer Beziehung. Und sowohl für unser stetig wachsendes Publikum als auch für mich selbst war das unglaublich faszinierend. {THE AND} funktionierte. Es brachte Licht in den so schwer zu erhellenden und doch so bedeutsamen Raum der engen Bindung zwischen zwei Menschen.

In der Anfangszeit des Projekts wussten wir nie, was uns erwarten würde. Wir arbeiteten zwölf bis vierzehn Stunden am Tag mit acht oder neun Paaren und mit jedem von ihnen mindestens eine Stunde lang. Wir ließen ihnen so viel Zeit, wie sie wollten oder benötigten. Und ich erinnere mich, wie ich bei Filmaufnahmen in Amsterdam einmal so etwas wie eine außerkörperliche Erfahrung hatte. Ich befand mich in einem großen Lagergebäude, in dem vier Scheinwerfer auf zwei sich gegenübersitzende Personen gerichtet waren sowie drei Kameras, die jedes Detail ihres Austauschs einfingen. Und aus dieser entrückten Perspektive dachte ich bei mir: *Das ist wirklich verdammt seltsam und eigentlich unglaublich!* Es ist, als würde man studieren, wie Menschen … menschlich sind? In unserem Team sagen wir gerne, dass wir wirklich gut darin sind, Menschen genau das sein zu lassen:

menschlich. Und ich denke, die audiovisuelle Bibliothek der Gespräche, die wir bis jetzt aufgebaut haben, ist ein sprechender Beweis dafür. Jedes Gespräch ist eine Überraschung und eine Offenbarung für sich. Zum Zeitpunkt, als sie geführt wurden, erschienen uns einige der Dialoge einfach umwerfend und andere eher belanglos. Dennoch wussten wir, dass aus jedem einzelnen Gespräch etwas zu lernen war und dass wir das, was lehrreich an ihnen war, mit unserem Doppelpanel-Format festhalten konnten.

Ich begann mich zu fragen, was da eigentlich vor sich ging. Warum funktionierte, was wir taten, und was konnten mein Team und ich tun, um darin noch besser zu werden? Worin bestand der Unterschied zwischen den Dialogen, die von einer tiefen Verbindung zeugten, und den anderen, die niemals wirklich in die Zone emotionaler Tiefe vordrangen? Und so kam ich dazu, für mich die folgende Frage zu formulieren: *Was ist das Besondere an den Gesprächen, in denen es regelmäßig zu diesen heiligen Momenten kommt, die den Raum für wahre Nähe schaffen?*

Auch in diesem Fall kam die Antwort nicht wie ein Blitz aus heiterem Himmel, um mich augenblicklich zu erleuchten. Stattdessen behielt ich diese Frage einfach im Hinterkopf, während ich weiter Gespräche für {THE AND} aufzeichnete.

Die Antwort in einer Frage finden

Und dann geschah es. Ich bekam meine Antwort. Ich filmte gerade ein Gespräch zwischen Rafa, einem hochgewachsenen Mann mit ausdrucksstarken braunen Augen, und dem ruhigen und sanftmütigen Douglas, die beide in den Vierzigern und seit vier Jahren verheiratet waren. Dabei erwähnte Douglas als Antwort auf eine frühere Frage seine Mutter. Mir fiel auf, dass in seiner

Stimme etwas lag, das auf eine komplizierte, möglicherweise schmerzhafte emotionale Verwicklung hinzudeuten schien, die sich hinter seinen Worten verbarg. Also dachte ich mir: Wenn ich für Douglas eine Frage formulierte, mit der er Rafa bittet, über Douglas' Verhältnis zu seiner Mutter nachzudenken, würde das vielleicht einen gemeinsamen Raum schaffen, in dem Rafas Perspektive Douglas helfen könnte, Heilung zu finden.

Ich sah zu, wie Douglas die Karte nahm, auf der ich die Frage notiert hatte, und sofort begannen sich seine Augen mit Tränen zu füllen. Noch bevor Douglas etwas sagen konnte, streckte Rafa seine Hand aus und wischte ihm die Tränen von den Wangen. Dann las Douglas die Frage laut vor. »Was kann ich in mir selbst verändern, um meine Beziehung zu meiner Mutter zu verbessern?«

Sichtlich bewegt, richtete Rafa seinen Blick nach einer Antwort suchend zur Decke, und ich konnte ihm ansehen, wie er den Schmerz seines Partners in sich spürte. Der Ursprung dieses Schmerzes mochte in der Beziehung zwischen Douglas und seiner Mutter liegen, aber aufgrund ihrer starken Verbindung war es zugleich auch Rafas Schmerz, und man konnte sehen, wie er davon erfasst wurde. Einen Moment lang saßen beide Männer schweigend da, mit feuchten und geröteten Augen, in denen diese innige gegenseitige Anteilnahme wie in einem vollkommenen Spiegel zum Ausdruck kam. Dabei fiel nicht ein einziges Wort, aber die Tiefe und Aufrichtigkeit ihrer Verbundenheit war nicht zu übersehen.

Nachdem dieser Moment vorübergegangen war, brach Douglas das Schweigen, indem er scherzte: »So kommt man also zu einer kostenlosen Therapiesitzung.« Und noch bevor ihre Tränen getrocknet waren, mussten daraufhin beide lachen.

Das war genau die Art von Augenblick, den zu erfahren ich mir für alle Teilnehmer*innen von {THE AND} gewünscht hatte.

Und was hatte ihn bewirkt? Eine Frage. Und nicht einfach irgendeine Frage. Ich hatte sie sorgfältig erwogen, bevor ich sie für Douglas aufschrieb. Vor allem sollte sie nicht binär, also nicht mit »Ja« oder »Nein« zu beantworten sein. Sie sollte auf ein konstruktives Ergebnis abzielen und das Potenzial in sich bergen, die Dinge aktiv zum Besseren zu verändern. Als Rafas Lachen verstummte und er schließlich auf die Frage einging, war es eine Antwort, die nur er Douglas hatte geben können. Er vertrat nicht einfach nur seine Meinung als Rafa in seiner Eigenschaft als Einzelperson; er sprach von der Ebene einer unaufhebbaren partnerschaftlichen Verbindung aus. Seine Worte kamen aus dem Raum dazwischen, den ich »das Und« nenne.

***

Als ich über diesen Moment nachdachte, erkannte ich zum ersten Mal die wahre Kraft, die in jeder Frage schlummert, die wir uns stellen. Ich erkannte, dass es die Art ihrer Formulierung ist, durch die diese Kraft zum Vorschein kommt, indem sie für zwei Menschen, die einander in Offenheit begegnen, eine Brücke baut, auf der sie gemeinsam zu einem wundervollen Moment inniger Nähe gelangen können. Und damit war {THE AND} wirklich auf den Weg gebracht.

Mit der Zeit wurden die Mitglieder meines Teams und ich zu Expert*innen darin, diese Art von kraftvollen Fragen zu formulieren. Wir lernten, die Fragen in einer bestimmten Reihenfolge zu stellen, sodass sie zum richtigen Zeitpunkt kamen und auf einer soliden Basis von Vertrauen und Offenheit aufbauten, die durch frühere Fragen geschaffen worden war. So wurden sie zu einem verlässlichen Instrument auf einem Weg, der zu einer tieferen Verbindung zwischen beiden Beteiligten führt und »das Und« zwischen ihnen ins Licht rückt. Ich will nicht behaupten, dass ich während der Jahre, in denen ich solche Gespräche moderiert habe, alles gesehen habe, aber ich habe vieles gesehen. Ich habe Muster gesehen. Ich habe gesehen, wie unsere Abneigung gegen Schmerz und dagegen, uns verletzlich zu zeigen, durch eine Gesellschaft verstärkt wird, die ihre eigenen Regeln hat, was akzeptabel ist und was nicht. Ich habe gesehen, wie der natürliche Impuls des Herzens zu lieben sich immer wieder durch dieses Labyrinth aus Regeln und Ängsten hindurchkämpft, um ein anderes sehnsüchtiges Herz zu finden und sich mit ihm zu verbinden und um so für einen Augenblick oder ein Leben lang zu spüren, dass es nicht allein ist. Ich habe gesehen, wie schwierig es sein kann, Emotionen in Worte zu fassen, die eigenen Gefühle tatsächlich in ihrer ganzen Tiefe zu benennen und einem anderen Menschen mitzuteilen. Und ich habe die Kraft gesehen, die entsteht, wenn diese Benennung und Mitteilung gelingt.

Ich habe ebenfalls gesehen, dass jede Beziehung eine Geschichte hat, aus der tiefe und unumstößliche Wahrheiten erwachsen. Nehmen wir zum Beispiel meine Eltern. Nachdem ich durch die Arbeit am Filmprojekt {THE AND} jahrelang Beziehungen studiert habe, kann ich erkennen, dass meine Eltern trotz ihrer dysfunktionalen Beziehung perfekt zueinanderpassten. Aus meiner Sicht war es die größte Angst meines Vaters, von einem Menschen vorbehaltlos und innig geliebt zu werden. Und was meine Mutter betrifft, so bestand ihre größte Angst darin, vorbehaltlos zu lieben, ihre Liebe einem Menschen auf innige Weise zu zeigen. In gewisser Weise hatten sie beide den perfekten Partner beziehungsweise die perfekte Partnerin gefunden, denn ihrer beider größten Ängste verhielten sich zueinander komplementär und waren in ihrer Bedeutung und im Hinblick auf das mit ihnen verbundene Risiko gleichwertig. Der nächste Entwicklungsschritt war für sie beide gleichermaßen beängstigend. Gleichzeitig ergab sich aus ihrer Verbindung die Chance, sich ihren Ängsten in der

Begegnung mit dem Du zu stellen. Nähe bedeutete für sie eine enorme Herausforderung und ein nicht minder großes Wagnis.

Auch wenn sie den gemeinsamen Schritt in Richtung echter Nähe nicht gewagt haben, kann ich nicht umhin, ihr Beziehungskonzept zu bewundern. Nähe zuzulassen und sich verletzlich zu zeigen wäre ihnen aber nur dann gelungen, wenn sie sich wirklich aufeinander eingelassen hätten. Was ich aus der Betrachtung ihrer Beziehung für mich mitnehme, ist die Überzeugung, dass wir Partner*innen finden, die uns einzigartige Möglichkeiten bieten, als Mensch zu wachsen und uns weiterzuentwickeln. Für beide Seiten sind diese Möglichkeiten gleichermaßen beängstigend und herausfordernd. Aber wenn wir zueinander halten – voller Respekt und Vertrauen und im beiderseitigen Verständnis, dass wir den Sprung nur wagen können, wenn wir uns gemeinsam unseren jeweiligen Ängsten stellen –, dann können wir miteinander aufsteigen, anstatt zu fallen.

Dieser Art sind die Wahrheiten und Perspektiven, wie sie mir meine Erfahrung mit {THE AND} eröffnet hat. Aber sie sind für uns alle da, um daraus zu lernen. Wir müssen nur die richtigen Fragen stellen, um Zugang zu ihnen zu finden. Und genau das ist es, worin mein Team und ich Expert*innen geworden sind: die richtigen Fragen in einer bestimmten Reihenfolge zu stellen, um den heiligen Raum der Nähe zwischen zwei Partner*innen sichtbar zu machen.

{THE AND} wurde zu meinem Lebenswerk und wuchs zu einem Kompendium intimer Gespräche an, das ich in der Hoffnung ins Internet stellte, dass es Menschen dazu anregen würde, bessere Fragen zu stellen und ihre eigenen Beziehungen zu vertiefen. Und kaum war unser Dokumentarfilmprojekt online gegangen, sahen sich die Menschen diese unglaublichen Gespräche immer wieder an und wollten diese Art von Austausch auch in ihrem eigenen Leben erfahren. Also zog ich die Quintessenz aus

{THE AND} in Form eines 199 Fragen umfassenden Kartenspiels, dem eine digitale Version als App folgte. Es enthält die von meinem Team und mir entwickelten Fragen sozusagen für den Hausgebrauch und stellt für Paare eine einfache Möglichkeit dar, sich im eigenen Umfeld anhand einer Anleitung auf tiefe Weise miteinander zu verbinden.

Ich wusste, dass es wertvolle Informationen waren, die wir durch die Moderation und Beobachtung der Gespräche im Rahmen von {THE AND} gesammelt hatten. Und ich hatte immer das Gefühl, dass ich eines Tages – vielleicht um unser zehnjähriges Projektjubiläum herum, nachdem ich also ein Jahrzehnt lang Erfahrungen und Erkenntnisse gesammelt hätte – ein Buch darüber schreiben würde. Darin sollte all das stehen, was ich im Laufe unzähliger intimer und rückhaltloser Gespräche sowie auf meinem eigenen Weg des Fragenstellens gelernt habe. Und es ist meine aufrichtige Hoffnung, dass diese meine Erfahrungen für Sie von Nutzen sein werden.

Dennoch glaube ich, dass ein anderer Aspekt noch wichtiger ist. Er besteht darin, was geschehen kann, wenn Sie die Informationen in diesem Buch in Ihre eigenen Erfahrungen umsetzen und selbst die Art von Gesprächen führen, wie ich sie im Rahmen von {THE AND} erlebt habe. Trotz allem, was ich durch meine Filmtätigkeit über Nähe gelernt habe, kenne ich nicht alle Antworten. Ich bin kein Wissenschaftler. Ich bin kein Guru. Und ich bin ganz gewiss kein approbierter Therapeut. Ich kann nur vom Standpunkt meiner eigenen Beobachtungen und Erfahrungen aus sprechen, die zwar umfangreich, aber dennoch subjektiv sind. Wenn Sie sich auf den Dialog einlassen, durch den dieses Buch Sie führen möchte, und sich des Handwerkszeugs bedienen, das auf den folgenden Seiten beschrieben wird, werden Sie hoffentlich Ihre eigenen Beobachtungen über Nähe machen, Ihre eigenen Lektionen über Beziehungen lernen und Ihr Verständnis dafür vertiefen, was es bedeutet, als Mensch nach Ihren eigenen Maßstäben zu leben.

Alle Gespräche, die ich als Fallbeispiele anführe, um zu veranschaulichen, warum ich jede der in diesem Buch vorgestellten Fragen für so effektiv halte, wurden im Schneideraum für {THE AND} bearbeitet und spiegeln folglich meine eigenen unbewussten Tendenzen und die meines Teams wider. Die Gespräche jedoch, die Sie auf Ihre eigene Initiative hin führen, bieten Ihnen das vollständige Bild und werden allein von Ihnen und Ihrem Partner oder Ihrer Partnerin interpretiert und verarbeitet und von niemandem sonst. Das ist der Aspekt, von dem ich am meisten hoffe, dass Sie ihn diesem Buch zu entnehmen wissen: Lassen Sie es Sie lehren, Ihr*e eigene*r Lehrer*in zu werden.

Der Dalai Lama sagt, dass Liebe kein Gefühl sei: Sie ist eine Praxis. In das »Und« einzutreten, in den Raum dazwischen, ist ein Schritt, der Sie befähigt, Liebe zu einer Praxis werden zu lassen. Er versetzt Sie in die Lage, die Qualität Ihres Lebens zu verbessern und die Liebe in ihm zu vertiefen.

Wie Sie mit diesem Buch arbeiten können

Teil I dieses Buches konzentriert sich auf die Werkzeuge, die Sie benötigen, um den Raum für Verbundenheit und Nähe herzustellen. Sie dienen dazu, den Kontext zu schaffen, in dem eine Aussprache zu einer echten Katharsis als Voraussetzung für persönliches Wachstum werden kann.

Teil II befasst sich mit den 12 Fragen, die meiner Erfahrung nach dazu beitragen, die Verbundenheit der Partner*innen in einer Liebesbeziehung zu vertiefen. Sie können diese Fragen jedoch auch in jeder anderen Beziehung verwenden, in der Sie sich mit einem anderen Menschen eng verbunden fühlen, nicht nur in Ihren intimen Beziehungen.

Teil III gibt schließlich Hinweise zur Lösung von Konflikten, die während Ihres Gesprächs auftreten könnten.

Wünschenswert wäre dabei, wenn Sie zunächst das ganze Buch durchlesen und anschließend selbst ein intimes Gespräch führen würden. Um den Dialog in Form eines Fragespiels zu führen, stellen Sie sich gegenseitig die 12 Fragen aus Teil II, die am Ende des Buches nochmals (mit zusätzlichen Unterfragen) aufgelistet sind. Alternativ können Sie auch nur Teil I und Teil III lesen und dann das Fragespiel mit Ihrem Partner oder Ihrer Partnerin spielen, indem Sie einander die 12 Fragen stellen, um Ihre eigene {THE AND}-Erfahrung zu machen. Lesen Sie im Anschluss daran Teil II, um besser nachvollziehen zu können, warum die Fragen zu dieser Erfahrung geführt und so viel zwischen Ihnen beiden ausgelöst haben.

{THE AND} als Frage-und-Antwort-Spiel

Wenn Sie die Lektüre des Buches beendet haben und bereit sind, mit dem Ziel eines konstruktiven, kreativen und ehrlichen Austauschs in ein Beziehungsgespräch einzutreten, empfehle ich Ihnen, sich dabei an die folgenden Regeln zu halten:

- Das Gespräch gelingt am besten, wenn die 12 Fragen in der Reihenfolge gestellt werden, in der sie in diesem Buch erscheinen. Die Gründe dafür werden später noch ausführlich erläutert.
- Schauen Sie sich zu Beginn dreißig Sekunden lang in die Augen. Nehmen Sie innerlich Kontakt mit Ihrem Partner oder Ihrer Partnerin auf und mit dem gemeinsamen Dialograum, in

dem Sie sich befinden. (Bedenken Sie jedoch, dass sich nicht jeder mit Blickkontakt wohlfühlt. Tun Sie, was Ihnen guttut – als Alternative dazu schlage ich vor, dass Sie während dieser Zeit gemeinsam schweigend Ihrem Atem folgen).

- Beide Partner*innen haben Gelegenheit, jede der 12 Fragen zu stellen und zu beantworten, sofern sie das möchten. Bei jeder Frage machen die Partner*innen abwechselnd den Anfang. Wenn Sie zum Beispiel Ihrem Partner oder Ihrer Partnerin die Frage 1 stellen, kann er oder sie Ihnen anschließend ebenfalls die Frage 1 stellen. Sobald Sie beide geantwortet haben, gehen Sie zur Frage 2 über, wobei nun Sie die oder der zuerst Befragte sind. Besprechen Sie die Antworten ruhig so lange miteinander, bis Sie zu einem Ergebnis kommen, das sich für beide Seiten gut anfühlt (es handelt sich um ein Gespräch, nicht um einen Test).
- Versuchen Sie, sich nicht gegenseitig zu unterbrechen. Warten Sie, bis Ihr Partner oder Ihre Partnerin einen Gedanken zu Ende geführt hat, bevor Sie darauf etwas entgegnen.
- Sie müssen nicht auf jede Frage antworten. Dieser Punkt ist sehr wichtig. Wenn Sie sich das Recht vorbehalten, eine Frage nicht zu beantworten, fühlt sich niemand in die Enge getrieben. Dieses Recht üben Sie aus, indem Sie Ihrem Gegenüber zehn Sekunden lang in die Augen sehen und dann »Ich passe« sagen. (Auch hier gilt wieder: Wenn Sie sich wohler damit fühlen, stattdessen gemeinsam Ihrem Atem zu folgen, ist das natürlich auch in Ordnung.)
- Lassen Sie den Spaß dabei nicht zu kurz kommen. Betrachten Sie dieses Gespräch als ein Spiel, das Sie und Ihr*e Partner*in gemeinsam spielen. Falls es jedoch einmal hitzig zugehen oder knifflig werden sollte, können Sie in den Abschnitten »Werkzeuge« und »Problemlösung« nachlesen, wie sich eventuell auftretende Spannungen entschärfen lassen.

So weit also die Grundregeln des {THE AND}-Fragespiels. Weitere Regeln, die hilfreich sind, um sicherzustellen, dass das Gespräch auch dann sicher und reibungslos verläuft, wenn es einmal hoch hergeht, lauten: Niemand erhebt die Stimme; niemand verlässt den Raum, bevor das Gespräch beendet ist; und falls das Gespräch aus irgendeinem Grund abgebrochen werden muss, springen Sie zu den letzten beiden Fragen, um den Dialograum auf eine verbindliche und heilsame Art und Weise zu schließen. In Teil III, in dem es um Konfliktlösung geht, werden diese Regeln noch einmal genauer erläutert.

Im Anhang des Buches finden Sie dort Varianten zu den 12 Fragen, die aus meiner Sicht thematisch gut zum emotionalen Grundton der jeweiligen Hauptfrage passen. Sie eignen sich insbesondere für einen zweiten oder dritten Durchgang, wenn Sie sich mit Ihrem Partner oder Ihrer Partnerin zusammensetzen, um die Art von intimem Beziehungsgespräch zu führen, um die es hier nun gehen soll. Zudem sind über das gesamte Buch Zitate aus der Bibliothek der {THE AND}-Gespräche verstreut, denen ich wertvolle Anregungen zu verdanken habe und die hoffentlich auch für Sie eine Inspiration sein werden.

Schließlich möchte ich Sie ermutigen, diese gesamte Anleitung nicht als der Weisheit letzten Schluss in Sachen intimer Gesprächsführung zu betrachten, sondern eher als eine Lernerfahrung – als Übungsrunde für jedes weitere tiefgründige Gespräch, das Sie in Ihrem Leben noch führen werden. Betrachten Sie sie als den Beginn Ihrer Reise auf Ihrem ganz eigenen Weg der Fragen. Wer kann schon sagen, wohin er Sie führen wird?

I: Die Werkzeuge

In diesem Abschnitt finden Sie die Werkzeuge, um den angemessenen Raum für Verbundenheit und Nähe zu schaffen. Sie helfen dabei, die Rahmenbedingungen für ein Gespräch zu gestalten, das wirklich zum Kern dessen vordringt, was das Besondere zwischen zwei Menschen ausmacht. Lesen Sie diesen Abschnitt, bevor Sie Ihr eigenes intimes Paargespräch beginnen, wobei Ihnen die 12 Fragen in Teil II als Leitfaden dienen.

AUFHÖREN, NACH ANTWORTEN ZU SUCHEN, SONDERN ANFANGEN, BESSERE FRAGEN ZU STELLEN

Wann haben Sie sich das letzte Mal bewusst eine Frage gestellt?

Nehmen Sie sich einen Moment Zeit und versuchen Sie, sich an die ersten Gedanken zu erinnern, die Ihnen heute Morgen beim Aufwachen durch den Kopf gingen. Spielen Sie Ihren inneren Monolog noch einmal von Anfang an durch und schauen Sie sich genau an, wie Ihre innere Stimme in diesen ersten Momenten des wachen Bewusstseins zu Ihnen gesprochen hat. Vermutlich war es etwas in der Art von: *Ich habe Hunger. Ich denke, ich werde heute Eier zum Frühstück essen.* Oder: *Ich muss mich beeilen, damit ich nicht zu spät zur Arbeit komme.* Für sich genommen sind das einfach nur Aussagen. Aber woher stammen diese Aussagen? Warum kamen Ihnen diese Gedanken überhaupt in den Sinn? Sie sind nicht einfach aus dem Nichts aufgetaucht. Etwas hat sie ausgelöst. Irgendetwas hat einen Raum geschaffen, den diese Aussagen auszufüllen bestimmt waren.

Versuchen Sie nun, zu dem Moment unmittelbar vor dem Bewusstwerden dieser Gedanken zurückzugehen. Worauf gaben sie eine Antwort? Wahrscheinlich waren Sie sich dessen nicht bewusst, aber bevor Ihre innere Stimme Gelegenheit hatte, sich zu äußern, hat ein tiefer gelegener Anteil in Ihnen im Stillen gefragt: *Wie fühle ich mich? Was würde ich gerne essen? Wie spät ist es?* Und: *Wie kann ich dafür sorgen, dass ich rechtzeitig meinen Verpflichtungen nachkomme?* Ihre Gedanken waren alle Antworten auf Fragen.

In Wahrheit stellen wir ständig Fragen – uns selbst, anderen Menschen und der Welt um uns herum. Aber das ist nicht die Art und Weise, wie die meisten von uns das Leben erfahren. In aller Regel kommen uns die Fragen, die wir stellen, nicht zu Bewusstsein, weil wir nur auf die Aussagen, die Antworten achten. Das ist kein Zufall. Die Gesellschaft, in der wir leben, ist besessen von Antworten. Unsere Kultur hat uns so vollständig darauf programmiert, uns auf die Antworten zu konzentrieren, dass wir die Fragen, die wir uns selbst stellen, oft gar nicht mehr hören. Und selbst wenn wir sie hören: Wie sorgfältig denken wir dann darüber nach, welche Art von Fragen wir stellen? Oder über die Art und Weise, wie wir sie formulieren, und welcher Art die Antworten sind, die wir durch sie erhalten? Lösungen, Ergebnisse, Resultate und Vorgehensweisen stehen so hoch im Kurs, dass wir uns kaum jemals Gedanken über das machen, was die bewussten und unbewussten Räume schafft und formt, aus denen sie hervorgehen. Nur selten messen wir den Fragen die gleiche Bedeutung bei, schenken wir ihnen die gleiche Beachtung wie den aufschlussreichen Antworten, die wir auf sie zu erhalten hoffen.

Darin liegt eine verpasste Chance. Auf unserer Jagd nach Antworten, von denen wir uns die Lösung für alle möglichen Probleme erhoffen – ob in unserem persönlichen Leben, in unseren Beziehungen oder auch auf globaler Ebene –, suchen wir an der falschen Stelle. Wir stürmen wie besessen auf die Ziellinie zu, ohne etwas von dem Streckenverlauf des Rennens zu verstehen, in dem wir uns befinden. Aber so wie die Strecke den Verlauf eines Rennens vorgibt, ist es die Frage, die der Antwort Gestalt verleiht.

***

Indem ich im Rahmen von {THE AND} Tausenden von Gesprächen beigewohnt habe, konnte ich aus erster Hand erfahren, wie Fragen nicht nur über die Form der Antworten bestimmen, sondern dass sie auch die Macht besitzen, die Verbindung zwischen zwei Menschen zu stärken und zu vertiefen. In unserer Gesellschaft wird diese Macht unterschätzt, aber wenn wir lernen, sie zu erkennen und zu nutzen, verfügen wir mit ihr über ein äußerst wertvolles Instrument, um bessere und tiefere Gespräche miteinander zu führen. Aber die Macht der Fragen reicht noch sehr viel weiter. Sie ist für uns der Schlüssel zum Gefühl, wahrhaft lebendig zu sein. Wenn wir lernen, bessere Fragen zu stellen, sind wir dadurch in der Lage, nicht nur unsere Gespräche, sondern auch unsere Sicht der Welt bewusst zu gestalten, was uns wiederum erlaubt, darüber zu bestimmen, welche Gestalt unsere Realität für uns annimmt.

Doch wie funktioniert das in der Praxis? Stellen Sie sich für einen Moment vor, wie Sie ein Kind fragen, ob es zu Bett gehen möchte oder nicht. Es ist schon spät, also unterbrechen Sie das Spiel des Kindes und fragen freundlich: »Willst du dich langsam bettfertig machen?« Auf der Basis der umfangreichen Studien, die ich in den vergangenen Jahren als Vater zu diesem Thema durchführen durfte, wird die Antwort rein statistisch gesehen in 98,8 Prozent der Fälle ein kategorisches »Nein« sein, das üblicherweise mit Nachdruck vorgetragen wird. Aber was passiert, wenn

Sie die Frage anders stellen? Was, wenn Sie das Kind fragen: »Willst du im Bett oder auf der Couch schlafen?« Auf einmal steht das lange Aufbleiben nicht mehr zur Debatte. Die Antwort des Kindes kann nur »Bett« oder »Couch« lauten. Dies ist ein sehr einfaches Beispiel für die Macht der Fragen, aber es zeigt, wie die Art der Frage die Form der Antwort bestimmt. Und jeder Frage – einschließlich solcher Fragen, bei denen es um sehr viel mehr geht als um die Schlafenszeit – wohnt diese Macht inne.

Lassen Sie mich ein weiteres Beispiel anführen. Eine Freundin von mir wuchs zusammen mit ihren drei Geschwistern bei ihrer Mutter auf, bei der im Alter von 35 Jahren Multiple Sklerose diagnostiziert wurde. Zunächst versank ihre Mutter in eine tiefe Depression und stellte sich immer wieder die Frage: *Warum ich?* Sie blieb tagelang im Bett liegen, während ihre vier Kinder, von denen das älteste zwölf Jahre alt war, allein die Bürde dieser schlimmen Nachricht trugen und ihr Bestes taten, um ihre Mutter zu unterstützen. Die ganze Familie fühlte sich verloren, da die Zukunft für sie nur Leid und Probleme bereitzuhalten schien. Eines Morgens jedoch änderte die Mutter ganz einfach die Form ihrer Frage, indem sie ihr ein Wort hinzufügte: *Warum* nicht *ich?* Dies veränderte ihre gesamte Einstellung zu dieser Diagnose. Die Antworten auf ihre Frage *Warum ich?* hatten sie in einen Zustand der Depression und Apathie versetzt, während die Antworten auf die Frage *Warum nicht ich?* sie in eine Position der Selbstbestimmung und Handlungsfähigkeit brachten: Warum konnte sie nicht diejenige sein, die stark genug war, dieses Leid zu tragen? Unser Verstand sucht nach Antworten. Lassen Sie ihn also zu Ihren Gunsten arbeiten, indem Sie ihn in eine Richtung lenken, die für Sie etwas Konstruktives hat. Richten Sie mehr von Ihrer Energie und Aufmerksamkeit auf die Frage als auf die Antworten, nach denen Sie suchen.

Lange bevor mir bewusst wurde, wie ich sie einsetzen kann, glaubte ich fest an die Macht der Fragen. Jede Filmdokumentation, die ich gemacht habe, begann mit einer Frage. Nicht mit einer Idee. Nicht mit einem Konzept. Sondern mit einer Frage. Und erst durch die kontinuierliche Weiterentwicklung dieses Frageprozesses und indem ich mir dieselbe Frage auf unzählige verschiedene Arten stellte, begannen die Antworten in Form eines Films Gestalt anzunehmen. Dies war mein Erfahrungsprozess – zuerst die Frage, dann das Ergebnis – und er hat sich für mich bestens bewährt. Aber erst, als ich begann, Fragen für {THE AND} zu schreiben, wurde mir die wahre Macht der Fragen und die Art und Weise, wie sie unsere Realität gestalten können, wirklich völlig klar.

Als ich anfing, die Gespräche zu filmen, aus denen {THE AND} hervorgehen sollte, war es vor allem ein Gefühl, das mich dabei überkam: Dankbarkeit. Mein noch junges Dokumentarfilmprojekt wäre nicht zustande gekommen ohne den Mut und die rückhaltlose Offenheit der Teilnehmer*innen aus aller Welt, die sich voll und ganz in den Dialog einbrachten und außerdem so freundlich waren, mir die Filmgenehmigung zu erteilen. Angesichts ihrer Bereitschaft, ihr Innerstes vor der Kamera zu offenbaren, empfand ich es als meine Pflicht, dafür zu sorgen, dass es für sie zu einer wahrhaft kathartischen Erfahrung würde, die eine echte Vertiefung ihrer Partnerschaft bewirkt. Also begann ich zu überlegen, wie ich für sie Fragen formulieren könnte, die in der Lage wären, genau das zu leisten. Zeuge des Gesprächs zwischen Rafa und Douglas zu sein war für mich eines dieser Schlüsselerlebnisse, bei dem ich die Macht der Fragen live miterleben konnte. Der nächste Schritt bestand für mich aber darin, herauszufinden, was eigentlich es war, das der Frage, die Douglas seinem Partner gestellt hatte, eine solche Kraft verlieh.

Je gründlicher ich analysierte, welche Art von Reaktionen, Gefühlen und Erlebnissen bestimmte Fragen auslösen, desto mehr wurde mir klar, von welch entscheidender Bedeutung es ist, wie eine Frage genau formuliert ist und zu welchem Zeitpunkt im Gesprächsverlauf sie gestellt wird. Zwei Fragen, die auf den ersten Blick große Ähnlichkeit miteinander haben, aber unterschiedlich formuliert sind, können zu gänzlich andersartigen Antworten führen. Lässt man die Partner*innen zum Beispiel einander fragen: *Warum streiten wir so oft?*, so kommt dabei eine lange Liste von Vorwürfen heraus. Aufgrund der Art und Weise, wie die Frage formuliert ist, werden sich die Antworten einzig und allein auf den Konflikt konzentrieren und auf nichts anderes. Zwar hätte eine so formulierte Frage leicht einen Gesprächsverlauf provozieren können, der dem Voyeurismus der Menschen entgegenkommt und {THE AND} sehr viel mehr Klicks auf YouTube bescheren würde, aber das war gewiss nicht mein Ziel. Ich wollte den Beteiligten die Möglichkeit geben, etwas Neues über ihre Beziehung zueinander zu lernen, die Chance eröffnen, Neuland in ihrer Partnerschaft zu entdecken, das sie in ihrem Alltag vielleicht übersehen hatten. Ich wollte, dass sie mithilfe des Dialogs, durch den wir sie führten, so etwas wie inneres Wachstum erfahren. Also formulierte ich die Frage um, die nun lautete: *Was ist unser größter Konflikt und was können wir aus ihm lernen?* Die Vorstellung, dass ihrem Beziehungskonflikt eine Lehre innewohnt, war damit bereits in der Frage selbst impliziert. So gestellt, ließ die Frage keine Antwort zu, die lediglich eine Aufzählung der immer gleichen Themen darstellt, über die sich ein Paar streitet. Eine sinnvolle Frage muss so formuliert sein, dass sie dem Paar die Möglichkeit bietet, sich gemeinsam weiterzuentwickeln, sofern es dies wünscht. Das Angebot ist da; die Entscheidung, es anzunehmen, liegt jedoch bei den Teilnehmer*innen selbst. In diesem konkreten Fall ermöglichte die Umformulierung der Frage dem Paar, seinen Konflikt mit anderen Augen zu betrachten. Auch der Bereich der möglichen Antworten auf die Frage verlagerte sich: Anstatt dabei auf eine reine Beschwerdeliste und den Ausdruck des Gefühls der Ohnmacht reduziert zu sein, eröffnete sich dem Paar nun die Chance, in dem, was für beide eine Quelle des Leids in ihrer Beziehung war, ein Geschenk zu sehen, das ihnen helfen kann, gemeinsam zu wachsen.

Bessere Fragen zu stellen ist aber etwas, das viel mehr leisten kann, als nur tiefergehende und konstruktivere Gespräche zu ermöglichen. Es ist eine Fähigkeit, die die Weichen dafür stellen kann, ob wir eine wichtige Lebensentscheidung mit Zuversicht treffen oder in Zweifeln gefangen bleiben. Als meine Partnerin vor einigen Jahren mit unserem ersten Kind schwanger war, rangen wir mit der Frage: *An welchem Ort wollen wir leben?* Es war eine Frage, die sich so gewaltig, so beängstigend und so folgenschwer anfühlte, dass sie uns beide vollständig in Beschlag nahm. Fünf Monate lang reisten wir auf der Suche nach einer Antwort umher. Wir besuchten Santa Fe und Taos in New Mexico, Boise in Idaho, Bend in Oregon, Seattle in Washington und Boulder in Colorado. Aber wohin wir auch fuhren, kein Ort schien alle Kriterien für den Ort zu erfüllen, an dem wir uns niederlassen und eine Familie gründen wollten. Wenn eine Stadt ein schöner Ort zu sein schien, um ein Kleinkind großzuziehen, erhob sich die Frage, ob auch die Highschools dort gut genug waren. Konnten wir uns den Umzug dorthin auf lange Sicht finanziell leisten? Würde sie uns dauerhaft genug Anregung bieten? War dies die Landschaft, auf die wir für die nächsten Jahre an jedem Tag unseres Lebens blicken wollten? Bei so vielen Variablen wurde *An welchem Ort wollen wir leben?* zu einer immens komplizierten Frage. Kein Wunder, dass unsere Suche nach einer Antwort in einen einzigen Stress ausartete, der uns pausenlos in Atem hielt.

Als meine Partnerin mit unserem zweiten Kind schwanger wurde und wir erneut einen Umzug in Erwägung zogen, hatte ich zum Glück inzwischen schon sehr viel mehr über die Macht der Fragen nachgedacht. Und so beschlossen wir, uns dieses Mal die Frage auf andere Art zu stellen. Anstatt *An welchem Ort wollen wir leben?* lautete sie nun: *An welchem Ort wollen wir im kommen-*

den Jahr leben, bis unser zweites Kind sechs Monate alt ist, der uns die geeignete Umgebung bietet, um für unsere Kinder ein sicheres und liebevolles Zuhause zu schaffen, und der uns gleichzeitig dazu inspiriert, mehr füreinander da zu sein? Dies war zwar eine sehr viel längere, dafür aber sehr viel leichter zu beantwortende Frage. Auch wenn sie nun wortreicher war, verringerte die Umformulierung unserer Frage die Zahl der Anforderungen an unser neues Zuhause doch beträchtlich. Jetzt musste es nur noch eine Umgebung sein, die unseren Kindern Sicherheit und Geborgenheit bietet, eine mit viel Natur und einer angenehmen Nachbarschaft. Und auf einmal lernten wir auch den Ort, an dem wir uns bereits befanden, auf neue Weise zu schätzen. Es kam nicht mehr so sehr darauf an, ob wir eines Tages woanders hinziehen wollten. Für den Augenblick konnten wir uns getrost eine Antwort auf unsere Frage geben und eine Entscheidung in dem Wohlgefühl treffen, dass sie all unseren Bedürfnissen gerecht wird, ganz ohne dass es in Stress ausarten musste.

So wie es enorme Auswirkungen auf die Qualität unserer Beziehungen haben kann, wenn wir auf die Art der Fragen achten, die wir uns gegenseitig stellen, kann eine Umformulierung der Fragen, die wir uns selbst stellen, unsere gesamte Wahrnehmung der Welt verändern. Die Geschichte der Mutter meiner Freundin, die an Multipler Sklerose erkrankte, ist dafür ein Paradebeispiel. Denken Sie nur einmal an einige der schwierigen Fragen, die Sie sich selbst im Laufe Ihres Lebens gestellt haben. Fragen wie *Was soll ich mit meinem Leben anfangen?* sind schwer zu beantworten, aber *Wo liegt meine Leidenschaft und wie kann ich diese Leidenschaft in eine Fähigkeit verwandeln, die auch anderen Menschen zugutekommt?* ist als Frage viel spezifischer und lässt sich leichter mit dem Weg in Einklang bringen, auf dem Sie sich bereits befinden. Indem Sie die Frage auf diese konkretere Weise formulieren, sehen Sie die Welt durch die Brille Ihrer eigenen Wünsche und nicht durch die Brille der gesellschaftlichen Konventionen und Erwartungen an einen typischen Lebensentwurf. Die Frage *Warum werde ich nicht gemocht?* ist nicht besonders konstruktiv; wohingegen *Warum glaube ich, dass ich nicht gemocht werde, und was kann ich für mich daraus lernen, wenn ich den Grund dafür erkenne?* eine Frage ist, die Sie auf den Weg der Selbstfindung und zu einer gesünderen Einschätzung Ihres Selbstbildes führen könnte.

Oder nehmen wir eine Frage, die sich viele von uns stellen, wenn etwas schiefläuft: *Warum passiert mir dieser Mist?* Aber was wäre, wenn wir die Frage umänderten in: *Was ist die Lehre daraus, dass mir dieser Mist passiert?* Oder noch besser: *Warum kann ich mich glücklich schätzen, dass mir dieser Mist passiert?* Und was wäre, wenn wir die Fragestellung auf eine noch höhere Ebene heben würden: *Wie kann der Mist, der mir da passiert ist, ein Anstoß für das sein, was aus mir werden soll?* Indem wir einfach die Form der Frage ändern, geben wir uns selbst die Chance, daran zu wachsen und in all dem Mist, mit dem wir uns herumzuschlagen haben, den Nährboden für einen Selbstfindungs- und Entwicklungsprozess zu sehen, der uns in die Art von Leben zu katapultieren vermag, das wir uns wünschen. Warum also nicht gleich jetzt die Chance ergreifen und die Macht der Fragen, die Sie sich stellen, für sich nutzbar machen?

Anstatt sich auf das Endergebnis – die Antwort auf Ihre Frage – zu konzentrieren, schaffen Sie, indem Sie der Fragestellung selbst mehr Aufmerksamkeit schenken, den Raum, in dem eine autonomere, konstruktive Lösung auftauchen kann. Indem Sie die Frage gestalten, gestalten Sie die Antwort, und indem Sie die Antwort gestalten, gestalten Sie Ihre Realität. Hören Sie also auf, nach Antworten zu suchen. Kreieren Sie stattdessen bessere Fragen. Ihre Beziehung zu sich selbst, zu Ihrem Partner oder Ihrer Partnerin und zu sämtlichen Aspekten der Welt, in der Sie leben, kann dadurch nur an Reife, Kraft und Selbstbestimmung gewinnen.

WAS EINE GUTE FRAGE AUSMACHT

Wie lässt sich die Macht der Fragen nutzen, um zuverlässig zu aussagekräftigen, fundierten Antworten zu gelangen?

Nachdem ich jahrelang Fragen für mehr als eintausend Gespräche entwickelt und die Art von Erfahrungen, die sie bewirkten, sorgfältig beobachtet hatte, konnte ich bei den Fragen, die sich für die Beteiligten am {THE AND}-Projekt als besonders effektiv erwiesen, fünf Hauptkomponenten ausmachen. Jede von ihnen hatte (I.) das Verbindende im Blick. Genauer gesagt, konzentrierten sie sich auf den Raum zwischen der fragenden und der befragten Person. Sie waren (II.) in offener Form gestellt und nicht binär, also so strukturiert, dass sie nicht nur mit »Ja« oder »Nein« zu beantworten waren. Anstatt einen destruktiven Konflikt auszulösen, förderten sie (III.) ein positives oder konstruktives Ergebnis. Sie enthielten (IV.) ein Überraschungsmoment und verbanden in der Regel zwei ungleiche Ideen. Und schließlich waren sie (V.) als ein Angebot formuliert und nicht als Anweisung oder Anklage. Stellen Sie eine Frage, die alle fünf dieser Elemente berücksichtigt, und der lebendige Herzschlag einer jeden Thematik wird sich Ihnen offenbaren.

Betrachten wir aber die einzelnen Prinzipien, die eine gute Frage ausmachen, etwas genauer, um besser zu verstehen, worin ihr Wert liegt und wie sie sich in der Praxis bewähren.

I. Sie sollte das Verbindende im Blick haben

Bei einer Frage, die das Verbindende im Blick hat, geht es um den Raum zwischen den Beteiligten – diesen unsichtbaren, magnetischen Raum der Verbundenheit, den ich »das Und« nenne. Sie zielt auf die einzigartige Beziehung zwischen zwei Menschen ab, anstatt jeden von ihnen dazu aufzufordern, aus seiner individuellen Perspektive heraus zu sprechen. Zum Beispiel ist *Was denkst du über die Liebe?* eine weniger kraftvolle Frage als *Inwiefern glaubst du, dass wir unterschiedlich über die Liebe denken?*. Können Sie sehen, wie das zweite Beispiel das Verbindende zwischen den Partner*innen betont, indem es die befragte Person in die Lage der fragenden Person versetzt und sie so einlädt, die Dinge aus einer anderen Perspektive zu betrachten?

Dabei könnte es so aussehen, als wäre die Perspektive, die einzunehmen die befragte Person aufgefordert wird, eigentlich die der fragenden Person. Aber das ist nicht der Fall. Tatsächlich handelt es sich um die ganz besondere Sichtweise, die der Verbindung zwischen beiden, der Beziehung selbst, entspringt. Gewiss fordern Sie Ihren Partner oder Ihre Partnerin auf diese Weise dazu auf, Ihnen mitzuteilen, was Sie seiner oder ihrer Meinung nach über die Liebe denken; aber kann diese Antwort jemals Ihre Gedanken, Ihre Gefühle, Ihre Ausdrucksweise, Ihre Eigenarten und Ihre Gemütslage genau erfassen? Selbst wenn die Antwort völlig mit dem übereinstimmt, was Sie über die Liebe oder ein anderes Thema denken, wird allein schon durch die Tatsache, dass Ihr*e Beziehungspartner*in auf die Frage antwortet, diese Antwort zu einer Vereinigung Ihrer beider Gedanken. Sie oder er sieht die Welt nun durch Ihre Augen *und* die eigenen. Diese gemeinsame Sichtweise bedeutet, das Verbindende im Blick zu haben. Kombiniert schaffen Ihre Gesichtspunkte eine Perspektive, die größer ist als die Summe ihrer Teile. Dies ist das unsichtbare Gewebe, durch das die Liebe sich mitteilt und gestärkt wird.

Wann immer Sie ein beliebiges Thema aus dieser gemeinschaftlichen Perspektive erkunden, ist damit sichergestellt, dass das Verbindende zwischen ihnen im Vordergrund des Gesprächs bleibt. Fragen, denen dieses verbindende Element fehlt, führen leicht zu langen Monologen, in denen jemand in aller Ausführlichkeit über die eigenen Lieblingsthemen referiert, die eigenen Ansichten über das Leben weitschweifig darlegt oder sich bis zum Überdruss über die eigene Person verbreitet. Das kann nicht passieren, wenn eine Frage das Verbindende im Blick hat, denn dann sind sowohl Sie als auch Ihr*e Partner*in Teil jeder Antwort, die sich ergibt, sodass Sie beide jederzeit in das Gespräch eingebunden sind. Wenn Sie die Frage stellen: *Was lehrt dich das Leben?*, ist das gewiss in Ordnung; aber es ist weder für Sie noch für Ihre*n Partner*in annähernd so interessant oder aufschlussreich wie die Frage: *Was denkst du, was das Leben* mich *lehrt?* Darüber, was das Leben uns lehrt, können wir sehr wohl allein nachdenken. Dazu brauchen wir nicht unbedingt die andere Person. In der zweiten Form der Frage bitten Sie jedoch Ihre*n Partner*in, über *Ihre* Gefühle nachzudenken, was innere Anteilnahme erfordert. Auf diese Weise erfahren Sie aus der anderen Perspektive etwas über sich selbst. Dies könnte eine wertvolle Gelegenheit sein, etwas Neues übereinander zu lernen, was Ihnen bisher vielleicht völlig entgangen ist, und es bietet mit Sicherheit eine Gelegenheit, die Art der Verbindung zwischen Ihnen beiden besser zu verstehen.

Eine gute Methode, um festzustellen, ob eine Frage ein verbindendes Element enthält oder nicht, besteht darin, sich zu fragen, ob die Antwort, zu der sie führt, für die Beziehung einzigartig ist oder, anders ausgedrückt, ob die Antwort darauf unterschiedlich ausfällt, je nachdem, wer sie stellt. Wenn die Antwort von der Person abhängt, die sie stellt, dann enthält die Frage ein verbindendes Element. Fällt die Antwort vermutlich aber gleich aus, egal wer sie stellt, dann ist dies nicht der Fall. Nehmen wir an, Ihr*e Partner*in fragt Sie: »Wovor fürchtest du dich am meisten?«, und Sie antworten: »Vor Spinnen.« Wenn Ihr Vater oder Ihr*e Chef*in oder Ihr*e Freund*in Ihnen die gleiche Frage stellt, wird Ihre Antwort dann jeweils anders ausfallen? Hat sie etwas mit Ihrer Beziehung zu diesen Menschen zu tun oder nur mit Ihrer eigenen Beziehung zu Ihrer größten Angst?

Fragen wie *Wovor fürchtest du dich am meisten?* sind unproblematisch, wenn es sich nur darum handelt, ganz allgemein etwas über einen Menschen zu erfahren, aber sie haben nicht unbedingt das Potenzial, die Beziehung zu einem anderen Menschen zu vertiefen. Es gibt viele populäre Bücher mit Listen wichtiger Fragen, die man einander in einer Partnerschaft stellen kann, aber nur wenige dieser Bücher oder Listen berücksichtigen dabei das verbindende Element, wenn überhaupt. Zu viele dieser Fragen werden zu der gleichen Antwort führen, unabhängig davon, wer sie stellt.

Vor einigen Jahren haben die Psycholog*innen Arthur und Elaine Aron eine Reihe von Fragen entwickelt, die »36 Fragen, die zur Liebe führen« *(36 Questions that Lead to Love)*. Populär wurden sie durch einen Artikel in der *New York Times* aus dem Jahr 2015 mit dem Titel »So können Sie sich in jeden Menschen verlieben«.* Ich habe mir die Fragen angeschaut, und nur sieben von ihnen betreffen ansatzweise die partnerschaftliche Verbindung. Der Rest sind Fragen, die das Gegenüber dazu auffordern, die eigenen Gedanken oder Gefühle aus seiner individuellen Perspektive zum Ausdruck zu bringen. Zum Beispiel: *Was ist dir in*

* Mandy Len Catron: »To Fall in Love with Anyone, Do This«, In: *New York Times*, 9. Januar 2015.

einer Freundschaft am wichtigsten? Oder: *Welche Rolle spielen Liebe und Zuneigung in deinem Leben?* Offensichtlich bleiben die Antworten auf diese Fragen dieselben, egal ob Ihr Partner oder Ihre Partnerin, Ihre Mutter oder Ihr Friseur oder Ihre Friseurin sie stellt. Nicht, dass diese Fragen keine Berechtigung hätten, wenn Sie gerade dabei sind, jemanden kennenzulernen; aber wenn Sie erst einmal eine Beziehung zu einem anderen Menschen aufgebaut haben, ist es dann nicht viel interessanter, etwas über Ihre besondere Verbindung zu ihm zu erfahren? Über den dynamischen Beziehungsraum, der zwischen Ihnen beiden existiert?

Kehren wir für einen Moment noch einmal zu unserem Beispiel mit der Spinnenphobie zurück, um uns anzuschauen, wie sich in die Frage *Wovor fürchtest du dich am meisten?* eine verbindende Sichtweise einbringen lässt. Eine kraftvollere Version dieser Frage, der das Potenzial innewohnt, die Beziehung zu Ihrem Partner oder zu Ihrer Partnerin zu vertiefen, wäre: *Wovor fürchte ich mich deiner Meinung nach am meisten und warum?* Oder: *Wenn du an unsere gemeinsame Zukunft denkst, was macht dir dabei am meisten Angst?* Jetzt kann die Antwort niemals dieselbe sein, wenn die Frage von zwei verschiedenen Personen gestellt wird. Der Fokus liegt nun wieder auf der einzigartigen Verbindung zwischen Ihnen und Ihrem jeweiligen Gegenüber.

II. Sie sollte in nicht binärer und offener Form gestellt sein

Es gibt kaum zwei andere Worte, die den Fluss eines guten Gesprächs so schnell ins Stocken bringen können wie »Ja« und »Nein«. Wenn auf eine »Ja«- oder »Nein«-Antwort eine ausführlichere persönliche Erklärung folgt, kann sie manchmal durchaus aufschlussreich sein. Aber wie viel haben die besten Gespräche in einer Partnerschaft mit objektiven Wahrheiten, absoluten Aussagen oder binären Feststellungen zu tun? Geht es dabei nicht vielmehr um die subjektiven Wahrheiten, die aus dem Herzen gesprochen sind? Sind Dialoge, in denen es sich um die Grautöne zwischen einem binären Schwarz-Weiß handelt, nicht weitaus ergiebiger? Ob etwas wahr ist oder nicht, sagt Ihnen nicht annähernd so viel über Ihren Partner oder Ihre Partnerin, wie die Erkundigung, wie und warum er oder sie etwas auf eine bestimmte Weise empfindet und wie sich diese Gefühle zeigen. Daher sind in offener Form gestellte Fragen, die nicht zulassen, dass ein »Ja« oder »Nein« das Gespräch in seichten Bahnen hält, die bessere Wahl, um Tiefgang in Ihre Gespräche zu bringen.

»Ja«- oder »Nein«-Antworten sind außerdem ein einfacher Weg, um sich nicht wirklich zu öffnen und präziser dazu zu äußern, wie man die Partnerschaft wahrnimmt und erlebt. Stellen Sie die Frage *Liebst du mich?*, werden Sie eine simple, eindimensionale Antwort erhalten. Fragen Sie jedoch: *Warum liebst du mich?* Oder: *Wie erlebst du deine Gefühle für mich?* Oder: *Wann liebst du mich am meisten und wann am wenigsten?*, dann werden Sie als Antwort darauf vermutlich eine differenziertere Stellungnahme zum Gefühlsleben Ihres Partners oder Ihrer Partnerin erhalten. Insbesondere bei schwer zu beantwortenden Fragen ist dies von Bedeutung. Ein »Ja«, ein »Nein« oder ein »Ich denke schon« kann als Fassade dienen, um die eigene Verletzlichkeit und die tiefere Wahrheit, die hinter diesen Antworten steckt, zu verbergen. Aber eine nicht binäre Frage bietet die Chance, tiefer zu gehen. Eine Frage wie *Glaubst du, dass es Aspekte in unserer Beziehung gibt, die wir verbessern könnten?* lässt Raum dafür, dem Gefühl von Verletzlichkeit und dem Unbehagen aus dem Weg zu gehen, indem man darauf einfach mit »Nein« antwortet, während die Frage *Was können wir tun, um unsere Beziehung zu verbessern?* die Möglichkeit eröffnet, in einen konstruktiven Dialog einzutreten.

III. Sie ist kraftvoller, wenn sie ein positives und konstruktives Ergebnis anstrebt

Betrachten wir einmal die Frage *Worin missverstehen wir einander am meisten?*. Wie konstruktiv kann eine Antwort auf diese Frage sein? Und wie wahrscheinlich ist es, dass diese Frage eine Chance für Wachstum bietet?

So formuliert, fordert die Frage *Worin missverstehen wir einander am meisten?* dazu heraus, die trennenden Aspekte in einer Beziehung zu betonen, aber nicht unbedingt die Möglichkeit, gemeinsam daran zu wachsen. Im besten Fall werden Sie auf einen Punkt aufmerksam gemacht, an dem sich Ihr*e Partner*in missverstanden fühlt, ohne dass Sie es selbst so wahrgenommen haben.

Was aber, wenn Sie der Frage mehr Kraft verleihen, indem Sie sie auf diese Weise stellen: *Worin missverstehen wir einander am meisten und was können wir dagegen tun?* Oder: *Worin missverstehen wir einander am meisten und warum glaubst du, dass das so ist?* Überlegen Sie, was dann passieren kann. Mit dem Wortlaut der Frage ändert sich auch der gesamte emotionale Grundton der Antwort. Anstatt zwei Menschen, denen gegenseitige Missverständnisse zu schaffen machen, haben wir nun ein Team, das gemeinsam an deren Auflösung arbeitet oder bereits dabei ist, die Lehren daraus zu ziehen. Die Idee dabei ist, die Frage so zu formulieren, dass Sie in die Lage kommen, gemeinsam etwas aufzubauen.

Schafft also die Formulierung der Frage die Basis dafür, dass Sie sich gemeinsam aufmachen, um Neues zu entdecken? Oder schürt sie den Konflikt, der Ihre Verbindung zueinander schwächt? Wie muss die Fragestellung beschaffen sein, damit sie Ihre Partnerschaft kommunikativer, empathischer, tragfähiger und entwicklungsfreudiger werden lässt?

IV. Sorgen Sie für Überraschungsmomente

Manchmal sind wir in den immer gleichen Mustern gefangen – in Denkmustern, Verhaltensmustern, Gefühlsmustern. Wenn wir lange genug in diesen Mustern gelebt haben, können sie anfangen, sich wie unsere Realität anzufühlen. Sie werden zu den Grenzen, von denen wir glauben, dass sich unser Leben in ihrem Rahmen abspielen muss. Aber das ist ein Trugschluss, und dazu häufig ein gefährlicher. Wenn wir innerhalb der Grenzen bleiben, die wir unbewusst uns selbst und unseren Beziehungen gezogen haben, können wir uns damit vor den vielfältigen Möglichkeiten verschließen, die das Leben zu bieten hat.

Ich habe die Erfahrung gemacht, dass diese Möglichkeiten oft auf unerwartete Weise auftauchen. Und wenn wir von dem Muster, in dem wir feststecken, erwarten, dass es sich fortsetzt, kann das, was uns aus ihm befreit, schließlich nur auf unerwartete Weise eintreten, nicht wahr? Überraschende Verbindungen herzustellen ist eine hervorragende Methode, uns darin zu üben, für neue Möglichkeiten und Perspektiven offen zu bleiben, um uns geistige und emotionale Flexibilität im Geist und Herzen zu bewahren. Praktizieren wir dies im Gespräch mit unseren Beziehungspartner*innen, können wir die starren Vorstellungen, die wir bislang von unserer Partnerschaft hatten, hinter uns lassen und neue Wege in ihr beschreiten. Das kann auf zweierlei Art geschehen. Zum einen können wir in einer Frage zwei Vorstellungen miteinander verbinden, die normalerweise nicht miteinander vereinbar sind. Zum Beispiel:

1. Zwei normalerweise unvereinbare Vorstellungen miteinander verbinden:

- Was ist das Gute am Streiten?
- Welche ist deine schönste Erinnerung an deine schlimmste Beziehung?
- Was fürchtest du zu gewinnen?
- Was kostet dich das Geldverdienen?
- Welcher deiner größten Fehler war für dich das größte Geschenk?

Die andere Möglichkeit besteht darin, eine Frage so zu stellen, dass die befragte Person gezwungen ist, sie aus der Perspektive der fragenden Person zu beantworten. Auch dazu ein paar Beispiele:

2. Durch die Art der Fragestellung einen Perspektivwechsel erzwingen:

- Was habe ich deiner Meinung nach über das Leben gelernt, das du bisher nicht gelernt hast?
- Was ist deiner Meinung nach für mich das Schwierigste an meiner Freundschaft zu dir?
- Was ist mein Missverständnis in Bezug auf dich und woher kommt es deiner Ansicht nach?
- Was, denkst du, finde ich besonders sexy an mir?
- Welchen Fehler mache ich deiner Meinung nach immer wieder und aus welchem Grund?

Indem all diese Fragen also entweder zwei konträre Ideen auf überraschende Weise miteinander verknüpfen oder einen persönlichen Perspektivwechsel erzwingen, fordern sie dazu auf, bei einem möglicherweise wohlbekannten Thema oder Konflikt eine ungewohnte Position einzunehmen.

Immer wieder konnte ich erleben, wie überraschende Fragestellungen bei den Teilnehmer*innen von {THE AND} zu befreienden emotionalen Reaktionen und bedeutsamen Einsichten geführt haben. Nehmen wir als Beispiel einen meiner Lieblingsdialoge, der mir immer wieder Tränen in die Augen treibt. Wir haben ihn in Wellington in Neuseeland aufgezeichnet, und er fand statt zwischen John, Anfang vierzig, dunkelblondes, halblanges Haar, und seinem Sohn Curtis, sechzehn, Brillenträger, überwiegend schwarz gekleidet und von einer entwaffnenden Offenheit. Curtis ist neurodivergent* und seine Familie hat stets sehr auf seine Bedürfnisse geachtet. Im Wissen darum habe ich für John die folgende Frage an seinen Sohn formuliert: *Was ist deiner Meinung nach für mich das Schwierigste daran, dein Vater zu sein?* Als John diese Frage stellte, war deutlich zu spüren, welche Erleichterung es für ihn bedeutete, endlich die Gelegenheit zu haben, von seinem Sohn auf diese Weise gesehen zu werden. Als Ausdruck einer lang anhaltenden, nun von ihm abfallenden Anspannung ließ er die Schultern sinken und atmete langsam und tief aus. Ich fragte mich, ob John jemals zuvor eine Frage an Curtis hat richten können, die ihn in seine, Johns, Lage versetzte. Durch sie entstand der Raum, in dem John von seinem Sohn möglicherweise zum ersten Mal auf andere Art und Weise gesehen wurde,

* Neurodivergenz oder Neurodiversität ist ein bewusst neutral gewählter Sammelbegriff für eine Reihe neurologischer Besonderheiten wie unter anderem Autismus, ADHS, Legasthenie, bipolare Störung oder Hochbegabung mit dem Ziel, eine pathologische Zuordnung zu vermeiden.

als ihre Vater-Sohn-Beziehung es bis zu diesem Zeitpunkt vorgegeben hatte.

Wenn wir Punkte miteinander verbinden, die zu verknüpfen uns vielleicht nie in den Sinn gekommen wäre, entsteht dadurch ein Raum, der jede Art von Beziehung mit neuem Leben erfüllen, eine neue Art von Verbindung schaffen und uns somit neue Wege des Miteinanders eröffnen kann.

V. Eine Frage ist dann am effektivsten, wenn sie ein Angebot darstellt, das frei von Wertungen und Absichten ist

Es gibt einen grundlegenden Unterschied zwischen Fragen, die eine präzise Antwort verlangen, und solchen, die in Form eines Angebots, eines Geschenks vorgetragen werden. Eine als Angebot formulierte Frage ist eine Einladung, etwas Neues zu entdecken oder eine nur selten vorgebrachte Meinung zu äußern. Umgekehrt können Fragen, die darauf abzielen, eine objektive Tatsache zu ermitteln, als manipulativ empfunden werden, von verdeckten Motiven geleitet sein und der oder dem Befragten das Gefühl geben, in eine Schublade gesteckt zu werden. Spüren Sie den qualitativen Unterschied zwischen der Frage *Wann habe ich dich am meisten enttäuscht?* und der Frage *Hast du dich schon einmal von mir enttäuscht gefühlt?*. So geringfügig er sein mag, kann er doch darüber entscheiden, wie sich Ihre Partnerin oder Ihr Partner bei der Antwort fühlt und wie diese Antwort ausfällt. Die zweite Frage zielt nicht auf eine bestimmte Begebenheit zu einem bestimmten Zeitpunkt ab und lässt daher Spielraum, ohne eine konkrete Angabe einzufordern. Außerdem erkundigt sie sich nicht nach einer objektiv eingetretenen Enttäuschung, sondern nach dem *Gefühl*, enttäuscht worden zu sein. Wird sie in dieser Form gestellt, wendet sich die Frage an die persönliche Erfahrung und legt die Antwort darauf ins Ermessen der befragten Person. Und anstatt das Recht zu beanspruchen, ihrerseits darüber zu befinden, ob die Enttäuschung zu Recht eingetreten ist oder nicht, erkennt die fragende Person das subjektive Erleben der oder des Befragten an.

Betrachten wir noch ein anderes Beispiel. Welche Frage würden Sie lieber beantworten: *Was ist das Verletzendste, das du je in unserer Beziehung getan hast?* Oder: *Was ist in deinen Augen das Verletzendste, das du je in unserer Beziehung getan hast?* Durch den Zusatz »in deinen Augen« wird die Fragestellung offenbar abgemildert. In dieser zweiten Fassung der Frage sind Sie nicht mehr zum Geständnis aufgefordert, etwas getan zu haben, das für Ihren Partner oder Ihre Partnerin sehr verletzend war, sondern es geht um Ihre Einschätzung in Bezug auf eine möglicherweise verletzende Verhaltensweise. Anstatt Sie zu einer Aussage über die aus Ihrer Sicht objektive Wahrheit eines Sachverhalts zu zwingen, verwandelt sich die Frage so in ein Angebot, gemeinsam ein Thema zu erörtern. Auf diese Weise wird niemand an den Pranger gestellt. Es ist viel einfacher und fühlt sich weniger bedrohlich an, Ihrer Partnerin oder Ihrem Partner gegenüber zu erklären: »So habe ich es erlebt«, als: »So ist es passiert.«

Gewiss sind nicht alle zwischenmenschlichen Interaktionen innerhalb einer Partnerschaft Ansichtssache und rein subjektiver Natur. Einige sind einfach objektiv verletzend, und ich will keineswegs behaupten, dass alles, was in einer Beziehung passiert, eine Frage der Interpretation sei. Nachdem ich aber jahrelang an der Formulierung der Fragen für {THE AND} gefeilt habe, bin ich zu dem Schluss gekommen, dass sich die besten Gespräche aus solchen Fragen ergeben, die in der Form eines Angebots gestellt werden, das die Beteiligten annehmen können oder nicht. Es ist viel einladender, eine offene Hand zu ergreifen als eine Hand, die mit dem Finger auf uns zeigt. Ich habe die Erfahrung gemacht, dass zu offensiv gestellte Fragen, die das Gegenüber auf eine bestimmte Erfahrungsebene hindrängen wollen, nur zu Abwehr und Rückzug führen oder auch dazu, dass sich eine*r der Beteiligten gänzlich verschließt. Das ist das Gegenteil von dem, was man in einem Rahmen zu erreichen hofft, in dem es uns darum geht, die Besonderheit einer partnerschaftlichen Beziehung aufrichtig zu erkunden.

WIE MAN EINEN SICHEREN RAUM FÜR GESPRÄCHE SCHAFFT

Ein gutes Beziehungsgespräch kann nur dann zustande kommen, wenn beide Seiten das Gefühl haben, sich in einem emotional geschützten Raum zu befinden. Punktum. Wenn sich eine der Parteien nicht sicher fühlt, kann auch eine noch so perfekt formulierte Frage den Schutzwall, den sie um ihr Herz errichtet hat, nicht aufbrechen. Aber hüten Sie sich davor, Sicherheit und Behaglichkeit miteinander zu verwechseln. Sie sind nicht dasselbe, und es gibt einen wesentlichen Unterschied zwischen beiden. Die Sicherheit muss zu jeder Zeit beachtet und gewährleistet sein, indem wir einen Rahmen der Verständigung über eine gemeinsame Zielsetzung und Motivation, des gegenseitigen Wohlwollens und der klaren Regeln schaffen. Behaglichkeit – emotionale Behaglichkeit – ist dagegen etwas, von dem Sie sich bei Ihren intimen Gesprächen so weit wie möglich lösen sollten.

Unbehagen ist eine notwendige Voraussetzung für Wachstum. Wie können wir erwarten, etwas Neues zu erfahren, das positive Veränderungen mit sich bringen soll, solange wir in dem gemütlichen und vertrauten Gefängnis unserer Komfortzone eingesperrt bleiben? Uns sicher genug zu fühlen, um gemeinsam unsere wunden Punkte zu erkunden, ist dagegen von größter Bedeutung und eine wesentliche Voraussetzung für das Paargespräch, durch das dieses Buch Sie führen wird. Wenn Sie sich im Klaren darüber sind, warum Sie dieses Gespräch führen wollen, welche Absicht dahinter steht und welche Regeln dabei gelten, dann bewegen Sie sich in einem emotional sicheren Rahmen, in dem Sie Ihre Gedanken ungeschminkt und auf eine Weise vermitteln können, die hoffentlich von Ihrem Gegenüber angenommen wird.

* * *

Warum gehen wir ins Kino oder ins Theater, um uns einen Film oder ein Schauspiel anzusehen? Wir tun es, weil wir wissen, dass wir uns in einen sicheren Raum begeben, in dem wir den Kummer, die Angst, die Verzweiflung oder den Zorn der agierenden Personen nachempfinden können. Das heißt, wir sind uns im Klaren über das gemeinsame Ziel und die Motivation, uns in diesem Raum zu versammeln, über die Rücksichtnahme, die allen zuteilwird, und über die klaren Regeln, die es für den Ablauf des Geschehens gibt. Wir haben das Theater mit der Absicht betreten, diese Art von Erfahrung zu machen. Mehr noch, wir haben die ausdrückliche Erlaubnis, die handelnden Charaktere in ihren intimsten Augenblicken zu beobachten. Wir wissen auch, dass die Bühne der Ort ist, an dem die Schauspieler*innen auftreten, dass die Sitzreihen im Parkett und auf den Rängen der Ort sind, von dem aus wir, die Zuschauer*innen, dem Geschehen beiwohnen, und dass diese Grenze nicht überschritten wird. So entsteht ein sicherer Raum, in dem wir intensive Gefühle erleben und uns in die Beobachterrolle begeben können.

Stellen Sie sich nun vor, Sie sehen, wie sich zwei Menschen auf der Straße streiten. Das ist eine ganz andere Art von Erlebnis, als den Streit zweier Schauspieler*innen auf der Bühne zu verfolgen.

Ein Teil von Ihnen möchte vielleicht dem Streit auf der Straße beiwohnen, schließlich ist er ein faszinierender Ausdruck starker menschlicher Gefühle. Aber gleichzeitig haben Sie Schuldgefühle, weil Sie unfreiwillig in die Privatsphäre fremder Menschen eingedrungen sind; und umgekehrt fühlen Sie sich bedrängt, weil Ihre eigene Grenze durch bedrohliche Gefühle und Emotionen überschritten wird, denen Sie sich vielleicht nicht gewachsen fühlen, weil Sie mit der alleinigen Absicht in die Welt hinausgegangen sind, Lebensmittel einzukaufen.

Was ist also der Unterschied zwischen diesen beiden Szenarien?

Bezugsrahmen, Kontext und Erlaubnisraum

Stellen Sie sich vor, Ihr Partner oder Ihre Partnerin käme auf Sie zu, während Sie dieses Buch lesen, und würde Sie aus heiterem Himmel fragen: *Warum liebst du mich?*, ohne zuvor einen Bezugsrahmen dafür zu schaffen oder diesen Bezugsrahmen mit Ihnen gemeinsam und einer klaren Absicht zu betreten. Wie würden Sie reagieren? Würden Sie sich in aller Seelenruhe in Ihre Gefühlswelt versenken und anfangen, das vielschichtige Wesen Ihrer Liebe zu diesem Menschen zu erkunden? Wohl kaum. Anstatt darüber nachzudenken, warum Sie ihn oder sie lieben, würden Sie sich fragen: *Was hat denn das jetzt zu bedeuten? Was habe ich getan? Habe ich schon wieder den Toilettensitz hochgeklappt gelassen? Was steckt dahinter? Denkt er/sie vielleicht, ich hätte eine Affäre?* Der springende Punkt ist, dass Sie sich nicht auf die Beantwortung der Frage konzentrieren würden, sondern darauf, sich einen Kontext auszumalen, in dem sich eine Frage von dieser Tragweite auf plausible Weise ergeben könnte.

Genauso wie ein Theater oder ein Kino einen Rahmen schafft, der uns bestimmte Dinge zu sehen und zu erfahren erlaubt, die wir im täglichen Leben so vielleicht nicht erfahren oder zu Gesicht bekommen: So ist es auch wichtig, dass Sie einen entsprechenden Rahmen schaffen, bevor Sie ein tieflotendes Paargespräch führen. Durch ihn wird Ihr gemeinsames Vorhaben definiert, in diese Art von Erfahrung einzutreten, mit dem Ziel einer kathartischen und ehrlichen Aussprache, für die Regeln gelten, die Ihnen beiden Sicherheit bieten.

Es ist also wichtig, dass beide Beteiligten zustimmen, sich freiwillig und bewusst in einen Raum zu begeben, der speziell für diese Art von Gespräch ausgelegt ist. Wenn Sie dabei die 12 Fragen in diesem Buch als Leitfaden nutzen (oder eines der {THE AND}-Kartendecks, wenn Sie mehr Fragen zur Verfügung haben möchten), ist das auch deshalb hilfreich, weil Sie Ihr Gespräch dadurch unmittelbar und automatisch als Spiel definieren. Durch die Entscheidung, dieses Spiel zu spielen, bringen Sie sich mit der Absicht in diesen Raum ein, auf Fragen einzugehen, die der Vertiefung Ihrer Beziehung dienen. Aber auch wenn Sie die vorgegebenen Fragen nicht benutzen, ist es für das Gelingen eines Gesprächs entscheidend, diese spezielle Erfahrung in einen Kontext zu stellen, der sich von den Regeln des täglichen Lebens unterscheidet. Sie können es also gern als Spiel bezeichnen, wenn Sie wollen. Ich möchte Sie sogar ausdrücklich dazu ermutigen, dem Gespräch einen Namen zu geben, in dem etwas besonders Leichtes und Spielerisches zum Ausdruck kommt. Auch wenn diese Art von Paargespräch Sie beide auf eine Ebene der Verletzlichkeit und des Unbehagens führen kann, aus der beide Beteiligten und ihre Partnerschaft gestärkt und gereift hervorgehen, sollten Sie nicht vergessen, dass es sich auch um eine sehr humorvolle Erfahrung voller Spaß und Gelächter handeln kann. Lachen kann ein hervorragender Lehrmeister sein, den wir oft in seiner Macht unterschätzen. Wenn Sie das Gespräch als Spiel betrachten, lockert das nicht nur die Atmosphäre auf, in der es stattfindet, sondern unterstreicht auch die Tatsache, dass es wie bei jedem Spiel Regeln gibt, die Teil des Erfahrungsprozesses sind, auf den Sie sich einlassen.

Regeln und Grenzen

Regeln sind nicht per se etwas Schlechtes. Zunächst einmal sind sie nichts anderes als ein Hilfsmittel. Jeder Künstler und jede Künstlerin wird Ihnen sagen können, dass gewisse Grenzen – die Grenzen oder Regeln, innerhalb derer sie schöpferisch tätig sind – ihnen erst erlauben, sich künstlerisch voll zu entfalten und kreativ zu sein. Eine Malerin und ein Maler, die nicht zuerst für sich die Regel aufgestellt hätten, auf Leinwand oder einer bestimmten Wandfläche zu malen, wären ohne diese Vorgabe außerstande, die Abmessungen, den Maßstab und den Blickwinkel ihres Werks zu bestimmen. Wollte ich einen Dokumentarfilm drehen, ohne mich dabei an die Regel zu halten, dass er nicht länger als zwei Stunden werden darf, würde ich mich vielleicht jahrelang damit plagen, ein zehnstündiges Filmepos zu schaffen, das kein Mensch durchhalten würde. In ähnlicher Weise sorgen Regeln, die einem Gespräch Grenzen setzen, für eine inhaltliche und zeitliche Struktur, die den Beteiligten das nötige Gefühl der Sicherheit vermittelt, um sich verletzlich zu zeigen.

Einer der Hauptgründe, warum sich viele Paare wohler fühlen, wenn sie ihre Probleme vor einer Therapeutin oder einem Therapeuten besprechen, liegt darin, dass sie dort einen Raum vorfinden, in dem Regeln gelten, deren Einhaltung von unparteiischer Seite gewährleistet ist. Allein schon aus diesem Grund kann eine Paartherapie sehr wertvoll und nützlich sein. Auch ich habe dieses Angebot mit Gewinn in Anspruch genommen. Führen Sie Ihre Beziehungsgespräche jedoch außerhalb der Paartherapie und in eigener Regie, geht es darum, sich Ihren eigenen Dialograum mit

Ihren eigenen Regeln zu schaffen und sich die nötigen Fähigkeiten anzueignen, um Ihr eigener Schiedsrichter zu sein. Auf diese Weise sorgen Sie für Ihr eigenes sicheres, von Ehrlichkeit, Offenheit und Reflektiertheit geprägtes Umfeld. Allein schon die Tatsache, dass Sie das gemeinsam geschafft haben, kann das gegenseitige Vertrauen enorm stärken. Und manchmal reicht es schon aus, die tragende Kraft dieses Raums zu spüren, ohne dass in ihm etwas »passieren« oder »erreicht werden« müsste.

Lösen Sie sich von jeder Zielvorstellung

Voraussetzungslos in das Gespräch hineinzugehen ist etwas ganz anderes, als damit bestimmte Ziele oder Erwartungen zu verknüpfen. Ein klärendes Gespräch über Ihre Beziehung zu führen kann nur in einer Haltung der Offenheit gelingen, die alle Möglichkeiten zulässt. Wenn Sie sich jedoch mit der Erwartung hinsetzen, dass dabei etwas Bestimmtes herauskommen soll, oder – schlimmer noch – in der Hoffnung, Ihre Partnerin oder Ihren Partner ändern oder zur Einsicht bringen zu können, dann legen Sie den Austausch von vornherein auf einen bestimmten Ablauf und ein bestimmtes Ergebnis fest. Wenn es darum geht, ein dynamisches Beziehungsgeschehen, ungewohnte Perspektiven und neue Wege des Zusammenseins zu erkunden: Schränkt es Ihren Erfahrungshorizont dann nicht unnötig ein, wenn Sie sich von dieser Erfahrung etwas ganz Bestimmtes versprechen? Man kann nichts Neues lernen, wenn man nur mit dem umgeht, was man bereits kennt. Das einzige Ziel dieser Erfahrung besteht darin, sich gemeinsam hinzusetzen, um in einem geschützten Rahmen zusammenzukommen und ehrlich auf die Fragen einzugehen, die Sie in diesem Raum aufwerfen, und etwas übereinander, über sich selbst und über Ihre Verbindung zu erfahren. Bringen Sie das Vertrauen in sich selbst, in Ihren Partner oder Ihre Partnerin und in die Erfahrung selbst auf, dass alles, was dabei herauskommt, das Richtige sein wird, auch wenn es nur Gelächter oder Ratlosigkeit oder auch gar nichts sein sollte. Wenn Sie Regeln aufgestellt und einen Dialograum geschaffen haben, in dem Sie sich beide emotional sicher fühlen, wird es mit ziemlicher Sicherheit genau das sein, was Sie brauchen, egal wie ungemütlich das Gespräch werden sollte.

Der Weg des Wachstums wird Ihnen durch Ihre Ängste gewiesen. Wenn Sie sich auf sie einlassen, wo immer sie auftauchen, und sich ihnen gemeinsam in einem Rahmen stellen, in dem Sie sich beide sicher genug fühlen, um sich verwundbar zu zeigen – aber auch zuversichtlich genug, um das Unbehagen auszuhalten –, werden Sie gegenseitiges Vertrauen aufbauen, Ihre Verbindung zueinander stärken und Ihre Partnerschaft über den Punkt hinaus entwickeln, an dem sie sich jetzt befindet.

Der physische Raum

Nachdem wir über Regeln, Grenzen und Zielsetzungen des Paardialogs gesprochen haben, geht es um den physischen Raum, in dem er stattfindet und in dem die Teilnehmer*innen sich möglichst wohlfühlen sollten. Auf diese Weise werden sie nicht abgelenkt und können sich ganz auf ihr emotionales Unbehagen einlassen. Bei den Filmaufnahmen zu {THE AND} haben mein Team und ich uns ein paar Tricks einfallen lassen, um diese Voraussetzungen zu schaffen. Wir lassen die Teilnehmer*innen auf Stühlen Platz nehmen, die nicht knarren, mit einem bequemen Teppich unter den Füßen. Außerdem stellen wir irgendwo im Raum eine Kerze auf, auch um den Energiefluss im Raum zu symbolisieren. Im Wesentlichen geht es aber darum, dass der Raum einen gemütlichen Eindruck macht und nicht einschüchternd wirkt. Sobald die Dialogpartner*innen Platz genommen haben, bitten wir sie, bevor sie ihr Gespräch beginnen, von eins bis zehn zu zählen, und zwar so, dass sie ihre Stimme dabei von einem Flüstern immer mehr bis zu einem Gebrüll erheben. Auf diese Weise bekommen sie das Gefühl, den Raum auch akustisch in Besitz zu nehmen. Wenn die Regisseur*innen mit ihnen sprechen, gehen sie dabei vor ihnen in die Hocke, sodass die Teilnehmer*innen sich ihnen gegenüber in einer erhöhten Position befinden. Auch dieses Gespräch soll nicht von oben herab stattfinden. Der Regisseur oder die Regisseurin stellt zudem direkten Blickkontakt zu den Angesprochenen her, um sie so in den Raum zu holen und auch, um ein Beispiel zu geben, von dem wir hoffen, dass sie ihm während des eigentlichen Gesprächs folgen werden. So viel also zu den Techniken, die den Teilnehmer*innen das Gefühl geben sollen, dass der ungewohnte Raum, in dem sie gefilmt werden, auch der ihre ist. Wenn Sie sich in einem wohlvertrauten Raum befinden, etwa in Ihrer Küche, müssen Sie Ihre eigenen tiefschürfenden Gespräche wahrscheinlich nicht mit dem lauten Ausruf »Zehn!« einleiten. Aber seien Sie sich des Raumes bewusst, in dem Sie sich befinden. Gibt es laute Geräusche in der Umgebung, die Sie ablenken könnten? Herrscht ein Kommen und Gehen, das Sie von dem Moment abzieht? Und ist dies ein Raum, in dem Sie und Ihr Partner oder Ihre Partnerin das Gefühl haben, gleichberechtigt miteinander umzugehen? Sorgen Sie dafür, dass Sie sich an einem Ort befinden, an dem Sie sich beide gleichermaßen wohlfühlen und, wenn möglich, so gegenüber Platz nehmen, dass Sie sich miteinander auf Augenhöhe befinden.

Dieser letzte Punkt ist äußerst wichtig. Wenn Sie während dieser Erfahrung den Blickkontakt aufrechterhalten, kann dies die Verbindung zu Ihrem Partner oder Ihrer Partnerin sogar noch stärker bereichern als alle Worte, die Sie sagen. Wir achten stets darauf, dass die Beteiligten sich dreißig Sekunden Zeit nehmen, um einfach nur einander in die Augen zu schauen, bevor sie ihre erste Frage stellen, denn wir haben immer wieder gesehen, wie kraftvoll dieser Moment sein kann. Wer wir auch sein, woher wir auch kommen und wie wir auch aussehen mögen, jeder Mensch besitzt die gleichen onyxfarbenen Pupillen. Nicht von ungefähr werden diese leuchtenden Edelsteine, die wir alle in uns tragen, als Fenster der Seele bezeichnet. Welch unbeschreibliche Schönheit, welch unaussprechliche Wahrheit haben wir nicht schon in den Tiefen des Blicks unserer Partner*innen schimmern sehen? Nehmen Sie sich also, bevor Sie Ihr Gespräch beginnen, die Zeit, um diese Dimension zu erkunden. Was immer Sie dort auch finden werden: Wenn Sie einander in die Augen blicken, so wird dadurch das gestärkt, was uns allen gemeinsam ist, und die Flamme emotionaler Nähe entfacht, bevor auch nur ein Wort gesprochen wurde.* Die Idee dabei ist, sich körperlich im Raum zu erden, um so präsent wie nur möglich zu sein.

* Sollte Ihnen ein direkter Blickkontakt aus irgendeinem Grund nicht möglich oder zu unbehaglich sein, schlage ich vor, sich einander zuzuwenden, die Augen zu schließen und dreißig Sekunden lang miteinander in Stille zu atmen.

DEEP LISTENING – ACHTSAMES ZUHÖREN

Achtsames Zuhören ist ein wichtiges Mittel, um sich auf eine tiefere Ebene mit Ihrer Partnerin oder Ihrem Partner einzulassen, sobald Ihr Gespräch in Gang gekommen ist. Es ist die Fähigkeit, die gesprochenen Worte mit Ihrem ganzen Körper aufzunehmen und in sich nachklingen zu lassen. Achtsames Zuhören ermöglicht es Ihnen, einen Menschen wirklich in sich einzulassen, was die Voraussetzung für jede wirklich in Verbundenheit stattfindende Interaktion ist. Bevor Sie lernen zu sprechen, müssen Sie lernen zuzuhören.

Genau genommen bedeutet achtsames Zuhören, *das Hören zu einem Fühlen werden zu lassen* – sich selbst und die Worte, die Ihr Gegenüber in Ihnen auslöst, mit Ihrer ganzen Präsenz zu spüren. Beim achtsamen Zuhören konzentrieren Sie sich also mit Geist *und* Körper ganz auf das, was Ihr Gegenüber zum Ausdruck bringt. Sie denken dabei nicht darüber nach, was Sie als Nächstes sagen werden. Eigentlich denken Sie überhaupt nicht nach. Stattdessen gilt Ihre ganze Aufmerksamkeit nur zweierlei: den Worten Ihres Gesprächspartners oder Ihrer Gesprächspartnerin und dem Gefühl, das diese Worte in Ihrem Körper auslösen.

Lassen Sie mich noch einmal genauer erklären, was ich unter »fühlen« und »Gefühl« verstehe. Ich meine damit nicht Ihr Verlangen. Ich meine das, was Sie in Ihren Knochen spüren. Es gibt einen Unterschied zwischen Ihrem Verlangen und dem Gefühl, wirklich um etwas zu wissen. *Ich möchte unbedingt diese Pizza* ist ein Verlangen. *Ich kann diesen arroganten Menschen nicht um mich haben* ist auch ein Verlangen. Oft verwechseln wir Gefühle und Verlangen. Ich spreche hier auch nicht von oberflächlichen Gefühlen. Ich meine die Augenblicke, in denen wir einfach intuitiv um etwas wissen. Es geht darum, auf das zu hören, was wir tief in unserem Körper empfinden, nicht darum, auf oberflächliche Weise darauf zu reagieren.

Ist es Ihnen schon einmal so ergangen, dass Sie online oder in einem Einkaufszentrum nach einem Geschenk oder einem Accessoire für Ihr Zuhause gesucht haben und das Erste, worauf Sie stießen, einfach perfekt war? Es hat sich einfach richtig angefühlt. Aber Sie haben sich gesagt, dass Sie weitersuchen sollten, um zu sehen, ob es nicht doch noch etwas Besseres oder Günstigeres gibt. Also haben Sie die nächste Stunde damit zugebracht, sich in sämtlichen anderen Shops umzusehen, um am Ende zu dem Artikel zurückzukehren, der Ihnen als erster ins Auge gesprungen war. Oder Sie sind irgendwo unterwegs und jemand fällt Ihnen aus irgendeinem Grund besonders auf. Sie wissen nicht, warum, aber Sie haben das Gefühl, dass Sie diesen Menschen ansprechen sollten. Und das hat gar nichts mit Verlangen oder körperlicher Anziehung zu tun, sondern es ist etwas anderes. Der Grund dafür ist Ihnen nicht klar, aber Sie spüren einfach, dass Sie mit ihm ins Gespräch kommen sollten. Rein logisch betrachtet ergeben die Dinge oft keinen Sinn, aber es gibt so etwas wie ein tiefes Gefühl intuitiven Wissens. Und wenn Sie diesen Menschen dann ansprechen, ergibt sich vielleicht eine wunderbare Synchronizität oder Sie bekommen eine nützliche Information, nach der Sie schon lange gesucht haben. Oder, falls Sie es nicht tun, geht Ihnen diese Person für den Rest des Tages nicht mehr aus dem Kopf, ohne dass Sie sich einen Reim darauf machen könnten. Das ist die Gefühlsebene, auf die Sie sich begeben, wenn Sie sich auf das einlassen, was ich als Deep Listening – achtsames Zuhören – bezeichne. Bei ihm geht es darum, dem Gefühl zu vertrauen, das Ihnen Ihr Körper und Ihr Herz vermitteln, ähnlich wie es bei der Intuition der Fall ist. Es muss keinen Sinn ergeben. Es besitzt seine eigene Logik, die Sie jetzt vielleicht noch nicht verstehen, die sich Ihnen aber wahrscheinlich später offenbaren wird.

Wie gehen Sie nun dabei vor? Nun, auf ganz ähnliche Weise, wie Sie in der Meditation Ihre Gedanken loslassen: indem Sie sich in den Körper fallen lassen und sich aller Empfindungen und Gefühle auf körperlicher und seelischer Ebene bewusst werden, die sich einstellen, während Ihr Partner oder Ihre Partnerin zu Ihnen spricht. Verspannen sich dabei Ihre Schultern? Macht Ihnen das Gesagte Angst? Spüren Sie, wie eine Welle von Stolz, Sehnsucht oder Zärtlichkeit durch Ihren Bauch geht? Haben Sie bei der Pause, die auf die Aussage folgt, das Gefühl, über einem schwindelerregenden Abgrund zu hängen? Wenn Sie sich ausschließlich auf das konzentrieren, was gesagt wird und wie Ihr Körper darauf reagiert, werden Sie in dem Gespräch so vollkommen präsent sein, dass Sie sich mühelos sowohl mit Ihrer Partnerin oder Ihrem Partner als auch mit Ihrem eigenen höheren Selbst verbinden können.

***

An dieser Stelle fragen Sie sich vielleicht: »Wie soll ich mich denn so gut es geht in ein Gespräch einbringen, wenn ich gar nicht dazu komme, darüber nachzudenken, was ich sagen will? Es ist doch mein Kopf, der für das Sprechen zuständig ist, nicht mein Körper. Woher soll ich denn wissen, was mein Körper sagen will?« Das ist ein absolut nachvollziehbarer Zweifel. Wir sind so sehr daran gewöhnt, uns auf unseren Verstand statt auf unseren Körper zu verlassen, dass wir nur wenig oder gar keine Erfahrung darin haben, auf die große Weisheit unserer Gefühle zu achten. Aber glauben Sie mir, diese Weisheit ist da und lebt in Ihren Gefühlen. All Ihre Gefühle und Emotionen sind in Ihrem Körper gespeichert. Um sie zu Wort kommen zu lassen, müssen Sie nichts anderes tun, als innezuhalten und diesen Gefühlen in sich Raum zu geben, damit sie durch Ihren Körper sprechen können. Auf Ihren Atem zu achten ist dazu eine hervorragende Möglichkeit. Ist er tief oder flach? Wohin fließt er? Wohin will er nicht fließen? Wo kommt er ins Stocken? All das sind Anzeichen dafür, wo in Ihrem Körper Spannungen bestehen und wo es gilt loszulassen, um rasch in einen Zustand zu kommen, in dem Ihnen das achtsame Zuhören gelingt.

In unserer heutigen Zeit kann sich das wie eine gewaltige Aufgabe anfühlen. Da unsere Welt mehr und mehr von Technologie durchdrungen ist, gibt es einen nahezu universellen Impuls zur Beschleunigung, um alles so effizient und bedarfsgerecht wie möglich zu machen. In einer Gegenwart und Zukunft, in der alles derart auf das *Tun* ausgerichtet ist, besteht die Gefahr, dass der natürliche Vorgang des *Fühlens*, welcher Langsamkeit voraussetzt, immer mehr verloren geht oder zumindest in Vergessenheit gerät. Es ist jedoch unsere menschliche Fähigkeit, zu fühlen und um unsere Gefühle zu wissen, die uns von der Welt der Technologie unterscheidet und uns auf eine tiefere Ebene führt. Wie sehr die Entwicklung der künstlichen Intelligenz auch voranschreiten mag, deren Denkprozesse schon jetzt in einem Tempo ablaufen, das weit jenseits unseres Vorstellungsvermögens liegt: Sie wird niemals dieselbe Fähigkeit besitzen zu fühlen wie wir. Zu fühlen ist eine einzigartige menschliche Superkraft, über die wir alle verfügen.

Gefühle stellen sich zudem zu ihrer eigenen Zeit ein. Sie lassen sich nicht beliebig abrufen oder auf das Tempo eines Supercomputers trimmen. Wenn Ihre Partnerin oder Ihr Partner zu Ende gesprochen hat und Sie zu Ende zugehört haben, sowohl den

Worten als auch den Gefühlen, die diese Worte in Ihnen ausgelöst haben, ist es vollkommen in Ordnung, wenn es für einen Augenblick still wird. Ich möchte Sie sogar dazu ermutigen, sich bewusst einen Moment Zeit zu nehmen, um diesen offenen, fruchtbaren Raum auf sich wirken zu lassen. Auf dieser leeren Leinwand der Stille können Sie sodann beginnen, Ihre Antwort zu formulieren. Und wenn Sie sich im achtsamen Zuhören geübt haben, müssen Sie wahrscheinlich nicht lange darüber nachdenken, wie sie lautet. Oft genug wird sich die richtige Antwort ganz von selbst einstellen. Sie werden mühelos von der Ihrem Körper eigenen Intuition zu ihr hingeführt. Erlauben Sie sich, diese Worte auszusprechen, auch dann, wenn sie nicht wirklich Sinn ergeben. Es ist das, was Ihr Körper Ihnen sagt. Sprechen Sie es also aus und sehen Sie, wohin es Sie führt. Vielleicht bringt es Sie an einen Ort, an den Sie nicht gelangt wären, wenn Sie nur auf Ihren Verstand gehört und mit einer intellektuell konstruierten Antwort reagiert hätten.

Beim Filmemachen wurde ich mir zum ersten Mal der Bedeutung des achtsamen Zuhörens bewusst. Immer wenn ich einen Dokumentarfilm drehen wollte, ging es darum, stundenlange Interviews zu führen. Während ich meinen Gesprächspartner*innen eine Frage nach der anderen stellte, fiel mir auf, dass meine Fragen umso besser wurden, je mehr ich darauf achtete, wie ich mich bei den Worten meines Gegenübers fühlte. Aber wenn ich versuchte, ihnen einen Schritt voraus zu sein, und auf Autopilot schaltete, indem ich freundlich lächelte und nickte, während sie sprachen, und mir inzwischen den Kopf über meine nächste Frage zerbrach, dann waren die Fragen, die ich mir ausdachte, meist zusammenhanglos und banal. Sie führten nicht zu aussagekräftigen Antworten, mit denen etwas anzufangen war, sondern zu pauschalen Aussagen – Dinge, die absehbar oder in emotionaler Hinsicht nicht von Belang waren. Wenn ich mich hingegen wirklich auf mein Gegenüber, auf mich selbst und auf die zwischen uns entstehende Verbindung einstimmte, war ich in dem Gespräch so präsent, dass ich die nächste gute Frage in mir spüren konnte. Sie kam intuitiv zu mir und ergab sich mühelos, indem ich einfach nur auf meinen Körper hörte. Anfänglich fiel es mir allerdings schwer, darauf zu vertrauen, dass dies eintreten würde. Es war nicht leicht, mich von dem Bedürfnis meines Verstandes zu lösen, die nächste Frage schon parat zu haben, um sie beim ersten Anzeichen einer Schweigepause vom Stapel zu lassen. Aber immer wieder habe ich festgestellt, dass die im jeweiligen Moment passendste Frage dann auftauchte, wenn ich mich einfach in meine Gefühle fallen ließ und wirklich für mein Gegenüber präsent war. Es geschah so mühelos und regelmäßig, dass es sich fast so anfühlte, als würde ich eine Pforte zu etwas oder jemand anderem aufstoßen. Man mag es das kollektive Unbewusste nennen, den Ursprung, das Universum, das höhere Selbst oder welche Bezeichnung man immer dafür wählen möchte, jedenfalls schienen diese perfekten Fragen aus einem anderen, weiseren Bewusstsein außerhalb meiner selbst zu stammen.

Als ich anfing, darauf zu vertrauen, dass dieser Prozess wirklich funktioniert, überließ ich mich ihm voll und ganz. Jahrelang habe ich daraufhin auf diese Weise Interviews geführt, ohne dass mir je in den Sinn gekommen wäre, dem Werkzeug, auf das ich gestoßen war, einen Namen zu geben, bis ich mit der Arbeit an {THE AND} begann. Ich hatte so vielen Gesprächen beigewohnt, dass mir klar wurde, wie gefährlich es sogar sein kann, das achtsame Zuhören *nicht* zu praktizieren. Mir fiel auf, dass selbst dann, wenn die Beteiligten genau darauf achteten, was ihr Gegenüber sagte, sie bei fehlender Einstimmung auf die eigenen Gefühle dazu neigten, mit etwas zu antworten, das ich als kulturelles Mantra oder gesellschaftliche Programmierung bezeichne, anstatt eine Antwort zu geben, die dieser besonderen Interaktion oder dieser besonderen Verbindung gerecht geworden wäre.

Ich erinnere mich noch an die Filmaufnahmen zu einer Reihe von Gesprächen, die zwischen Teilnehmer*innen stattfanden, die Single waren und einander zum ersten Mal begegneten, um herauszufinden, ob es zwischen ihnen funken könnte. Wann immer die Frage *Warum glaubst du, dass ich immer noch Single bin?* gestellt wurde, antworteten viele von ihnen prompt: »Weil du noch dabei bist, zu dir selbst zu finden.« Das wiederholte sich so häufig in so vielen verschiedenen Gesprächen zwischen so vielen völlig unterschiedlichen Menschen mit allen nur erdenklichen Hintergründen, dass ich dabei einfach nicht an eine authentische Reaktion von Beteiligten glauben konnte, die mit ihrer eigenen, unverwechselbaren Wahrheit im Kontakt sind. Vielmehr hatte ich das Gefühl, dass es sich dabei um eines dieser kulturellen Mantras handeln müsse – etwas, das uns die Gesellschaft als angemessene Reaktion in einer bestimmten Situation in den Mund legt.

Und wie wahr ist dieser Satz denn überhaupt? Ist Alleinsein wirklich das beste Mittel, um herauszufinden, wie sich das Miteinander gestalten lässt? Welchen besseren Weg, um herauszufinden, wer man ist, könnte es geben, als sich selbst in der Dynamik einer Beziehung zu einem anderen Menschen zu erfahren, um von ihm und aus unseren Reaktionen auf ihn etwas zu lernen? Deshalb ist es so wichtig, den Verstand außen vor zu lassen und auf den Körper zu vertrauen, in dem die Gefühle wohnen, um eine tiefe und authentische Verbindung zu schaffen.

So wie »das Und« auf den Dialograum zwischen zwei Menschen verweist, so verweist es auch auf den Dialograum zwischen Körper und Geist. Es ist diese Verbindung zwischen den Gefühlen des Körpers und der Fähigkeit des Geistes, diese Gefühle zu artikulieren, die den Raum schafft, in dem wir uns in das Deep Listening fallen lassen können. Verbinden Sie sich also mit Ihrem Körper, hören Sie auf das Gefühl und vertrauen Sie darauf, was es Ihnen sagt.

Techniken des Deep Listening

- Richten Sie bewusst Ihre Aufmerksamkeit auf das, was Ihr*e Partner*in sagt.
- Achten Sie zugleich von Augenblick zu Augenblick darauf, wie Sie sich dabei körperlich und emotional fühlen.
- Versuchen Sie nicht, eine Antwort zu finden, bevor Ihr*e Partner*in zu Ende gesprochen hat.
- Bleiben Sie anschließend mit Ihren Gefühlen in Kontakt; vielleicht stellt sich die richtige Antwort dann von selbst ein, auch wenn sie nur in einer körperlich spürbaren, gemeinsamen Erfahrung der Stille besteht. Ihre Antwort muss nicht unbedingt Sinn ergeben. Lassen Sie einfach Ihren Körper sprechen.
- Auf Ihren Atem zu achten ist ein hervorragendes Mittel, um sich auf Ihren Körper einzustimmen und wieder mit ihm in Kontakt zu kommen.
- Vertrauen Sie auf Ihre Intuition und das, was auch immer auftauchen mag, und erklären Sie sich dann mutig aus diesem Raum heraus.

Wenn Sie nur eines über den französischen Philosophen René Descartes wissen, dann wahrscheinlich dies, dass er die Grundlagen des Denkens des siebzehnten Jahrhunderts erschütterte, indem er erklärte: »Ich denke, also bin ich.« So revolutionär das zu seiner Zeit gewesen sein mag, so glaube ich doch, dass wir Menschen – und insbesondere die zwischenmenschlichen Beziehungen – in unserer heutigen Zeit, in der der Akt der kognitiven Verarbeitung zunehmend von Computern übernommen wird, sehr davon profitieren würden, wenn man Descartes' berühmten Satz in »Ich *fühle*, also bin ich« abändern würde. Das wäre ein Motto, das die theoretische Philosophie und die ganze Art und Weise, wie die Wissenschaft im einundzwanzigsten Jahrhundert betrieben wird, von Grund auf revolutionieren könnte.

EMOTIONALE ARTIKULATION

Wenn Sie sich in einen klar definierten Dialograum begeben und mithilfe des achtsamen Zuhörens die Antworten auf kraftvolle, gut formulierte Fragen auf sich wirken lassen, werden Sie immer besser in dem, was ich emotionale Artikulation nenne. Dabei handelt es sich um die Gabe, den eigenen Gefühlen auf eine Weise Ausdruck zu verleihen, die ihre Kraft und ihr Gewicht allen Zuhörenden fühlbar macht. Vielleicht haben Sie schon einmal von dem (inzwischen etwas veralteten) Begriff der *emotionalen Intelligenz* gehört, der die Fähigkeit bezeichnet, eigene wie fremde Gefühle wahrzunehmen, zu verstehen und mit ihnen umzugehen. Emotionale Intelligenz ist wichtig, um diese Art von Gesprächen zu führen, aber sie ist nur der erste Schritt. Die emotionale Artikulation trägt die Fähigkeit, Gefühle zu verstehen, über die abstrakte Ebene hinaus, indem sie diese Gefühle in Worte kleidet.

Wenn Sie lernen, Ihre Gefühle auf ehrliche und für Ihre*n Partner*in klare und nachvollziehbare Weise auszudrücken, dann werden Ihre Gespräche dadurch eine neue Form von Tiefe erreichen. Aber das ist natürlich nicht ganz so einfach, wie es klingt, und in unserer Gesellschaft werden wir nur selten dazu erzogen, diese Fähigkeit zu entwickeln. Wir Menschen weichen in der Art, wie wir unsere Gefühle erfahren, häufig voneinander ab, und viele von uns tun sich schwer damit, sie in Worte zu fassen. Und versuchen wir es, stoßen wir mit unseren »sentimentalen« oder »pathetischen« Gefühlsäußerungen innerhalb unseres Kulturkreises oft auf Befremden oder Missbilligung. Diese gesellschaftliche Konditionierung zu verlernen ist ein Prozess, der Zeit braucht. Die emotionale Artikulation ist daher etwas, womit man sich anfänglich durchaus unwohl fühlen kann. Hat man aber erst einmal einige Gespräche von der Art, wie sie in diesem Buch beschrieben werden, hinter sich, wird man sich immer mehr in diese Fähigkeit hineinfinden. Jedes Mal, wenn Sie sich mit jemandem zusammensetzen und ein emotional verbindendes Gespräch führen, werden Sie feststellen, dass es Ihnen ein wenig leichter fällt, Ihre Gefühle in Worte zu fassen. Zum Glück müssen Sie es nicht zur Meisterschaft in der emotionalen Artikulation bringen, damit diese Gespräche gelingen. Umgekehrt wird aber die Tatsache, dass Sie sie führen, mit Sicherheit Ihre Fähigkeit verbessern, sich emotional zu artikulieren.

Ich erinnere mich, wie ich einmal meinen Schwager und eine seiner Töchter während der Interaktion beim {THE AND}-Kartenspiel erlebte. Wir saßen alle um einen großen Tisch herum und hatten gerade zu Abend gegessen. Es war zur Weihnachtszeit und im Kamin brannte das Feuer gemütlich und warm. Seine beiden Teenager-Töchter wollten das Spiel unbedingt spielen, also holten wir die Familienedition heraus. Mein Schwager ist ein wirklich freundlicher und großherziger Mann, dem seine Familie über alles geht. Als er sich aber an diesem Abend an den Tisch setzte, um mit uns das Spiel zu spielen, hatte er noch nicht gerade viel Übung darin, seine Gefühle auszudrücken. Irgendwann im Verlauf unseres gemeinsamen Austauschs zog seine neunzehnjährige Tochter eine Karte mit der Frage *Was schätzt du an mir besonders, ohne dass ich es weiß?* Es ging reihum, und wir alle teilten ihr unsere Gedanken dazu mit. Als ihr Vater an der Reihe war, sah ich, wie sich sein Gesichtsausdruck veränderte. Ganz offensichtlich war er emotional tief bewegt und versuchte, seine Gefühle zu verbalisieren. Aber er konnte einfach keine Worte finden. Er stotterte und stammelte, aber je mehr er sich abmühte, seine Gefühle für seine Tochter auszudrücken, desto schwieriger wurde es für ihn, sie zu artikulieren. Es war, als würde eine Welle von Emotionen gegen eine innere Barriere anlaufen, bis sie sich schließlich in einem Tränenstrom Bahn brach, weil es ihm nicht gelingen wollte, diese Gefühle auf angemessene Weise in Worte zu fassen.

Dennoch hatte dieser Augenblick etwas äußerst Kraftvolles. Durch den Blickkontakt, den sie miteinander hielten, und ihrer beider Bereitschaft, diesen Raum der inneren Verbindung miteinander zu halten, kamen die Gefühle des Vaters ihrem Wesen nach bei der Tochter an, wenn auch nicht in Form von Worten. Unabhängig davon, ob er etwas sagte oder nicht, war für sie die Liebe ihres Vaters spürbar. Wäre es nicht dennoch ein schönes Geschenk gewesen, wenn er die Gefühle, die er empfand, in Worte hätte fassen können? Zumindest bot dieser Moment meinem Schwager eine Gelegenheit, sich in der Artikulation von Gefühlen zu üben und die Muskeln seiner verbalen Ausdrucksfähigkeit zu trainieren, sodass er beim nächsten Mal um einiges besser in der Lage sein würde, seine aufrichtigen Gefühle in Worte zu fassen.

Wie also erlernen wir diese Fähigkeit in unseren eigenen Gesprächen? Der beste Rat, den ich Ihnen geben kann, um das natürliche Unbehagen zu überwinden, das viele von uns verspüren, wenn wir unsere Gefühle zum Ausdruck bringen sollen, besteht darin, zu üben, zu üben und nochmals zu üben. Und mit dem Entschluss, das Gespräch zu führen, wie es auf den folgenden Seiten umrissen wird, haben Sie schon die beste Gelegenheit ergriffen, diese Fähigkeit zu trainieren. Achten Sie, während Sie einander die 12 Fragen aus diesem Buch oder weitere aus dem {THE AND}-Kartenspiel stellen, darauf, wie leicht oder schwer es Ihnen fällt, das ganze Spektrum der Gefühle, die durch Ihre Gespräche ausgelöst werden, in das Medium der Worte zu übertragen. Brené Brown, Inhaberin einer Forschungsprofessur für

Sozialarbeit an der Universität von Houston und Bestsellerautorin, sagt in ihrem äußerst hilfreichen Buch *Atlas of the Heart*: »Die Sprache ist unser Tor zu Sinngebung, Verbundenheit, Heilung, Lernen und Selbsterfahrung. Gelingt es uns, die richtigen Worte zu finden, kann uns das ganze Universen eröffnen.« Aus diesem Grund bietet sie in ihrem Buch die verbale Beschreibung von siebenundachtzig unterschiedlichen Emotionen an. Verfügen wir über ein gemeinsames Verständnis davon, welche Begriffe welchen Emotionen zuzuordnen sind, also ein gemeinsames emotionales Vokabular, erleichtert das natürlich die gegenseitige Verständigung.

Versuchen Sie, während Sie und Ihr*e Partner*in einander Fragen stellen, so weitgehend wie möglich eine Haltung des achtsamen Zuhörens zu bewahren. Achtsames Zuhören kann einer Ihrer wichtigsten Verbündeten beim Ausbau der Fähigkeit sein, Ihre Gefühle auf eine Weise zu artikulieren, die nicht nur aufrichtig ist, sondern auch Ihrer ganz besonderen Perspektive entspricht. Vergessen Sie nicht, dass es beim Deep Listening darum geht, zugleich in Ihren Körper hineinzuspüren, dabei auf alle Gefühle zu achten, die intuitiv aufkommen, und dass jede Antwort, die sich einstellt, im jeweiligen Moment die richtige ist. Wenn Sie auf diese Weise Ihren Gefühlen nachgehen, werden dabei vielleicht Bilder oder Erinnerungen auftauchen, die auf den ersten Blick nichts mit der Frage zu tun haben, die Ihnen soeben gestellt wurde. Aber wie unpassend oder unbedeutend es Ihnen auch erscheinen mag, lassen Sie es zu. Versuchen Sie, es auszusprechen, was immer es auch ist. Fangen Sie einfach an mit »Was mir dazu einfällt, ist …« oder »Damit ergeht es mir so, dass …«. Vertrauen Sie darauf, dass Ihre Intuition Sie genau dorthin geführt hat, wo Sie sein sollen. Wenn Sie ein Mensch sind, dem die emotionale Artikulation schwerfällt, kann dies eine gute Übung darin sein, Ihre Gefühle in der Form von Metaphern und Geschichten auszudrücken – zwei der kunstvollsten Methoden, um etwas so Gewaltiges, wie es Emotionen sind, in den winzig kleinen Gefäßen unterzubringen, die wir Worte nennen.

Wenden Sie das achtsame Zuhören also auch auf sich selbst an und achten Sie außerdem darauf, wie die Ausdrucksweise Ihres Partners oder Ihrer Partnerin auf Sie wirkt. Vielleicht finden Sie darin ja ein reichhaltiges emotionales Vokabular vor und können einige dieser Ausdrucksmittel für Ihr eigenes Repertoire übernehmen. Manchmal können unsere Partner*innen großartige Vorbilder für die emotionale Ausdrucksfähigkeit sein, die wir uns selbst wünschen, und je mehr wir uns auf diese Art Gespräch mit ihnen einlassen, desto mehr können wir in dieser Beziehung von ihnen lernen.

Äußerst lehrreiches Beispielmaterial für die ganze Bandbreite emotionaler Artikulation bieten zudem die in {THE AND} dokumentierten Dialoge. Wir haben Hunderte von Gesprächsvideos auf YouTube eingestellt, die einen Eindruck davon vermitteln, auf welch unterschiedliche Weise die Teilnehmer*innen sich der Aufgabe stellen und gewachsen zeigen, ihre Gefühle zu benennen. Einen guten Einstieg bilden die Videos von Ben und Sidra, einem verheirateten Paar, das im Laufe seiner Beziehung immer wieder zu {THE AND} zurückgekehrt ist, und es ist faszinierend mit anzusehen, in welchem Maß sie fähig sind, ihre Gefühle zum Ausdruck zu bringen.

In einem ihrer neueren Videos macht Sidra – eine große, markante Frau, deren brauner Pony knapp über den ebenso braunen Augen endet – den Anfang, indem sie an Ben die Frage richtet: »Was von dem, das ich dieses Jahr getan habe, hat dich am meisten überrascht?« Ben atmet tief durch, richtet seine grau-grünen Augen für einen Moment hinauf zur Decke und taucht in seine Gefühle ein. Sie führen ihn zu einer lebhaften Erinnerung, die er detailliert und auf sehr emotionale Weise schildert.

»Ich habe deinen Rucksack durchgewühlt«, beginnt er, muss dann lachen und beeilt sich hinzuzufügen, »weil du mich gebeten hattest, etwas zu holen!«

In Sidras Rucksack fand Ben ein Durcheinander vor, das er unverblümt als »Frettchennest« beschreibt. Er war vollgestopft mit hastig verstauten und längst vergessenen Objekten und Utensilien, darunter »eine völlig vergammelte Banane, die eher einen Monat als eine Woche alt war.« »Vollreif«, korrigiert ihn Sidra, und nachdem beide einen Moment lang gemeinsam herzhaft über diesen Umstand gelacht haben, kehrt Ben zum emotionalen Ausgangspunkt seiner Erinnerung zurück und wendet sich einem weniger amüsanten, ernsthafteren Aspekt zu. Langsam weicht das Lächeln aus seinem Gesicht, und in seinen Augen blitzt helle Begeisterung auf, während er zum Kern seiner Geschichte vordringt.

»Zur gleichen Zeit hast du mit dem Versicherungsvertreter am Telefon über den Brand gesprochen, während ich dir zugehört habe.« Und plötzlich zeigt Bens ganzer Körper diesen Ausdruck von Begeisterung. Er strahlt Sidra förmlich an und fährt fort: »Es war der Anblick dieser beiden Realitäten, die scheinbar unmöglich zur gleichen Zeit existieren konnten und doch Teil ein und derselben Frau waren … Es war einfach toll, dir dabei zuzusehen, wie du mit einem Baby auf der Hüfte und all den anderen Dingen, die du sonst noch zu tun hast, einfach alles erledigst und gleichzeitig eine unglaublich gute Mutter bist.«

Aus meiner Sicht bringt Ben seine Emotionen über seinen Körper so vollkommen zum Ausdruck, wie es einem Menschen überhaupt möglich ist. Das pure Glück, das er empfand, als er seiner Frau dabei zusehen durfte, wie sie eine sehr schwierige Situation voller Anmut meisterte, wird in jeder seiner Gesten und Bewegungen, in jeder Regung seines strahlenden Gesichts sichtbar. Die Bewunderung, die er für Sidras Stärke empfindet, gerade auch im Kontrast zu ihrem chaotischen Rucksack, der ein beredtes Zeugnis davon ablegt, wie stressig und hektisch ihr Leben zu diesem Zeitpunkt war, sprudelt nur so aus seinen Augen hervor. Die Liebe, die er sowohl für ihre kompetente als auch ihre schwache Seite empfindet, und die Freude darüber, beides im selben Moment erleben zu dürfen, sind unübersehbar.

Sowohl uns als auch Sidra hat Ben mit seiner Erzählung deutlich gemacht, wie er über diese Erinnerung denkt. Aber damit nicht genug. Zum Schluss sagt er: »Dir dabei zuzusehen, wie du beides zugleich bewältigst, war einfach eine große Freude für mich.« Damit hat er die Gefühle, die über seinen Körper und seine Augen so deutlich zum Ausdruck kamen, zusätzlich in einfache Worte gefasst.

Aber war es überhaupt nötig, dass Ben seine Gefühle ausdrücklich als Freude bezeichnet? Hat er seine Freude nicht schon auf andere, für Sidra klar erkennbare Weise zum Ausdruck gebracht? Es gibt viele Möglichkeiten, unsere Gefühle auf nonverbale Art auszudrücken, und sie alle können wertvolle und kraftvolle Wege sein, um uns in der Kommunikation mit unseren Partner*innen zu verbinden. Worte sind nur eines der Mittel, um unsere Liebe zu zeigen. Zwar würde ich nie behaupten, dass sie das wichtigste oder effektivste Mittel sind, aber man braucht sich nur anzuschauen, wie Sidra reagiert, als Ben das Wort *Freude* laut ausspricht. Der Ausdruck liebevoller Zuwendung, mit dem sie Ben bis dahin bereits anschaute – mit Freudentränen gefüllte Augen und ein Lächeln mit geschlossenem Mund – bricht plötzlich auf. In dem Moment, in dem Ben seine Gefühle äußert, breitet sich ihr Lächeln über ihr ganzes Gesicht aus. Sie weicht sogar ein wenig zurück, als würde sie buchstäblich von der Wucht seiner Worte erfasst und mitgerissen.

Auch wenn es also in einem Gespräch – einem Austausch, der hauptsächlich aus Worten besteht – viele verschiedene Möglichkeiten gibt, unsere Gefühle mitzuteilen: warum nicht sich darum bemühen, unsere Fähigkeit zur emotionalen Artikulation zu verbessern, um unserer Partnerin oder unserem Partner das gleiche Geschenk zu machen, das Ben Sidra machen konnte? Zu Beginn mag sich das, was ich emotionale Artikulation nenne, unbehaglich anfühlen; aber betrachten Sie das Erlernen dieser Fähigkeit als einen Dienst, den Sie Ihrem Partner oder Ihrer Partnerin und allen anderen Menschen in Ihrem Leben erweisen. Unsere Gefühle in Worte zu fassen kann eines der größten Geschenke sein, die wir uns gegenseitig machen können. Sollten Sie jedoch einmal das Gefühl haben, dass Sie einfach keine Worte finden, um Ihren Emotionen Ausdruck zu verleihen, dann ist ein einfacher Moment stiller Verbundenheit Artikulation genug. Halten Sie miteinander Blickkontakt. Und lassen Sie Ihre Gefühle durch den Raum zwischen Ihnen fließen.

II: Die 12 Fragen

Hier folgt nun die Erläuterung der 12 Fragen, von denen ich festgestellt habe, dass sie die Verbindung zwischen Beziehungspartner*innen nachhaltig vertiefen, und vor allem: eine Erklärung, warum und wie sie funktionieren. Lesen Sie am besten zunächst das ganze Buch durch und kehren Sie dann, wenn Sie Ihr eigenes intimes Gespräch mit Ihrer Partnerin oder Ihrem Partner führen wollen, zu diesen Fragen zurück, um sie sich gegenseitig zu stellen. Sollten Sie an irgendeiner Stelle nicht weiterkommen, dann lesen Sie den Abschnitt Problemlösung in Teil III.

FRAGE 1:

WELCHE SIND FÜR DICH UNSERE DREI SCHÖNSTEN GEMEINSAMEN ERLEBNISSE, UND WAS MACHT SIE DAZU?

Sie und Ihr*e Beziehungspartner*in stehen vor einem kathartischen Gespräch, das sich so anfühlen kann, als befänden Sie sich im Zentrum eines Sturms der Gefühle, als badeten Sie im puren Wohlgefühl Ihrer Beziehung, als würden Sie eine Operation am offenen Herzen Ihrer Partnerschaft durchführen – oder auch alles zugleich. Das will erst einmal verkraftet sein. Bevor Sie sich also diesen Tiefenschichten Ihrer Beziehung zuwenden, ist es wichtig, sich bewusst zu machen, warum diese Verbindung überhaupt besteht. Auch wenn es bestimmte Eigenschaften sind, die Sie zu einem Partner oder einer Partnerin hinziehen, sind es doch die gemeinsamen Erlebnisse, die das Fundament einer jeden Beziehung bilden. Indem Sie sich diese Erlebnisse noch einmal gemeinsam vor Augen führen, werden die Liebe und das Vertrauen, auf denen Ihre Beziehung beruht, ins rechte Licht gerückt und stärken so wiederum Ihre Verbindung im Hinblick auf künftige gemeinsame Erfahrungen.

Ein Baum ist immer nur so stark wie seine Wurzeln. Je tiefer diese Wurzeln in die Erde reichen, desto weiter kann der Baum in die Höhe wachsen und desto widerstandsfähiger wird er gegenüber dem Einfluss der Elemente. Bei einem Partnergespräch ist das nicht anders. Wenn es fest im Boden der Liebe und des Vertrauens verwurzelt ist, aus dem eine Beziehung erwächst, besitzt es eine ausreichend solide Basis, um weit ausgreifende Äste zu entwickeln, die sich in unbekanntes, unerforschtes und sogar schwieriges Gelände hinein erstrecken, während es gleichzeitig in der Lage ist, jedem Sturm zu trotzen, der aufkommen mag.

Diese erste Frage dient dazu, die Beziehung in einen positiven Raum zu stellen, indem sie die Verbundenheit der Partner*innen stärkt und beide daran erinnert, wie tief die Wurzeln ihrer Partnerschaft reichen und wie sehr sie durch die wertvollen gemeinsamen Erinnerungen miteinander verflochten sind.

Zurück zu den Anfängen

Das Gespräch, das Sie nun zu führen im Begriff sind, wurde in seinem Ablauf so gestaltet, dass Sie den Weg Ihrer Partnerschaft von ihren ersten Anfängen bis hin zu einer gemeinsamen Zukunft, die Sie sich vielleicht erträumen, nachzeichnen können. Mit dieser Frage sind Sie aufgefordert, in Ihre gemeinsame Vergangenheit zurückzugehen und die entscheidenden Schritte nachzuverfolgen, die Sie gemeinsam unternommen und die Sie dahin geführt haben, wo Sie heute stehen.

Eine Partnerschaft liegt ausgebreitet zwischen den beiden Polen Vergangenheit und Zukunft. Sie beginnt an einem Punkt A, an dem sich die Partner*innen ineinander verlieben, und bewegt sich, solange sie andauert, auf einen weit entfernten Punkt Z zu – in Gestalt der gemeinsamen Hoffnungen und Wünsche für die Zukunft – mit vielen Punkten dazwischen. Dabei wird Punkt Z nie wirklich erreicht, zumindest nicht, bis die Beziehung endet. Da eine Partnerschaft und die an ihr Beteiligten im Laufe der Zeit eine Wandlung durchmachen, werden immer wieder neue Träume und Pläne auftauchen, die diesen Punkt Z weiter in die Zukunft verschieben. Daher bewegt sich Ihre Beziehung immer irgendwo zwischen diesen beiden Punkten oder Polen – wo Sie begonnen haben und wohin Sie unterwegs sind. Und auch dieser Zwischenraum ist ständig in Bewegung. Er ist wie ein weites Meer, bewegt von Wellen aus Erfahrungen, Herausforderungen und Abenteuern, auf denen Ihr Schiff der Partnerschaft segelt. Sie bewegen sich auf dem Deck dieses Schiffes, das seinerseits in Bewegung ist, an Fahrt aufnimmt oder nachlässt und immer wieder einen neuen Kurs auf Ihrer gemeinsamen Reise einschlägt.

Auch wenn der Punkt Z immer hinter dem Horizont liegen wird und Ihre Position sich in jedem Augenblick ändert, bleibt der Ausgangspunkt A der Beziehung stabil und in den schönen

Erinnerungen verwurzelt, die Sie miteinander teilen. Betrachten Sie ihn als die schöne Küstenstadt, von der aus Sie gemeinsam in See gestochen sind. Während Sie also durch die Gegenwart segeln, von den Wechselfällen und dem rauen Wellengang des Lebens hin und her geworfen, kann die gemeinsame Erinnerung an diese Hafenstadt mehr als nur ein Trost sein; sie kann für Sie und Ihren Partner oder Ihre Partnerin bei der Fortsetzung Ihres Abenteuers sowohl Heimat als auch Orientierung bedeuten.

Um besser verstehen zu können, wo Sie sind und wohin Sie gehen, ist es wichtig, sich daran zu erinnern, woher Sie kommen. Und das ist etwas, das im Alltag nicht ohne Weiteres gelingt. Denn natürlich hat Sie das Meer, das Sie gemeinsam befahren, inzwischen weit fort von Ihrem Ausgangspunkt getragen. Ihre Beziehung ist eine andere als zu der Zeit, als Sie sich ineinander verliebten. Möglicherweise hat sich das Meer inzwischen beruhigt; vielleicht geht es weniger stürmisch auf ihm zu und die Wogen haben sich seither geglättet. Vielleicht befinden Sie sich aber auch gerade auf hoher See, auf einem tobenden Ozean mit gewaltigem Wellengang, was sich als aufregend oder beängstigend oder als beides zugleich erweisen kann.

An welchem Punkt Ihrer Reise Sie sich jetzt auch immer befinden mögen: Der Weg, den Sie gemeinsam zurückgelegt haben, ist übersät mit Erinnerungen, die nur Sie beide dank Ihrer Synergie haben schaffen können. Auf die Anfänge dieses Weges zurückzublicken und zu sehen, wie weit Sie auf Ihrer Reise gekommen sind, schafft gegenseitiges Vertrauen. Zudem liegt darin eine Anerkennung Ihrer besonderen Verbindung. Gemeinsam haben Sie Momente entstehen lassen, die so mit keinem anderen Menschen möglich gewesen wären. Ihre einzigartige synergetische Verbindung hat zu Erinnerungen geführt, die Ihre Partnerschaft so unverwechselbar machen wie einen Daumenabdruck. Bei all den Stürmen und Flauten des Lebens kann jedoch leicht in Vergessen-

»Irgendetwas
an dir zeigt mir,
was es heißt,
Mensch zu sein …
Mensch zu sein
im besten Sinne
des Wortes.«

Gabrielle

»Dating After 8 Years of Friendship«
Hier scannen, um das Gespräch anzusehen.

heit geraten, welche ganz besonderen Möglichkeiten sich durch Ihre Verbindung bieten und was es war, das Ihre Liebe zu dem Menschen begründet hat, mit dem Sie nun Ihre Tage teilen. Da Sie bei dieser Frage aufgefordert sind, sich auf Ihre schönsten gemeinsamen Erlebnisse zu konzentrieren, führt sie Ihnen vor Augen, was nur möglich war, weil gerade Sie beide Raum und Zeit miteinander geteilt und damit Ihre Verbindung in einer Weise gefestigt haben, dass sie bis zu diesem Augenblick Bestand hat.

Bei der Beantwortung dieser Frage werden Sie vielleicht feststellen, dass die drei Erinnerungen, die Sie selbst auswählen, sich von denen Ihrer Partnerin oder Ihres Partners unterscheiden oder dass eine*r von Ihnen erst wieder durch die Frage und den Austausch darüber an ein wunderbares Erlebnis erinnert wird, das er oder sie bis dahin ganz vergessen hatte. Genießen Sie es, diese Momente der Verbundenheit noch einmal gemeinsam zu durchleben, während Sie damit zugleich Ihrer Liebe eine noch solidere Basis verleihen. Und denken Sie daran, dass die Art von Erinnerungen, die Sie sich bisher gemeinsam geschaffen haben, etwas darüber aussagt, welche Art von Erinnerungen Sie sich auch in Zukunft gemeinsam schaffen werden. Ihre einzigartige Verbindung bewirkt eine Synergie, die jeden Moment, den Sie gemeinsam erleben, in eine schöne Erinnerung verwandeln kann, auf die Sie beide gerne zurückblicken werden. Und wer weiß? Vielleicht wird ja auch dieses Gespräch zu einer solchen Erinnerung.

Wenn wir {THE AND}-Teilnehmer*innen zu einem zweiten oder dritten Gespräch einladen, lassen wir sie diese Frage normalerweise in jeder ihrer Sitzungen einander stellen. Und fast jedes Mal sind die Erinnerungen, die sie auswählen, andere. Auch wenn es bei dieser Frage um die Vergangenheit geht, sollten Sie dabei im Sinn behalten, dass Sie und Ihr*e Partner*in laufend neue gemeinsame Erinnerungen schaffen. In diesen schönen Erlebnissen zu schwelgen soll Sie also auch zugleich erinnern, dass ständig neue, ebenso wertvolle Erinnerungen im Entstehen sind.

Kat & Christina: Dem Vergangenen eine heitere Seite abgewinnen

Eine schöne Betrachtung angesichts dieser Fragestellung ergab sich während des Gesprächs zwischen Kat und Christina im Rahmen von {THE AND}. Die beiden jungen Frauen sind seit fünf Jahren verheiratet und können auf eine Fülle von wunderbaren Erinnerungen zurückblicken.

Nachdem Kat die Frage gestellt hat, weiten sich Christinas braune Augen hinter ihrer Brille. Dann kneift sie sie fest zusammen. Ihre langen Zöpfe umrahmen ihr Gesicht, während sie in ihrem Gedächtnis nach Momenten sucht, von denen sie berichten möchte.

»Das ist schwer, weil es so viele gibt!«, sagt sie und tippt sich mit ihren langen Fingernägeln nachdenklich gegen das Kinn. Kat lacht und lehnt ihren kahlgeschorenen Kopf zurück, um Christina Zeit zu lassen, in ihrer gemeinsamen Vergangenheit zu forschen. Und dabei bin ich mir sicher, dass währenddessen auch Kat ihren Vorrat an gemeinsamen Erlebnissen durchgeht und schon gespannt ist, auf welche ihre Partnerin kommen wird.

»Ich denke, ich werde die Erinnerungen nehmen, die mich zum Lachen gebracht haben«, beschließt Christina. Sie erzählt, wie sie versehentlich beinahe in ein Haus eingebrochen wären, und kaum hat sie diese Geschichte erwähnt, löst sie damit bei Kat dasselbe Gelächter aus wie der Vorfall damals wohl bei Christina.

Kat strahlt über das ganze Gesicht, als sie sich an ihr einstiges Missgeschick erinnert. »Das war Nummer eins«, sagt Christina.

»Als ich erfuhr, dass ich mit Jackson schwanger war«, fährt sie dann fort. »Das war irgendwie surreal. Im Ernst, ich dachte: ›Hey! Es ist wirklich passiert. Ei und Sperma.‹ Ich dachte: ›Wow! Cool!‹« Wieder bringt sie Kat zum Lachen, und dieses Mal stimmt auch Christina mit ein. Ich habe den Eindruck, dass ihre Verbindung mit jeder Erinnerung, die sie teilen, stärker wird. Sie werden füreinander zum Spiegel, lachen zur gleichen Zeit, neigen ihre Köpfe im gleichen Winkel und zeigen das gleiche, strahlende Lächeln.

»Okay, das macht zwei.« Nochmals hält Christina inne, um nachzudenken. »Vielleicht noch die lange Fahrt nach New Jersey, die zwei oder drei Stunden gedauert hat, um uns das Haus anzusehen, und als wir uns im Maisfeld verirrt und von einem seltsamen Fremden haben mitnehmen lassen, wobei ich mich gefragt habe, ob er uns wohl umbringt.« Wieder entlockt Christinas Geschichte Kat ein Lächeln. Aber dieses Mal ist es ein verhaltenes Lächeln. Für mich sieht es so aus, als sei dies für sie keine besonders positive oder angenehme Erinnerung, sondern ein Erlebnis, das ihr Angst gemacht hat.

»Wow«, sagt sie und drückt damit ihre Überraschung darüber aus, dass ihre Christina diese Erinnerung für sich offenbar positiv verbucht hat.

»Weil ich mit dir zusammen war, hat es Spaß gemacht!«, erklärt Christina. »Und wir haben überlebt.« Kat schaut einen Moment lang zweifelnd zu Boden. Sie nickt. Sie lächelt. Kann eine Erfahrung, die sie immer negativ in Erinnerung behalten hat, rückblickend in so anderem Licht erscheinen, dass sie jetzt für Heiterkeit und Gelächter sorgt? Reicht es aus, die Version ihrer Partnerin zu hören, um der Geschichte auch für sie selbst eine andere Bedeutung zu verleihen?

Der Wert einer zweiten Perspektive

Unsere Vergangenheit ist eine Summe von Momenten, an die wir uns erinnern. Aber wie bewusst sind wir uns des Prozesses, mit dem wir aus diesen Momenten, während sie stattfinden, unsere Erinnerungen schaffen und gestalten? Manchmal bedarf es einer anderen Person und ihrer Sicht der Dinge, um uns den Reichtum unseres gelebten Lebens vor Augen zu führen. Eines der größten Geschenke einer Partnerschaft besteht darin, dass wir mit einem Menschen durchs Leben gehen, der uns als Zeuge oder Zeugin der wichtigsten Momente in unserem Leben dient und uns hilft, sie aus einer anderen Perspektive zu sehen.

Betrachten wir nur, was sich in dieser Hinsicht zwischen Kat und Christina abgespielt hat. Christinas Perspektive eines Ereignisses aus ihrer gemeinsamen Vergangenheit hatte Auswirkungen auf den emotionalen Gehalt von Kats Erinnerung an dieses Ereignis. Wir können es nicht mit Bestimmtheit sagen, aber vielleicht hat sich die Art, wie Kat dieses Ereignis in Erinnerung hat, für immer verändert, da sie nun mehr darüber weiß, wie anders ihre Partnerin es erlebt hat. In meinem eigenen Leben habe ich das schon oft so erfahren. Mein Bruder – der nur fünfzehn Monate jünger ist als ich – war genau aus diesem Grund für mich eines der größten Geschenke, die mir meine Eltern machen konnten. Weil wir vom Alter her so nah beieinanderliegen, war er in vielen wichtigen Augenblicken meines Lebens dabei. Jedes Mal, wenn ich ihn eines unserer gemeinsamen Erlebnisse aus seiner Perspektive schildern höre, ergänzt das meine eigene Erinnerung daran um neue emotionale Aspekte und Details, die für mich zuvor einfach nicht existierten. Auf einmal gewinnt meine Vergangenheit dadurch an Tiefe, an Zusammenhang und an Bedeutung.

So unglaublich es schon ist, mit den Menschen, die wir lieben, gemeinsam neue Erinnerungen zu schaffen: Ist es nicht mindestens ebenso erstaunlich, dass wir auch unsere alten Erinnerungen neu erschaffen, indem wir sie mit ihnen zusammen rekapitulieren? Wenn wir nicht nur unser Leben, sondern unsere ganze Identität als eine Ansammlung von Erfahrungen betrachten, dann kann es unser Leben umso mehr bereichern und lebendiger werden lassen, je reichhaltiger und lebendiger unsere Erinnerungen an diese Erlebnisse sind. Darüber hinaus verändern sich unsere Erinnerungen im Laufe der Zeit. Und wenn wir uns mit unseren Partner*innen über sie austauschen, können wir erkennen, wo unsere jeweiligen Erinnerungen und damit auch unsere Wertsetzungen voneinander abweichen. Denn was uns jeweils im Gedächtnis bleibt, sagt viel darüber aus, was für uns die größte Bedeutung hat.

Hinweise zum Umgang mit dieser Frage

Manchmal tun sich die Teilnehmer*innen schwer mit der Antwort auf diese Frage. Sie zerbrechen sich den Kopf auf der Suche nach dem perfekten Erlebnis – der schönsten Erinnerung oder dem intensivsten Moment. Machen Sie sich aber klar, dass es keine »richtige« Antwort auf diese Frage gibt. Welche Erinnerungen auch immer auftauchen: Es sind genau die richtigen für das Gespräch, das Sie jetzt führen.

Wenn es Ihnen schwerfällt, sich für eine Erinnerung zu entscheiden, versuchen Sie, tiefer in sich hineinzuhören. Denken Sie möglichst nicht darüber nach, welche Geschichte Sie erzählen wollen, sondern konzentrieren Sie sich stattdessen auf Ihre Gefühle. Sie werden Sie zu den drei Erinnerungen führen, die für den Augenblick, in dem dieses Gespräch stattfindet, die passendsten sind.

FRAGE 2:

WAS WAR DEIN ERSTER EINDRUCK VON MIR, UND WIE HAT ER SICH IM LAUFE DER ZEIT VERÄNDERT?

Häufig verlieben wir uns in den allerersten Eindruck von unserer zukünftigen Partnerin oder unserem zukünftigen Partner, in die Geschichte, die wir uns ganz zu Anfang über sie oder ihn erzählen. Wenn dies geschieht, ist es nicht ungewöhnlich, dass die daraus entstehende Beziehung zu einer Fortschreibung dieser ursprünglichen Geschichte – und einer Bedrohung für sie wird. Sie ist dann wie ein Anker, an dem wir unser Beziehungsschiff festzumachen versuchen, während das Meer des Lebens, das wir miteinander befahren, uns unweigerlich in Richtung Veränderung trägt.

Ob es uns gefällt oder nicht, der erste Eindruck, den wir von unserem Partner oder unserer Partnerin gewinnen, ist bleibend. Doch wie unauslöschlich dieser erste Eindruck auch sein mag, er existiert nur in Ihrem Kopf weiter. Ihr*e Partner*in hat sich seit Ihrem ersten Treffen zweifellos verändert und Sie nicht minder. Sie sind nicht mehr dieselben, die Sie waren, als Sie sich vor langer Zeit ineinander verliebt haben. Aber halten Sie noch immer an den Geistern der Liebenden von einst fest? Hält dieser im Vergangenen ruhende Anker eine*n von Ihnen oder Sie beide davon ab, in neue Formen Ihrer selbst hineinzuwachsen? Wie lautet diese ursprüngliche Geschichte über die andere Person und wie verändert sich diese Geschichte aus Ihrer Sicht, während Sie sich beide weiterentwickeln, sowohl gemeinsam als auch jede*r für sich?

»Für mich ist unsere Beziehung die Basis meines Lebens.«

Ben

»The Toughest Time in Our Marriage«
Hier scannen, um das Gespräch anzusehen.

Mit der Veränderung gehen, anstatt gegen den Strom zu schwimmen

Während Sie Ihr Leben miteinander teilen, stellt der weitere Verlauf Ihrer Beziehung den ersten Eindruck, den Sie voneinander hatten, laufend infrage. Wenn Sie sich auf diesen ersten Eindruck besinnen, steht er vermutlich in auffallendem Gegensatz zu der Person, die jetzt vor Ihnen sitzt. Somit haben Sie Gelegenheit, die Veränderung, die mit Ihrem Partner oder Ihrer Partnerin vor sich gegangen ist, von einer höheren Warte aus zu betrachten. Vielleicht gibt es bestimmte Aspekte an dieser Veränderung, die sich nur ganz allmählich gezeigt haben. Vielleicht haben Sie sie kaum bemerkt oder als ganz selbstverständlich hingenommen. Vielleicht wollten Sie diese Veränderungen auch gar nicht wahrnehmen, weil sich Ihr*e Partner*in damit weiter von dem Bild entfernt hat, das für Sie ursprünglich so anziehend war. Manche von uns – oder zumindest gewisse Anteile in manchen von uns – möchten, dass alles genau so bleibt, wie es ist oder einmal war, und sich möglichst überhaupt nichts verändert. Die Beantwortung dieser Frage gibt Ihnen Gelegenheit, all die Wandlungen, die Ihr Partner oder Ihre Partnerin seither durchgemacht hat, in ihrer Gesamtheit zu betrachten und sich dabei bewusst zu werden, wie Sie sich beide als Individuen mit der Zeit verändern. Auf diese Weise üben Sie sich zugleich darin, in der sich ständig verändernden Gegenwart Ihrer Beziehung zu leben, anstatt gegen den Strom in die Vergangenheit zu schwimmen.

Wenn Sie sich dieses anfängliche Bild vergegenwärtigen, das Sie von Ihrem Partner oder Ihrer Partnerin gewonnen haben, werden Sie sich wohl auch fragen, was für Sie aus diesem Bild geworden ist – aus diesem Menschen, der so zwar nicht mehr vorhanden ist, aber immer noch einen großen Platz in Ihrem Kopf und Ihrem Herzen einnimmt. Ist das der Mensch, in den Sie noch immer verliebt sind? Messen Sie Ihre*n Partner*in noch immer an der Geschichte von der Person, die er oder sie für Sie einmal verkörpert hat, oder wissen Sie die Veränderungen zu schätzen, die diesen Menschen zu dem gemacht haben, was er heute ist? Hat er durch diese Wandlung in Ihren Augen verloren, sodass es vielleicht an Ihnen wäre, bewusst gegenzusteuern und Ihr eingetrübtes Bild von ihm zu korrigieren?

Oder erfüllt die Art und Weise, wie er sich im Laufe der Zeit verändert hat, Sie umgekehrt mit Stolz? Wenn Sie diese Veränderungen ausdrücklich benennen, ist das vielleicht eine Gelegenheit, Ihrer Partnerin oder Ihrem Partner zu zeigen, wie sehr Sie sich dessen bewusst sind, was sie oder ihn heute ausmacht, des Mutes, der Kraft und der Entwicklung, die sie oder er seither durchgemacht hat. Wann haben Sie das zum letzten Mal erwähnt? Könnte jetzt vielleicht der perfekte Zeitpunkt sein, diese Art von Anerkennung und Wertschätzung zum Ausdruck zu bringen?

Welcher Art die Veränderungen aber auch sein mögen, die Sie aneinander feststellen, nehmen Sie Ihr zunehmendes Bewusstsein dieses Wandels zum Anlass, die Vertrauensbasis zwischen Ihnen beiden weiter zu stärken. Sie sind der Beleg für all das, was Sie zusammen durchgemacht haben, Wegweiser und Meilensteine auf Ihrer gemeinsamen Reise, die Sie daran erinnern sollen, dass das, was heute gilt, nicht für morgen gelten muss und umgekehrt.

Cat & Keith: Die Veränderung wahrnehmen

Als Keith seine Partnerin Cat danach fragt, wie er sich aus ihrer Sicht im Laufe ihrer Gespräche bei {THE AND} verändert habe, hebt Cat die Augenbrauen und nimmt ihren Partner, so wie er sich ihr heute präsentiert, in Augenschein. »Sehr«, antwortet sie mit Blick auf die kurzgeschnittenen Haare, die zahlreichen Ohrenpiercings und die aufmerksamen grünen Augen, die zu seinem olivfarbenen Hemd und seiner Krawatte passen. »Sehr sogar.«

Ein Anflug von Stolz zeigt sich auf Keiths Gesicht, als er die anerkennenden Worte vernimmt, mit denen Cat seinen langen und schwierigen Weg kommentiert. »Natürlich schon rein körperlich, weil du von einer Frau zu einem Mann geworden bist«, fügt Cat hinzu. An dieser Stelle verstummt sie ein wenig. Offenbar will sie noch mehr dazu sagen, und als er das spürt, beugt sich Keith zu ihr vor, um zu erfahren, welche Veränderungen sie wohl an ihm bemerkt hat, die für ihn im Spiegel nicht sichtbar sind. »Du hattest schon immer eine große Leidenschaft für deine Arbeit«, fährt die schwarzhaarige Cat fort und lässt in den Bewegungen ihres Kopfes erkennen, dass sie nach einem Anschluss für ihre Aussage sucht. »Aber ich denke, da ist jetzt noch etwas anderes dazugekommen. Ich glaube, du bist jetzt wirklich ein echter Geschäftsmann … Und das ist etwas, das du liebst.«

Ein zufriedenes Lächeln breitet sich auf Keiths Gesicht aus, als Cat ihn wissen lässt, wie sie ihn wahrnimmt. Wie muss es wohl auf ihn wirken, wenn er seine Partnerin sagen hört, dass sie bei ihm eine Entwicklung beobachtet hat, die ihn zu etwas hat werden lassen, das er liebt? Seinem Gesichtsausdruck ist zu entnehmen, dass er sehr erleichtert ist zu erfahren, dass seine Veränderung nicht nur physischer Natur ist, sondern dass jetzt der wahre Keith zum Vorschein gekommen ist und von der Außenwelt auf eine Weise wahrgenommen wird, wie es zuvor nicht der Fall war.

»Ich bin froh, dass du das sagst«, meint Keith. »Manchmal bin ich mir nicht sicher, ob du den Unterschied bemerkst.«

Keith und Cat zeigen uns, was für ein Geschenk es für uns sein und wie viel Kraft es uns geben kann, wenn es bemerkt und angesprochen wird, wie wir uns verändert haben. Wenn wir an uns selbst arbeiten, im Bemühen, uns der Welt auf eine angenehmere, stärkere oder wahrhaftigere Art zu zeigen, ist es für uns nicht immer leicht einzuschätzen, ob wir damit Erfolg haben oder nicht. Das Auge kann sich nicht selbst sehen. Aber wenn wir von unseren Partner*innen, die oft unsere engsten Vertrauten sind, als ihre ehrliche Meinung zu hören bekommen, dass wir uns weiterentwickeln, dass eine Verwandlung mit uns vor sich geht und dass wir zu dem Menschen werden, der wir sein wollen, ist das nicht eine große Wohltat? Ist das nicht die beste Ermutigung, die es gibt, um auf unserem Weg weiterzugehen?

Aber diese Frage birgt noch mehr Potenzial, als nur eine Gelegenheit zur Wertschätzung von Entwicklung zu sein, und auch dafür bietet die Interaktion zwischen Keith und Cat ein kraftvolles Beispiel. Während sie weiter über Keiths Verwandlung sprechen und die Veränderungen, die dabei mit ihm vorgegangen sind, taucht die Frage auf, was passieren könnte, wenn diese Entwicklung abbricht oder zu langsam vonstattengeht. Keith wird von Cat auf seinem Weg ermutigt und unterstützt; aber was würde passieren, falls er beschließt, den von ihm eingeschlagenen Weg nicht weiterzuverfolgen, wenn er sich für einen anderen Weg entscheiden sollte?

»Meine früheren Beziehungen haben mich da in gewisser Weise geprägt«, sagt Cat zu Keith. »So wie sich die Dinge entwickelt haben. Die Art und Weise, wie Menschen sich verändern. Die

Art, wie sie Dinge tun. Deshalb habe ich manchmal Angst, dass es nicht dazu kommen wird. Oder dass ich ungeduldig werde.«

Während Kat dies sagt, schaut Keith sie eindringlich und mit großen Augen an, wobei er nervös seine Hände ineinander faltet. Er sitzt vorgebeugt und hört in gespannter Erwartung zu. Wie es scheint, ist dieses Thema nicht nur für Cat angstbesetzt. Glaubt Keith etwa, dass Cat ihm ein Ultimatum stellen will? Dass er bei seinem Wandlungsprozess eine Art Zeitplan einhalten muss, wenn ihre Beziehung eine Zukunft haben soll?

»Aber auch wenn es nicht passieren sollte«, fährt Cat fort, »will ich trotzdem mit dir zusammen sein. Und das solltest du wissen.«

»Das wusste ich nicht«, sagt Keith sichtlich bewegt. Die ängstliche Anspannung, die sich offenbar in ihm aufgebaut hat, entlädt sich in einem tiefen Seufzer der Erleichterung, während sich seine Augen mit Tränen füllen. »Danke, dass du mir das gesagt hast. Das habe ich nicht gewusst.«

Bereits an diesem Punkt wird sichtbar, dass ihr klärendes Gespräch die Tür zu neuen Möglichkeiten in ihrer Beziehung geöffnet hat, die vorher so nicht existierten.

Die ständige Neuentdeckung des Anderen

Wandel ist eine mächtige Kraft, und tatsächlich ist sie das einzig Beständige im Leben. Die einzige Garantie, die wir im Leben haben, besteht darin, dass sich die Dinge verändern. Und der einzige Zeitraum, in dem keine Veränderung mehr stattfindet, ist dann, wenn wir tot sind. Wir können große Erwartungen an die Veränderung knüpfen. Sie kann uns mit Wehmut, Dankbarkeit, Hader oder Erleichterung erfüllen. Wenn wir aber erkennen, wie sie sich in unserem Leben und unserer Partnerschaft auswirkt, kann sie uns auch zu einem tieferen Verständnis für unseren Partner oder unsere Partnerin und das Menschsein überhaupt verhelfen.

Das tiefere Verständnis, das sich im Laufe der Zeit für den Entwicklungsprozess unserer Partnerin oder unseres Partners ergibt, kann die gemeinsam durchlebten Momente oft in einem neuen Licht erscheinen lassen. Bringen wir diesem Vorgang die entsprechende Aufmerksamkeit und Wertschätzung entgegen, haben wir damit einen weiteren Grund, dankbar für die Art und Weise zu sein, wie sich unser erster Eindruck von unserem Partner oder unserer Partnerin mit zunehmender Vertrautheit gewandelt hat. Wenn wir gemeinsam über frühere Begebenheiten nachdenken, von denen wir damals glaubten, über ihre Bedeutung völlig im Klaren zu sein, kann sich uns auf einmal eine überraschend neue oder veränderte Perspektive auf eine gemeinsame Erinnerung eröffnen.

Dazu ein Beispiel, das Ihnen vielleicht nicht fremd ist. Am Anfang Ihrer Beziehung erzählt Ihnen Ihr neuer Partner oder Ihre neue Partnerin eine Geschichte, irgendeine Anekdote aus seinem oder ihrem Leben. Ein Jahr später hören Sie dieselbe Geschichte noch einmal. Vielleicht denken Sie sich dabei: *Die Geschichte kenne ich doch schon.* Ja, das tun Sie, aber die Bedeutung der Geschichte hat sich geändert, weil sich auch Ihr Verständnis der Person, die sie erzählt, geändert hat. Sie haben jetzt ein klareres und umfassenderes Bild von dieser Person und ihrer Geschichte, da Sie beide in einem größeren Kontext sehen. Ein simples Beispiel dafür wäre, dass Sie sich bei Ihrer ersten Verabredung in einem Vergnügungspark getroffen haben und zusammen Achterbahn gefahren sind. Nach einem Jahr erfahren Sie, dass Ihr*e jetzige*r Partner*in eigentlich eine gewaltige Angst vor Achterbahnen hat, damals aber ein tapferes Gesicht aufgesetzt hat, um bei Ihnen einen guten Eindruck zu hinterlassen. Dadurch bekommt sein oder ihr Benehmen beim ersten Date eine ganz neue Bedeutung. Was Ihnen damals als ausgelassener Spaß erschien, war auf Seiten Ihres Partners oder Ihrer Partnerin also eine tapfere Überwindung der Angst, um Ihnen näherzukommen. Mit diesem Wissen können Sie sein oder ihr Verhalten nun viel mehr wertschätzen, als Sie es damals vermochten.

Wir Menschen sind selten so einfach gestrickt, wie es auf den ersten Blick vielleicht erscheint. Es braucht Zeit und setzt ein großes Maß an Vertrautheit voraus, um die Schutzschicht, die wir uns alle zugelegt haben, nach und nach abzutragen. Ihr erster Eindruck von einem Menschen ist das, was Sie anfänglich zu ihm hinzieht, aber das, was dieser erste Eindruck für Sie besagt, kann sich im Laufe der Zeit verändern, vertiefen und erweitern. Sind Sie sich dieses Wandlungsprozesses bewusst? Bewegen Sie sich in Ihrer Partnerschaft mit dem Fluss der Veränderung? Entdecken Sie einander ständig neu? Gerade die lebendigsten Liebesbeziehungen zeichnen sich dadurch aus, dass die Partner*innen sich dessen bewusst bleiben, mit einem Menschen zusammen zu sein, der in ständigem Wandel begriffen ist, indem sie sich darum bemühen, immer wieder neue Seiten an ihm zu entdecken.

Hinweise zum Umgang mit dieser Frage

Achten Sie genau auf die Gefühle, die diese Fragestellung in Ihnen auslöst. Sperren Sie sich gegen die natürliche Tendenz Ihrer Partnerin oder Ihres Partners zur Veränderung, indem Sie daran festhalten, wie sie oder er früher einmal war? Oder erfüllt es Sie umgekehrt mit Freude, zu sehen, wie Ihr*e Partner*in zur eigenen Form gefunden hat? Betrachten Sie diese Frage als eine Gelegenheit, sich bewusst zu machen, ob Sie versuchen, an der Vergangenheit festzuhalten, oder bereit sind, in der Gegenwart zu leben.

Wandel ist etwas Natürliches und Unausweichliches, etwas, das unsere Wertschätzung verdient und uns daran erinnert, wie weit wir auf dem gemeinsamen Weg gekommen sind. Versuchen Sie daher, offen für die Veränderungen zu sein, die Sie aneinander bemerken, und sie mit objektivem Blick zu betrachten, anstatt sie auf die eine oder andere Weise zu beurteilen. Vielleicht werden Sie überrascht sein, was sich Ihnen zeigt, wenn Sie diese Veränderungen mit Gelassenheit registrieren, anstatt sie vorschnell zu bewerten.

Wenn Sie beide älter werden, fragen Sie sich vielleicht, ob Ihr Partner oder Ihre Partnerin für Sie noch so attraktiv ist, wie es früher einmal der Fall war. Vielleicht liegt aber in der Art, wie sich Ihr*e Partner*in zu der unverwechselbaren Persönlichkeit entwickelt hat, die ihn oder sie heute ausmacht, für Sie eine neue, noch schönere Form der Attraktivität, eine Schönheit, die in Ihren Augen eine ganz besondere Bedeutung und Qualität besitzt.

Vielleicht hat Ihr*e Partner*in früher einmal gut verdient, sodass Sie sich jetzt, da sie oder er sich dafür entschieden hat, einen weniger lukrativen, aber emotional erfüllenderen Traum zu verfolgen, in Ihrer Partnerschaft mehr einschränken müssen. Achten Sie darauf, ob diese Entscheidung, der inneren Stimme zu folgen, Sie mit Stolz erfüllt oder innere Widerstände hervorruft, und gehen Sie dann in das Gefühl hinein, das diese Beobachtung in Ihnen auslöst. Denken Sie daran, dass jede Veränderung, die Sie an Ihrem Partner oder Ihrer Partnerin bemerken, nicht mehr und nicht weniger ist als das, was seine oder ihre Realität jetzt ausmacht. Einen Weg zurück gibt es nicht. Können Sie das akzeptieren? Oder besser noch: es begrüßen?

FRAGE 3:

WANN FÜHLST DU DICH MIR AM NÄCHSTEN UND AUS WELCHEM GRUND?

Im Laufe Ihres Gesprächs werden Sie und Ihr*e Partner*in sich einige der wichtigsten Momente in Ihrer Beziehung noch einmal vor Augen führen, um sie miteinander zu besprechen. Zu Beginn haben Sie drei gemeinsame Erlebnisse geschildert, die aus Ihrer Sicht von tragender Qualität für Ihre Partnerschaft sind. Sie beide haben diese Erinnerungen ausgewählt, weil sie für Sie eine besondere Bedeutung haben. Aber gerade weil sie so besonders sind, handelt es sich um Ausnahmeereignisse – Dinge, die nicht jeden Tag oder jede Woche vorkommen.

So wichtig es auch ist, die großen Dinge zu schätzen – als die Säulen Ihrer Liebe, auf denen sie ruht –: Der Mörtel, der eine Beziehung in den Höhen und Tiefen des Lebens zusammenhält, besteht aus viel kleineren Dingen. Es sind die vielen kleinen Momente der Nähe, die Ihre Verbindung aufrechterhalten. Manchmal sind sie so unscheinbar, dass wir sie nicht einmal bemerken. Wie so manch anderer schlichte schöne Augenblick im Leben können diese Momente der Nähe an uns vorbeiziehen, bevor wir sie richtig wahrgenommen haben. Und genau hier kommt die berühmte Achtsamkeit ins Spiel. So klischeehaft es auch klingen mag: Innezuhalten und sich die Zeit zu nehmen, um die Sonne auf Ihrem Gesicht zu spüren, den Schluck Wasser wirklich zu schmecken, wenn Sie so richtig durstig sind, oder die magische Schönheit im Tanz der Flammen eines Lagerfeuers wahrzunehmen, kann darüber entscheiden, ob wir die Fülle des Lebens tief in uns aufnehmen oder sie uns durch die Finger gleiten lassen. Für eine Partnerschaft gilt das nicht minder. Ob es sich um die Tradition eines wöchentlichen Filmabends handelt, den Kuss am Ende eines langen Tages, den skurrilen Insiderwitz, der Sie beide immer zum Lachen bringt, oder auch nur den gemeinsamen Abwasch nach einem selbst gekochten Essen – diese einfachen Momente können zu den stärksten Punkten der Bindung zwischen Partner*innen werden. Es sind diese kleinen Momente eines ein-

»Bei dir fühle ich mich zu Hause.«

Rafa

»Polyamorous and Monogamous Love«
Hier scannen, um das Gespräch anzusehen.

geschworenen Miteinanders, die den Mörtel in der Mauer Ihrer Verbindung bilden.

Diese Frage gibt Ihnen Gelegenheit, diese einfachen Momente der Nähe wahrzunehmen und Ihr achtsames Gewahrsein einer Ebene der Vertrautheit zuzuwenden, die so tief in Ihre Beziehung integriert ist, dass sie trotz ihrer verbindenden Kraft leicht übersehen werden kann.

Die Kraft der Verbundenheit im Unscheinbaren entdecken

Die ersten beiden Fragen haben Sie und Ihre*n Partner*in behutsam aus der Vergangenheit in die lebendige Gegenwart Ihrer Beziehung geführt. Während wir uns dem Hier und Jetzt nähern, in dem Sie gemeinsam zu Hause sind, führt Sie diese dritte Fragestellung von der Ebene der Reflexion auf die Ebene der achtsamen Betrachtung. Beachten Sie, dass die Frage lautet: *Wann fühlst du dich mir am nächsten?*, und nicht: *Wann hast du dich mir am nächsten gefühlt?* Der Gedanke dabei ist, sich die wiederkehrenden Momente bewusst zu machen, die im Alltag immer wieder auftauchen. Für Sie beide stellt dies eine Gelegenheit dar, das Verbindende in Ihrer Beziehung sozusagen in flagranti zu erleben und sich vor Augen zu führen, wie dieses verbindende Element Sie tagtäglich zusammenschweißt, wohin die Wogen der sich ständig verändernden Gegenwart Sie auch immer verschlagen mögen.

So wie jede Beziehung, jedes Leben und jeder Mensch einzigartig ist, gehören diese besonderen Momente Ihnen ganz allein. Und so alltäglich und belanglos sie auf den ersten Blick auch erscheinen mögen, liegt in ihrer Einfachheit doch die einzigartige Schönheit der Vertrautheit, die nur Sie mit Ihrem Partner oder Ihrer Partnerin teilen. Selbst wenn Sie in Ihrer Antwort etwas so Naheliegendes anführen wie »Wenn wir uns lieben«, so werden Sie doch feststellen können, dass es ganz besondere Qualitäten von Nähe sind, die für Sie dabei eine Rolle spielen und die Sie diese Art von Gemeinsamkeit haben wählen lassen. Es sind diese besonderen Qualitäten, die das Einzigartige Ihrer Verbindung ausmachen. Sie wären nicht vorhanden, wenn Sie diesen besonderen Moment mit einem anderen Menschen teilen würden als der Person, mit der Sie jetzt dieses Gespräch führen. Scheuen Sie sich also nicht davor, diese speziellen Fäden im Gewebe Ihrer intimen Verbundenheit bei der Beantwortung der Frage sichtbar werden und hervortreten zu lassen, um sie gemeinsam näher zu betrachten. Es sind diese Feinheiten einer menschlichen Verbindung, die leicht zu übersehen sind, wenn wir nicht genau hinschauen, und die dieser Verbindung aber gerade ihre Kraft und Lebendigkeit verleihen. Wenn Sie sich diese kleinen Momente vor Augen halten, rufen Sie und Ihr*e Partner*in sich damit in Erinnerung, was das Besondere zwischen Ihnen ist und wie einfach es sein kann, sich dieser besonderen Verbindung durch kleine Gesten im Alltag von Neuem zu vergewissern.

Welche Veränderungen Sie und Ihr*e Partner*in bei der Beantwortung von Frage 2 *(Was war dein erster Eindruck von mir, und wie hat er sich im Laufe der Zeit verändert?)* auch aneinander festgestellt haben mögen, diese Augenblicke der Vertrautheit, über die Sie nun sprechen werden, werden auch weiterhin in Ihrem Zusammenleben vorkommen. Diese Frage soll Ihnen also aufzeigen, dass trotz all der Veränderungen, die Sie beide durchgemacht haben, die Basis für regelmäßige Momente der Nähe und Vertrautheit nicht nur weiterhin besteht, sondern sich durch Ihre Partnerschaft auch weiterhin festigt. Die Linien, die den unverwechselbaren Daumenabdruck Ihrer Liebe ausmachen, sind noch immer vorhanden.

Maddi & Martin: Sich Augenblicke der Nähe zu eigen machen

Maddi und Martin waren seit etwas mehr als einem Jahr zusammen, als sie sich zu einem Gespräch für {THE AND} vor der Kamera trafen. Sie sind beide noch jung und haben ein ähnlich offenes, gewinnendes Lächeln, hellbraune Haare von fast identischem Farbton – seines lang und lockig, ihres halblang und gewellt – und hellblaue Augen. Als Martin Maddi die Frage stellt, holt sie lange und tief Luft. Man kann sehen, wie sie ihr inneres Album von vertrauten Augenblicken mit Martin durchgeht, um den einen zu finden, den sie gerne mitteilen möchte. Es dauert nicht lange, bis sie ihn gefunden hat, und als es so weit ist, beginnt sie zu kichern. »Es ist ein wenig speziell«, sagt sie lachend. »Und normalerweise schläfst du schon.«

Sie erzählt Martin, dass sie nach einem Streit oder einem schwierigen Gesprächsverlauf, wenn sie sich ihm nicht besonders nahe fühlt und beim Einschlafen von ihm Abstand im Bett nimmt, häufig mitten in der Nacht aufwacht. In diesem Moment werde ihr klar, so erzählt sie weiter, dass die Tatsache, dass Martin immer noch an ihrer Seite ist, für sie viel wichtiger sei als der Konflikt, um den es zuvor ging. Dies sei der Moment, in dem sie sich ihm am nächsten fühle, in einem Gefühl der Versöhnung, das sie dann zwar nur für sich allein habe, das aber dennoch sehr intensiv sei, während sie auf den neben ihr schlafenden Martin schaue.

»›Was ist nur in dich gefahren?‹, frage ich mich dann«, sagt Maddi und berichtet, wie ihr in diesen Augenblicken bewusst werde, dass ihr Konflikt nichts im Vergleich zu ihrer Liebe sei. Während Martin ihr aufmerksam zuhört, erscheint auf seinem Gesicht ein Lächeln. »Warum mit Schmollen Zeit verschwenden, wenn wir uns in den Armen liegen könnten?«, fährt Maddi fort und erwidert das Lächeln ihres Partners. Dann erzählt sie, wie dieses starke Gefühl der Verbundenheit es schaffe, die Kluft zwischen ihnen zu überwinden, und sie sich dann ganz vorsichtig an Martin ankuschele, um ihn nicht zu wecken.

Nach Martins Reaktion zu urteilen scheint sie dabei nicht immer erfolgreich gewesen zu sein und Martin bei mehr als einer Gelegenheit des Nachts bei einer versöhnlichen Umarmung geweckt zu haben.

»Ja«, kommentiert Martin, »ich mag es sehr, wenn du dich mitten in der Nacht so …« Er führt den Satz nicht zu Ende und ergänzt das Gemeinte stattdessen anhand einer Geste. Dem Leuchten in seinen Augen entnehme ich, dass er diese Augenblicke zwar auch bisher schon zu schätzen wusste, sich nun aber, nachdem er Maddis Antwort auf die Frage gehört hat, deren tieferer Bedeutung für ihre Partnerschaft noch deutlicher bewusst ist.

Gemeinsam begeben sie sich noch einmal in diesen Augenblick vertrauter Nähe hinein und schildern ihn einander ausführlicher – von dem winzigen Bett, das es fast unmöglich macht, sich nicht nahe zu sein, bis hin zu Maddis besonderer Art, sich an Martin zu schmiegen, um die Distanz zwischen ihnen zu überwinden. Indem sie diesen Augenblick benennen und ihm eine Stimme geben, weisen sie ihm einen Platz zu, an dem er die ihm gebührende Anerkennung und Wertschätzung erfährt. Sie haben sich diesen Moment zu eigen gemacht, indem sie diese spezielle Vertrautheit in ihrer Beziehung ausgesprochen und miteinander ausgekostet haben.

Nähe und Achtsamkeit

Wie wir beim Gespräch zwischen Maddi und Martin gesehen haben, kann die Schönheit der Augenblicke, die als Antwort auf die Frage beschrieben werden, gerade in ihrer Einfachheit bestehen. Dabei kann es sich um Dinge handeln, die so alltäglich sind, dass Sie sie kaum bemerken. Aber wenn Sie anfangen, auf sie zu achten, werden Sie sie überall in Ihrer Partnerschaft entdecken können. Was mir an dieser Frage besonders gut gefällt, ist die Tatsache, dass wir, sobald sie einmal gestellt wurde, immer häufiger auf die Momente achten, in denen sich diese schlichte Form von Vertrautheit einstellt. Ich möchte wetten, dass Ihnen im Anschluss an Ihr Paargespräch noch sehr viel mehr dieser Momente einfallen werden, als Sie sich bei der Formulierung Ihrer Antwort zunächst haben vorstellen können. Welchen besseren Weg könnte es geben, Ihre Partnerschaft zu bekräftigen, als sich bewusst zu werden, wie sehr sie sich in Ihrem Beziehungsalltag bereits auf lebendige Weise bewährt?

Dieser Besinnungsprozess, in dessen Verlauf Sie ein waches Bewusstsein für die Augenblicke entwickeln, in denen sich die Verbundenheit mit Ihrem Partner oder Ihrer Partnerin zeigt, hat viel mit einem der wichtigsten Vorzüge der Achtsamkeitsmeditation gemein. Vielleicht ist Ihnen das Gefühl des inneren Friedens vertraut, das sich einstellt, wenn Sie meditieren und dabei alle Gedanken in Ihnen zur Ruhe kommen. Möglicherweise haben Sie dieses Gefühl schon viele Male in Ihrem Leben erfahren, es aber niemals in seiner besonderen Qualität wahrgenommen, bevor Sie während der Meditation Ihre Aufmerksamkeit bewusst auf seine schlichte Schönheit gelenkt haben. In meinem Fall ist es so: Je mehr ich mich darin übe, dieses Gefühls beim Meditieren gewahr zu sein, desto bewusster werden mir die Alltagsmomente, in denen sich dieser innere Frieden ohne mein Zutun einstellt.

Wenn wir lernen, die schlichten Augenblicke der Nähe und Vertrautheit im Alltag bewusst wahrzunehmen und wertzuschätzen, hat das den gleichen positiven Effekt: Wir schaffen so ein größeres Gewahrsein unserer Verbundenheit mit unserem Partner oder unserer Partnerin und es gelingt uns darüber hinaus besser, diese Verbundenheit zu stärken, indem wir mehr solcher Momente der Nähe schaffen.

Hinweise zum Umgang mit dieser Frage

Maddis Reaktion, als Martin ihr diese Frage stellte, ist typisch für die Art, wie ich schon viele Teilnehmer*innen von {THE AND} auf diese Frage habe antworten sehen. Bevor sie etwas sagen, atmen sie in der Regel erst einmal tief durch, während sie über solche Augenblicke der Nähe nachdenken. Mit diesem tiefen Atemzug begeben sie sich bewusst oder unbewusst auf die Ebene ihrer Gefühle und lassen sich von ihnen zu den Momenten führen, über die sie schließlich sprechen. Das gelingt nicht, ohne sich zu öffnen und auch in gewisser Weise verletzbar zu zeigen, und das spiegelt sich in den Gesichtern derjenigen wider, die auf die Frage antworten. Und es ist erstaunlich, wie schnell unsere Gefühle an die Oberfläche kommen, wenn wir an sie appellieren. Und diese spezielle Frage appelliert an ein besonders schönes und herzerwärmendes Gefühl. Genießen Sie es.

Ich schlage vor, dass Sie sich bei der Beantwortung dieser Frage ganz auf das Deep Listening oder das achtsame Zuhören einstellen, Ihren Kopf dabei aus dem Spiel lassen und Ihre Aufmerksamkeit allein auf die Gefühle richten, die in Ihnen aufsteigen: Lassen Sie Ihr Herz sprechen. Bedenken Sie, dass ein Augenblick besonderer Nähe, wie es bei Maddi der Fall war, ein solcher sein kann, der Ihnen auf den ersten Blick trivial, albern oder zu ausgefallen erscheint. Wenn Sie zu viel darüber nachdenken, welchen Moment Sie wählen möchten, besteht die Gefahr, dass Sie sich am Ende für einen entscheiden, der unseren gesellschaftlichen Vorstellungen von Nähe entspricht, anstatt für denjenigen Augenblick, in dem Sie ganz persönlich die größte Nähe in Ihrer Partnerschaft verspüren. Denken Sie daran, dass es viele Möglichkeiten gibt, sich einander nahe zu fühlen. Und glücklicherweise, so muss man sagen, gibt es keinen Weg, es richtig zu machen. Es mag sich um bedeutsame oder unbedeutende Momente, Handlungen oder Worte handeln, aber nichts davon ändert etwas an dem Gefühl der Nähe, das Sie dabei empfinden. Lassen Sie sich also von Ihren Gefühlen zu einem Moment leiten, der sich jetzt für Sie richtig anfühlt, und Sie können sich sicher sein, dass Sie mit Ihrer Wahl in diesem Gespräch einen ganz besonderen Faden im Gewebe Ihrer Partnerschaft ins Licht rücken werden.

Wann immer ich erlebe, dass sich die Teilnehmer*innen mit dieser Frage schwertun, bemühen sie sich entweder zu sehr darum, den richtigen Moment unter den vielen zu finden, die ihnen in den Sinn kommen – was lediglich bedeutet, dass sich im Anschluss an ihre Herzensentscheidung ihr Kopf einmischt und sie anfangen, ihre Wahl zu hinterfragen –, oder aber sie stellen plötzlich fest, dass es nicht sehr viele Momente gibt, die sie anzuführen haben. Vielleicht fällt ihnen auch auf, dass es eigentlich gar keine solchen Momente intensiver Nähe gibt. Falls Ihnen das passiert, entspannen Sie sich. Es gibt zwei Möglichkeiten, diesen Umstand positiv zu betrachten. Erstens: Wenn Sie in Ihrer Partnerschaft überhaupt keine Augenblicke der Nähe erleben, ist das ein klares Zeichen dafür, dass etwas nicht stimmt, etwas, das Sie sich lieber früher als später genauer anschauen sollten. Ist der Mangel an solchen Momenten der Vertrautheit in Ihrer Beziehung möglicherweise nur das Symptom einer größeren Problematik, die Sie bislang nicht klar erkennen konnten? Und ist es nicht besser, sich darüber im Klaren zu werden, als das Problem zu ignorieren? Könnte diese Erkenntnis der erste Schritt hin zu einer Partnerschaft sein, die Ihren Bedürfnissen besser entspricht? Festzustellen, dass etwas in Ihrem Leben fehlt, ist der erste Schritt dazu, ihm zu Ihrem Leben Zutritt zu verschaffen. Und darin liegt der zweite positive Aspekt: Indem Sie feststellen, dass es Ihrer Beziehung an diesen gelegentlichen schlichten Momenten partnerschaftlicher Nähe mangelt, dann haben Sie schon ausreichend Bewusstsein entwickelt, um diese Momente aktiv zu schaffen. Gibt es ein gemeinsames Interesse, dem nachzugehen Sie zu einer wöchentlichen oder täglichen Tradition machen können? Gibt es Gelegenheiten, bei denen Sie Ihrem Partner oder Ihrer Partnerin eine unerwartete Berührung zukommen lassen oder ein Lächeln schenken könnten? Denken Sie daran, dass es diese Art von Momenten ist, um die es bei der Beantwortung der dritten Frage geht: die einfachen Dinge. Es hat keinen Sinn, sich einzureden, etwas Großartiges auf die Beine stellen zu müssen, und dann festzustellen, dass Ihnen nichts einfällt, was diesem Anspruch gerecht wird. Konzentrieren Sie sich lieber auf die kleinen Gesten und seien Sie dankbar für das, was Sie haben.

Wenn Sie nach Gelegenheiten Ausschau halten, Nähe auf einfache Weise in Ihrem Zusammenleben zum Ausdruck zu bringen, werden Sie diese mit Sicherheit finden. Ob es Ihnen bei der Beantwortung der Frage nun aber schwerfällt, solche Augenblicke der Nähe ausfindig zu machen, ob Sie sich dabei durch deren schiere Menge überfordert fühlen oder ob Sie einfach spontan und instinktiv wissen, um welche es sich handelt – ich möchte Sie ermutigen, Augen und Herz für diese kleinen Gelegenheiten zur Vertrautheit offen zu halten, um von ihnen so viele wie möglich in Ihren Alltag zu integrieren. Je mehr Sie davon in den unscheinbaren Augenblicken entdecken, umso mehr wird sich Ihre partnerschaftliche Verbundenheit vertiefen und umso präsenter und sichtbarer wird sie für Sie beide in ihrer einzigartigen Schönheit sein.

FRAGE 4:

GIBT ES ETWAS, DAS MICH ZU FRAGEN DU ZÖGERST, UND WARUM IST DAS SO?

Seien wir ehrlich. Es wird immer etwas geben, das Ihren Partner oder Ihre Partnerin zu fragen Sie zögern. Und wahrscheinlich ist es genau das, worüber Sie beide sprechen sollten.

Erinnern Sie sich an Ben und Sidra, das Paar, das uns als Beispiel für eine gelungene emotionale Artikulation diente? Wenn Sie sich ihre Videos angesehen haben, ist Ihnen wahrscheinlich aufgefallen, dass sie sehr gut darin geworden sind, vertrauliche Gespräche zu führen und dabei ehrlich, umfassend und effizient zu kommunizieren. Ich wage die Vermutung, dass sie dies zu einem großen Teil ihrer Bereitschaft zu verdanken haben, Bereiche, in denen es Bedenken oder Ängste zwischen ihnen gibt, offen anzusprechen. Bei einem ihrer vielen Gespräche für {THE AND} formulierte Sidra das gegenüber Ben so direkt und prägnant wie nur möglich: »Wenn ich Angst davor habe, dir etwas zu sagen, ist das wie ein Signal dafür, dass es etwas gibt, das ich dir sagen muss.«

***

Während es bei den Fragen 1 bis 3 um das tragende Fundament Ihrer Partnerschaft ging, darum, sich Ihres Vertrauens und Ihrer Liebe zueinander zu vergewissern, haben die Fragen 4 bis 6 zum Thema, wie Sie beide mit Konflikten umgehen. Wenn Sie eine stabile, intensive und dauerhafte Beziehung aufbauen wollen, dann gilt es auch, an Ihrer Konfliktfähigkeit zu arbeiten. Indem Sie Spannungszonen und Vermeidungstendenzen auf den Grund gehen, werden Ihnen die Bereiche sichtbar, in denen es Disharmonien in Ihrer Partnerschaft gibt. Wenn Sie diesen Problemzonen aus dem Weg gehen, werden sie davon nicht verschwinden. Vielmehr wird das Gegenteil passieren. So geringfügig Ihnen die Anlässe des Konflikts auch erscheinen mögen: Schenken Sie Ihnen keine Beachtung, kann daraus ein echtes Beziehungsproblem erwachsen, das irgendwann ohnehin nicht mehr zu übersehen ist.

Wenn Sie diese Dinge jetzt nicht miteinander klären, wird irgendwann ein Zustand eintreten, der Sie dazu zwingt, sich ihnen zu stellen, und dann wird es sehr viel schwieriger sein, sie zu bewältigen. Je weniger Sie sich an diese unangenehmen Themen heranwagen, desto mehr schwelen sie im Verborgenen, umso mehr Raum nehmen sie ein und umso schwieriger und schmerzhafter wird es, ihnen noch beizukommen.

Ein Vorbehalt

Hier möchte ich eines klarstellen. Die Angst vor dem Unbehagen, das ein schwieriges Gespräch mit sich bringt, und die Angst vor physischer oder emotionaler Gewalt in einer ungesunden Partnerschaft sind zwei sehr verschiedene Dinge. Wenn Sie spüren, dass es Ihnen Angst macht, an gewisse Punkte in Ihrer Beziehung zu rühren, sollten Sie ehrlich mit sich selbst sein. Fragen Sie sich, ob sich diese Angst darauf bezieht, ein heikles Thema anzusprechen, oder ob Sie tatsächlich Angst vor emotionalen oder gar tätlichen Übergriffen haben.

In diesem Buch geht es mir natürlich allein um die zuerst genannte Art von Angst – die Angst davor, zugunsten einer gemeinsamen Entwicklung in der Partnerschaft auch schwierige Themen miteinander zu diskutieren. Wenn Sie sich darin üben, in Ihrer Beziehung auch unbequeme Gespräche zu führen, hat das einen ähnlichen Effekt wie das Dehnen beim Sport. Es zieht ein bisschen, aber je mehr Sie es tun, desto leichter wird es Ihnen fallen. Und wenn Sie sich in Ihrer Beziehung jeden Tag ein wenig in diese Spannungszone hineinbegeben, dann wird Ihre Partnerschaft dadurch flexibler und widerstandsfähiger gegenüber Belastungen.

Die Dinge ans Licht bringen

Es ist also an der Zeit, Ihre Partnerdialog-Muskulatur zu trainieren, indem Sie sich in ein klein wenig Unbehagen hineinbegeben. Und damit meine ich wirklich ein *klein wenig* Unbehagen. Diese Frage muss nicht unbedingt einen großen Konfliktstoff in Ihrer Beziehung aufgreifen. Es braucht nicht etwas zu sein, das Ihnen wirklich unter die Haut geht oder den Schlaf raubt. Beachten Sie, dass es bei der Frage um etwas geht, das zu fragen Sie *zögern*, und nicht um etwas, das zu fragen Sie sich fürchten. »Zögern« klingt in diesem Zusammenhang nicht nur milder als »sich fürchten«, sondern verhindert auch, dass der oder die Befragte sich mit den Worten »Es gibt nichts, das dich zu fragen ich mich fürchte« aus der Affäre ziehen kann. Auch in der stabilsten und gesündesten Beziehung wird es immer ein Thema geben, das anzusprechen man zögert. In dieser Phase des Paargesprächs jedenfalls ist es für Sie beide wichtiger, sich erst einmal warmzulaufen, indem Sie ein weniger verfängliches Thema aufgreifen, das Sie nicht gleich überfordert.

Ein spannender Aspekt an dieser Frage ist auch, dass Sie, während Ihr Gegenüber über die Antwort darauf nachdenkt, zwangsläufig über Ihre eigene nachdenken. Das heißt, Sie fragen sich vermutlich: *Was ist es, das sie/ihn zu fragen ich zögere?* … Und wenn Sie dann von Ihrer Partnerin oder Ihrem Partner die Antwort hören: Was, wenn es nicht die ist, die Sie erwartet haben? In dieser Frist, die zwischen dem Verlesen der Frage und der Antwort darauf verstreicht, gibt es also auf beiden Seiten jede Menge Stoff zur Spekulation. Es ist interessant, auch darüber zu sprechen, sodass es vielleicht irgendwann zwischen Ihnen heißt: »Komisch, dass du das sagst, ich dachte, du würdest etwas anderes sagen.« Auf diese Weise haben Sie noch mehr Ansatzpunkte für Ihr Gespräch, denen nachzugehen sich lohnen kann, falls Sie es möchten. Aber nicht alles muss – oder sollte auch nur – auf einmal diskutiert werden. Ich möchte damit nur darauf hinweisen, dass sich eine Reihe von Themen zwischen Ihnen ergeben kann, wenn Sie sich beide fragen, welche Frage zu stellen Ihr*e Partner*in wohl zögert.

Auch in Beziehungen sind es die Dinge, die im Dunkeln liegen, die uns irgendwann über den Kopf wachsen. An dem, was offen zutage liegt, können Sie anknüpfen, um Ihre Bindung zu festigen. Aus dem hingegen, was im Verborgenen bleibt, können alle möglichen Probleme, Enttäuschungen und Differenzen erwachsen, die sich dann wie Unkraut ungehindert ausbreiten. Und je weniger Sie dort hinschauen und sich darüber austauschen, desto größere Ausmaße werden diese Probleme annehmen.

Wie ich hoffe, konnten die ersten drei Fragen dazu beitragen, dass Sie sich erneut der Liebe, die Sie füreinander empfinden, und Ihrer einzigartigen Verbindung vergewissern. Ihr Ziel war es, ein Licht auf das spezielle Gefüge Ihres vertrauten und vertrauensvollen Umgangs miteinander zu werfen. Betrachten Sie das nun bevorstehende Gespräch über das, was einander zu fragen Sie beide zögern, als eine Chance, dieses Licht in die unbekannten Seiten Ihrer Partnerschaft zu tragen und zu beleuchten, was sich unterhalb der Oberfläche abspielt und dort möglicherweise – von ihnen unbemerkt – ein Eigenleben führt.

Ich habe viele Beziehungen erlebt, in denen die Beteiligten es vorziehen, Dinge ungesagt zu lassen, um den Status quo aufrechtzuerhalten. Das mag zwar eine Zeit lang gut gehen und für viele eine akzeptable Situation sein, aber es verwehrt beiden Partner*innen die Möglichkeit, sich mit ihrem ganzen Wesen zum Ausdruck zu bringen. Es ist ein verständlicher Wunsch, einander nur von der Schokoladenseite zu zeigen, aber diese Einseitigkeit hat auch ihren Preis. Nur weil Sie etwas bedeckt halten, ist es deshalb nicht weniger ein Teil von Ihnen. Wenn Sie sich mit diesem Anteil nicht zeigen und in die Beziehung einbringen, hindern Sie

»Wenn du bereit bist zu lieben, dann liebe. Hab keine Angst.«

Jon

»Why We Seek Relationships«
Hier scannen, um das Gespräch anzusehen.

ihn oder sie daran, Sie ohne Abstriche kennenzulernen. Indem Sie aber umgekehrt auch diese Anteile Ihrer selbst sichtbar machen, sie bewusst ansprechen und sich darüber miteinander austauschen, geben Sie sich in Ihrer Beziehung als ein Ganzes zu erkennen. Dies ist zugleich der Weg zu einem erfüllteren, lebendigeren, an Gefühlstönen reicheren Dasein. Der Unterschied ist ungefähr so, als würden Sie ein und denselben Film in Schwarz-Weiß sehen oder in Farbe mit 4K-Auflösung.

Das wirft natürlich so manche Frage auf: Warum haben wir dann so große Angst davor, uns voreinander mit all dem zu zeigen, was uns ausmacht? Warum ist es uns lieber, an unserem emotionalen Status quo nicht zu rütteln? Warum wehren wir uns so sehr dagegen, unsere Gefühle in ihrem ganzen Umfang zu spüren?

Liegt es daran, dass wir Angst haben, diese Gefühle könnten uns überwältigen? Oder dass sie sich vielleicht als zu schmerzhaft erweisen? Und wenn dem so ist: Geht dann das Maß an emotionalem Unbehagen, das wir zuzulassen bereit sind, möglicherweise Hand in Hand mit dem Grad an Fülle, dem wir in unser Leben keinen Einlass gewähren?

***

Ich habe die Erfahrung gemacht, dass der Schmerz, vor dem wir uns fürchten, und das Unbehagen in Wirklichkeit etwas Vordergründiges sind. Nicht, dass sie nicht real wären, aber tatsächlich sind sie nie so schlimm, wie wir glauben. Wenn ich das Gefühl habe, dass mir alles über den Kopf wächst, wenn ich mitten in der Nacht aufwache und mich die Angst vor all dem überkommt, was zu tun ist, vor all den Aufgaben, die auf mich warten, legt sich das Gefühl der Angst, sobald ich anfange, aktiv zu werden, ins Tun zu kommen. Ihren Höhepunkt erreicht sie immer kurz bevor ich mich aufraffe und ihre Ursache in Angriff nehme. Aber sobald ich mich ihr stelle und mich mit ihr auseinandersetze, wird die Angst handhabbar und ist bei weitem nicht mehr so überwältigend, wie ich zunächst dachte und es empfand.

Wenn Sie in diese nächste Phase des Gesprächs eintreten, in der Sie zunächst diesen Punkt des Zögerns miteinander diskutieren und sich dann von den folgenden Fragen zu dringlicheren Konflikten in Ihrer Beziehung leiten lassen, sollten Sie im Sinn behalten, dass selbst ein kleiner Schritt, um die Ursache des Unbehagens zu beheben, ein Weg ist, um den Leidensdruck zu lindern. Wenn Sie sich diesen Themen auf ebenso behutsame wie achtsame Weise nähern, wird der Schmerz, den Sie bei einem bestimmten Thema empfinden, allmählich nachlassen, während gleichzeitig das Vertrauen zwischen Ihnen und Ihrem Partner oder Ihrer Partnerin wächst.

Ivo & Kevin: Ein Ventil zum Abbau von Druck finden

Bei ihrem Gespräch für {THE AND} tragen Ivo und Kevin beide hellblau gemusterte Hemden und Bluejeans, und beide haben gepflegte Bärte – Ivo trägt einen dunklen Kinnbart, Kevin einen leuchtend roten Vollbart. Nach zweiundzwanzig Jahren Ehe haben sie viel Übung darin, ihre Beziehung zu pflegen und an ihr zu arbeiten, und im Laufe der Jahre sind sie immer mehr zu einem gut eingespielten Team geworden. Aber auch nach den mehr als zwei Jahrzehnten ihrer Beziehung kommt Kevin, als Ivo ihm diese Frage in der umgekehrten Form stellt: »Gibt es etwas, das mir zu sagen du zögerst?«, sofort auf das Thema zu sprechen, bei dem er Bedenken hat, seinen Partner einzuweihen.

»Bei allem, was für dich ein Auslöser ist für deine Ängste und deine Zwangsstörung«, sagt er und schaut dabei Ivo direkt in die Augen. »Zum Beispiel bei allem, was mit Problemen rund ums Haus zu tun hat.« Kevin unterbricht zeitweise den Blickkontakt, während er beschreibt, wie er diese Problematik erlebt und sie mit sich allein ausmacht, um Ivo nicht unnötig zu belasten. »Ich behalte es erst einmal komplett für mich. Es sei denn, du erfährst vor mir davon, dann habe ich es nicht mehr in der Hand. Aber sonst werde ich dich erst dann in ein Problem einweihen, wenn ich es mir habe durch den Kopf gehen lassen und eine Lösung dafür gefunden habe. Dann beziehe ich dich ein.«

Als Kevin ihm das mitteilt, scheinen Ivos Gefühle zwiespältig zu sein. Einerseits sieht er, wie sein Partner alles tut, um ihn zu schützen, andererseits spürt er das Unbehagen, das Kevin befällt, weil er dadurch das zwischen ihnen bestehende Machtgefälle offenlegen muss. Und an dieser Stelle wagt Ivo einen mutigen Schritt. Er greift diesen heiklen Punkt von sich aus auf, indem er fragt: »Nimmst du mir das übel? Ist das eine zusätzliche Belastung für unsere Beziehung?«

»Ich *habe* es dir übel genommen, das stimmt«, beginnt Kevin, bevor er innehält. Seine Stimme wird brüchig. »Oh, jetzt kommen die Gefühle hoch«, sagt er verlegen, während ihm Tränen in die Augen treten. Ivo lächelt und nickt, in seinem Blick liegt der Ausdruck von Unterstützung und Ermutigung. »Aber weil du daran arbeitest«, fährt Kevin fort, »weiß ich, hoffe ich, dass es nicht immer so sein wird.«

Ivo lächelt und nickt, als Kevins Anerkennung für seine harte Arbeit bei ihm ankommt. Dann fügt Kevin mit brüchiger Stimme hinzu: »Aber es war … nicht immer leicht.«

Ivos Augenbrauen gehen in die Höhe. »Hast du daran gedacht, mich zu verlassen?«, fragt er.

»Nein«, sagt Kevin, und dabei kehrt in seine Stimme der Klang von Souveränität und Gewissheit zurück. Er sieht Ivo an, und der ernste Ausdruck, der sich auf seinem Gesicht gebildet hatte, weicht nun einem milden Lächeln. »Natürlich nicht.«

In diesem Fall hat diese Frage beide Partner dazu befähigt, einen wunden Punkt in der Beziehung anzusprechen – die unbequeme Tatsache, dass Kevin sich durch Ivos Handicap zeitweise belastet fühlt –, und ihn so aus der Schattenzone, in der er sich leicht zu Groll auswachsen kann, herauszuholen. Für Ivo hat sich damit zudem die Chance eröffnet, seinen Partner wirklich wahrzunehmen. Er sieht jetzt nicht nur, wie Kevin sich bemüht hat, ihm entgegenzukommen, sondern vor allem auch, dass Kevin sich dessen bewusst ist, wie sehr er sich darum bemüht, mit sich selbst weiterzukommen, und dass diese unglückliche Machtverteilung zwischen ihnen letztlich nur ein kleiner Aspekt in ihrer Beziehungsdynamik ist. Und unmittelbar nachdem Ivo erlebt hat, wie die Bürde dieses Themas seinen Partner zum Weinen bringt, macht Kevin ihm auf unmissverständliche Weise klar, dass seine Liebe zu ihm viel stärker ist als dieses Problem. Was für ein Geschenk. Angesichts der schönen und mutigen Kommunikation zwischen Kevin und Ivo sehen wir, wie diese Fragestellung sowohl als Ventil zum Abbau von Druck dienen als auch einen Beitrag zur besseren Verständigung unter den Partnern liefern kann.

Der richtige Zeitpunkt ist genau jetzt

Wenn wir zögern, mit unserem Partner oder unserer Partnerin über etwas zu sprechen, neigen wir natürlich dazu, das Thema zu meiden. Meist beruht diese Vermeidungstendenz auf Angst – der Angst zu verletzen, der Beziehung zu schaden oder schwach, bedürftig oder auch feindselig zu erscheinen. Oft genug versucht unser Verstand, uns dann weiszumachen, dass unser Vermeidungsverhalten einen guten Grund hat. Vielleicht denken wir uns: *Ich muss erst einmal selbst damit zurande kommen, bevor ich mit meinem Partner/meiner Partnerin darüber spreche.*

Ob es sich dabei nun um einen ehrlichen Versuch handelt, besser vorbereitet in ein schwieriges Gespräch zu gehen, oder um einen Trick des Verstandes, der uns davor bewahren soll, uns unseren Ängsten zu stellen: Kommt dieser Impuls auf, sollten wir wachsam sein. Schieben wir ein wichtiges Gespräch auf, bis der »richtige Zeitpunkt« gekommen ist, hat das Problem mehr Zeit, vor sich hin zu schwelen, mehr Zeit, uns Druck zu machen – was das Gespräch möglicherweise noch schwieriger gestaltet, als es verlaufen wäre, wenn wir die Angelegenheit sofort angesprochen hätten. Und auch wenn der Impuls, die Dinge erst einmal für sich alleine zu durchdenken, logisch klingen mag, wenn es um Beziehungsfragen geht, ist es doch fast immer besser, sie gemeinsam als Paar, als Team zu besprechen. Das soll natürlich nicht heißen, dass man sich nicht aus einem hitzigen Wortgefecht herausziehen und erst einmal beruhigen sollte, um das Gespräch anschließend mit größerer Diplomatie und Besonnenheit und dem Blick für das Ganze führen zu können. So lange damit zu warten, bis sich die Kampf-oder-Flucht-Impulse der ersten Stressreaktion gelegt haben, ist gewiss ein produktiver und reifer Umgang damit. Wenn Sie jedoch ehrlich mit sich selbst sind und feststellen, dass Sie einen Rückzieher machen, weil Sie Angst vor dem Thema oder der Auseinandersetzung darüber haben, dann gilt wirklich: je früher, desto besser.

Oder stellen Sie sich vor, zu welch ungleichem Ausgangspunkt für ein Gespräch es führen kann, wenn Sie ausgiebig über eine Problematik nachdenken, bevor Sie Ihren Partner oder Ihre Partnerin darin einweihen. Vielleicht haben Sie sich schon alle möglichen Argumente zurechtgelegt, während Ihr*e Partner*in bis dahin noch nicht einmal auf die Idee gekommen ist, dass es hier

Konfliktstoff geben könnte. Er oder sie könnte sich überrumpelt fühlen, wenn Sie nun Ihr wohlerwogenes, aber einseitiges Plädoyer vortragen. Vielleicht fühlt er oder sie sich auch in dem Bedürfnis übergangen, sich selbst ein Bild von der Sache und eigene Gedanken dazu zu machen. Setzen Sie auf das Deep Listening oder das achtsame Zuhören, und führen Sie das Gespräch auf der Basis von Vertrauen und gegenseitigem Verständnis. Natürlich gilt es, hier eine sinnvolle Balance zu finden. Es ist sicher gut, wenn Sie sich beide eine gewisse Zeit nehmen, um für sich allein ein Thema so zu überdenken, wie es für Sie jeweils am besten ist. Aber auch, wenn es hilfreich sein kann, mit sich im Stillen über etwas ins Reine zu kommen, wird sich echte Klarheit erst aus der lebendigen Interaktion zwischen Ihnen beiden ergeben.

Warten Sie also nicht zu lange auf den richtigen Zeitpunkt, denn es kann gut sein, dass er nie kommt. Sofern Sie dabei die Hinweise aus Teil I zum Deep Listening und zum Herstellen eines sicheren Raums für das Gespräch beherzigen, ist der richtige Zeitpunkt höchstwahrscheinlich genau jetzt.

* * *

Als sich diese Frage für Andrew und Jerrold stellt, ein seit sieben Jahren verheiratetes schwules Paar, berichtet Jerrold – sein kurz geschnittenes dunkles Haar geht nahtlos in einen kurzen, dunklen Bart über –, dass er früher gezögert hat, über Dinge zu sprechen, von denen er dachte, dass sie seinen Partner enttäuschen könnten. Er gibt zu, dass dies aus Angst geschah, Andrew zu verlieren, dessen strahlend blaue Augen bei dieser Aussage einen sanfteren Ausdruck annehmen. Jerrold fährt fort, indem er erklärt, dass sein Zögern durch den Wunsch motiviert war, die Partnerschaft zu schützen, an der ihm so viel lag. Aber sein Zögern hatte am Ende den gegenteiligen Effekt.

»Das war eine ziemliche Krisenzeit, da du mir nicht vertraut hast, weil ich nicht ganz offen war«, erinnert er sich. Als er sich jedoch mit ihrer Beziehung auseinandersetzte und damit, wie sich sein Verhalten auf sie auswirkte, erkannte Jerrold, dass es nicht gerade gesund für sie war, wenn er mit den Dingen hinterm Berg hielt. »Ich habe erkannt, wie sehr es dich verletzt hat. Es war nicht gut für unsere Beziehung. Ich war nicht zu einhundert Prozent bei dir. Wenn du dich ganz einbringen sollst, muss ich mich auch ganz einbringen. Und ich will dir nicht wehtun. Also habe ich mich geändert. Und jetzt ist es gut. Ich bin jetzt offen zu dir.«

Hinweise zum Umgang mit dieser Frage

Im Laufe meines Lebens habe ich gelernt, dass es unsere Fähigkeiten und unser Wissen unmittelbar erweitern kann, wenn wir uns auf Gefühle wie Besorgnis, Anspannung und Verunsicherung wirklich einlassen. Ein paar Tage bevor ich mein Erlebnisdesign-Studio, The Skin Deep, gründete, erhielt ich einen Anruf von meinem Hauptinvestor. Er sagte mir, dass er seine gesamte Investition aus dem Projekt zurückziehen müsse. Während eines einzigen, bestürzenden Telefongesprächs sah ich die Hälfte unserer gesamten Finanzierung wegfallen. Während ich darum rang, trotz dieses offensichtlichen Desasters meinen Traum nicht aus den Augen zu verlieren, wurde ich immer wieder mit Situationen konfrontiert, die mich zutiefst entsetzten. Dieses Gefühl werde ich nie vergessen. Ich weiß noch, wie ich an unserem ersten Arbeitstag mit Heran und Paige, meinen beiden Teammitgliedern der ersten Stunde, ein Selfie machte. Obwohl ich auf dem Foto lächele, war ich innerlich nur ein Häufchen Elend. Aber schon als ich das Foto schoss, wusste ich, dass ich diese Aufnahme immer in Ehren halten würde, dass ich darauf zurückblicken und um meinen Entschluss wissen würde, bei aller Angst mit einem Lächeln auf dem Gesicht weiterzumachen. Und genau das war es, was ich tat. Ich setzte einfach Schritt vor Schritt und stellte mich meinen Ängsten, sooft sie mich überfielen. Und mir wurde bald klar, wie viel ich dabei lernte – gerade bei Dingen, die für mich zunächst überwältigend schienen oder völliges Neuland bedeuteten. Schon bald darauf wurde ich hellhörig, wenn mich die Angst vor etwas überkam, was ich noch nie zuvor getan hatte. Ich habe mich darauf eingelassen und es als Chance für inneres Wachstum betrachtet. Schauen wir uns die Momente an, die unseren größten Siegen und Erfolgen vorausgehen, so werden wir feststellen, dass sie mit einer großen Portion Angst und Beklemmung verbunden sind. Es sind unsere Beharrlichkeit und unser Mut, die das Gefühl der Angst in ein Erfolgserlebnis verwandeln.

Diese Frage zu stellen kann manchmal genauso beängstigend sein, wie sie zu beantworten. Aber in welcher Position Sie sich diesbezüglich auch befinden, ich möchte Sie dazu ermutigen, der Schweigepause, die nahezu unweigerlich auf die Frage folgt, bewusst Raum zu geben. In diesem Moment kann es sich so anfühlen, als könnte alles Mögliche geschehen. Beide Beteiligten können dabei sehr nervös sein. Aber denken Sie daran, zu welchem Resultat die Frage im Gespräch zwischen Kevin und Ivo geführt hat. Auch wenn das Thema, über das sie sprachen, Kevin viel Unbehagen bereitet hat und obwohl er dieses Unbehagen Ivo gegenüber emotional und verbal zum Ausdruck brachte, gelangten sie gemeinsam zu einem tieferen, vollständigeren Verständnis der Kraft ihrer Liebe und der besonderen Stärke, die jeder von ihnen in die Partnerschaft einbringt. Nehmen Sie sich also so viel Zeit, wie Sie brauchen, lassen Sie die Pause auf sich wirken, atmen Sie, und beschreiten Sie dann mutig miteinander den Weg des Wachstums, der Ihnen – wie Sie sich erinnern – durch Ihre Ängste gewiesen wird.

FRAGE 5:

WAS IST IM MOMENT DIE GRÖSSTE HERAUS-FORDERUNG IN UNSERER BEZIEHUNG, UND WAS KÖNNEN WIR DEINER ANSICHT NACH DARAUS LERNEN?

In jeder Partnerschaft gibt es Herausforderungen. Daran besteht kein Zweifel. Sie sind unvermeidlich, unbequem und, so wage ich zu behaupten, von unschätzbarem Wert. Wir wachsen nicht in der Behaglichkeit; wir wachsen dort, wo es ungemütlich wird.

Wenn Sie glauben, dass es in Ihrer Beziehung keine Probleme gibt, dann liegt das entweder daran, dass die kleinen Probleme noch nicht groß genug geworden sind, um als »Herausforderung« zu gelten, oder einfach daran, dass Sie sich weigern, sich den Konflikten zu stellen, die im Verborgenen schlummern, und sie weiter unter den Teppich kehren, um nicht aus Ihrer Komfortzone heraustreten zu müssen. Manchmal verbrauchen wir mehr Energie, einen Konflikt zu vermeiden, als wir benötigen würden, um ihn zu bearbeiten. Der sichere Raum, in dem Sie Ihr Gespräch führen, dient Ihnen als ein Auffangbecken, das Ihnen den nötigen Schutz bietet, um zu erkunden, was jenseits dieses behaglichen Status quo liegt, und so Ihr Verständnis, Ihre Beziehungskompetenzen und das Spektrum Ihrer emotionalen und körperlichen Ausdrucksmöglichkeiten zu erweitern. Im Mut, sich den Herausforderungen zu stellen, die außerhalb der eigenen Komfortzone liegen, und diese Herausforderungen dann auf konstruktive Weise anzugehen, liegt der Schlüssel zu jeder gesunden Partnerschaft. Mehr noch: Auf diese Weise stärken Sie die Wurzeln, aus denen eine stabile, lebendige und bereichernde Verbindung erwächst.

Es ist nicht die Vermeidung von Konflikten, die uns lehrt, die Dinge besser zu machen und widerstandsfähiger zu werden; sondern es ist die Fähigkeit, mit Konflikten konstruktiv umzugehen, in der sich die Flexibilität und Dynamik einer Partnerschaft bekundet. Unser Ziel kann also nicht darin bestehen, frei von Problemen zu sein, sondern uns ihnen freimütig zu stellen, sie wertzuschätzen, das Beste aus ihnen zu machen und, sobald ein

Problem gelöst ist, das nächste mit all den Lehren, die es mit sich bringt, auf positive Weise anzugehen.

Finden Sie also anhand dieser Frage heraus, worin Ihrer Ansicht nach zurzeit die größte Herausforderung für Sie beide besteht. Und, was noch wichtiger ist: Nehmen Sie wahr und nehmen Sie an, was diese Herausforderung, was Ihr*e Partner*in und was Ihre Beziehung Sie durch diese Belastungsprobe lehren kann. Ziehen Sie für sich keine Lehre daraus, entgeht Ihnen dadurch das vielleicht größte Geschenk, das das Zusammenleben mit einem anderen Menschen bereithält. Machen Sie sich aber die Lehren, die ein aktueller Konflikt mit sich bringt, deutlich bewusst, dann werden Sie erkennen, welche Einsicht Ihnen diese Herausforderung vermitteln will.

Kraft aus dem Konflikt schöpfen

Die vierte Frage hat sozusagen den Keim der Herausforderung in Ihrer Beziehung freigelegt, indem Sie durch sie dazu aufgefordert wurden, in das Unbehagen hineinzugehen, das sich aus einem Mangel an Offenheit ergab. Da Sie nun beide Ihre Sondierungsmuskulatur trainiert haben, sind Sie bereit für die nächste, etwas schwerere Etappe.

Warum erkundigt sich diese Frage nach der aus Ihrer Sicht aktuell größten Herausforderung in Ihrer Beziehung anstatt nach deren größter Problematik? Ein Problem ist etwas von Natur aus Negatives. Es ist etwas, das es zu beheben gilt, um es dann so schnell wie möglich hinter sich zu lassen. Aber in jeder Herausforderung, wie groß sie auch sein mag, liegt eine Chance. Eine Herausforderung ist etwas, dem wir uns stellen, das wir bewältigen und aus dem wir gestärkt hervorgehen, weil es uns im Leben begegnet ist. Wenn Sie ins Fitnessstudio gehen, ist das eine Herausforderung, die Sie bewusst auf sich nehmen, um Ihren Körper zu kräftigen. Es ist nicht einfach und hat zum Ziel, Sie körperlich zu fordern. Aber je anspruchsvoller Ihr Work-out wird und je öfter Sie bereit sind, sich der körperlichen Beanspruchung zu stellen, desto belastbarer werden Sie. Betrachten Sie diesen Schwellenwert des Unbehagens ebenso in Ihrem Beziehungsgespräch als eine Herausforderung, so wird das Unbehagen für Sie handhabbarer und eher zu einer Chance, Ihre Verbindung zu vertiefen.

Entsprechend soll die Macht der Fragen Ihnen dazu verhelfen, in diesem Partnerschaftskonflikt ein Geschenk zu sehen, indem Sie dazu aufgefordert werden, zu erläutern, welche Lehre Ihrer Meinung nach aus dieser Herausforderung zu ziehen ist. Dieser zweite Teil der Frage versetzt Sie quasi in die Position eines Schülers oder einer Schülerin in Sachen Partnerschaft. Und beachten Sie auch, dass der zweite Teil der Frage darauf abzielt, was *Ihrer Ansicht nach* die Lehre aus dieser Herausforderung ist. Damit wird die Möglichkeit »richtiger« Antworten ausgeschlossen und zugleich vorausgesetzt, dass die Antworten beider Beteiligen nur als subjektive Meinungen, nicht aber als objektive Wahrheit gelten können. Und schließlich: Indem die Frage Sie auffordert, die Lehre aufzufinden, die sich Ihrer Meinung nach in dieser Herausforderung verbirgt, ist die Möglichkeit, sich gegenseitig etwas vorzuwerfen oder die Herausforderung als solche infrage zu stellen, vom Tisch. So entsteht ein Dialograum, in dem Sie Ihre Konflikte auf flexible und wohlwollende Weise sondieren können.

Gabrielle & Luna: Ein lohnender Ausbruch aus der Komfortzone

Als sie sich erstmals zusammensetzten, um ein Gespräch für {THE AND} zu führen, befanden sich Gabrielle und Luna – zwei junge Menschen, die offenbar in ihren Zwanzigern waren – offiziell nicht in einer Liebesbeziehung … jedenfalls bis dahin nicht. Sie waren seit der Highschool eng miteinander befreundet und hatten meinem Team getrennt voneinander mitgeteilt, dass sie heimlich darüber hinausgehende Gefühle füreinander hegen. Zehn Monate später, als sie für ein zweites Gespräch für {THE AND} erschienen, hatten sie einander ihre Gefühle offenbart und waren nun ein Liebespaar. Die Leichtigkeit, mit der die beiden kommunizierten, und die Fröhlichkeit, die sie in ihrem zweiten Gespräch ausstrahlten, hatten etwas Ansteckendes, und für mich war es eine wahre Freude zu sehen, wie sie einander Fragen stellten und zusammen lachten, während sie diese neue Ebene der Verbindung gemeinsam erkundeten. Aber im Laufe ihres ersten Gesprächs war sehr spürbar geworden, wie das Gewicht der unausgesprochenen Gefühle auf ihnen lastete.

In Anbetracht ihrer Geschichte war ich nicht im Geringsten von Lunas Antwort überrascht, als Gabrielle sie während dieses ersten Gesprächs nach der größten Herausforderung fragt, der sich die beiden in ihrer Beziehung gegenübersehen.*

»Kommunikation«, sagt Luna fast ohne Zögern. Luna hat kurzes lockiges Haar, haselnussbraune Augen und trägt ein silbernes Nasenpiercing. Gabrielle sitzt ihr mit ihrem kräftig rot geschmink-

* Luna ist transgeschlechtlich und wandelt sich im Laufe der Gespräche von einer weiblichen zu einer männlichen Identität. Bei ihrem ersten Gespräch ist daher hier noch von »sie« die Rede.

»Die Liebe
zu akzeptieren
bedeutet auch,
den Schmerz
zu akzeptieren.«

Avery

»Could I Have Been a Better Friend?«

Hier scannen, um das Gespräch anzusehen.

ten Mund gegenüber und schaut sie mit ihren strahlend grünen, ebenso intensiv geschminkten Augen lächelnd an. Denkt sie dabei an all das, was sie Luna unbedingt hätte sagen wollen, ohne es zu tun? Übrigens ist dies eine der häufigsten Antworten auf diese Frage. Das Thema Kommunikation scheint ganz oben auf der Liste der Herausforderungen zu stehen, die sich den Beteiligten stellen.

»Ich möchte, dass du mir sagst, wenn dich etwas stört, auch wenn es albern klingt«, fährt Luna fort. Auf einmal nimmt Gabrielles Gesicht einen ernsteren Ausdruck an. »Was immer dir aufstößt wie ›Mich ärgert, was du gerade gesagt hast‹. Sag es mir und wir können darüber reden. Du musst nicht alles in dich hineinfressen, bis es irgendwann bei einer Kleinigkeit aus dir herausplatzt.«

Gabrielle nickt und lächelt wieder. »Das stimmt«, räumt sie ein. Dann gibt sie ihre eigene Antwort auf die Frage. »Ich glaube, die größte Herausforderung betrifft weniger uns gemeinsam als eher mich, und zwar das Gefühl, dich nicht erreichen zu können.« Diesmal ist es Luna, die zustimmend nickt. »So fühlt es sich oft für mich an. Als wärst du wie Rauch; ich kann dich zwar sehen und du bist da, aber ich kann dich nicht fassen und in meinen Händen spüren.« Wieder nickt Luna. Hat sie auch dieses Gefühl? Verspürt sie auch den Wunsch, Gabrielle mit ihren Händen zu spüren?

»Schwer zu sagen«, fährt Gabrielle fort. »Manchmal fällt es mir schwer, mir selbst über etwas klar zu werden. Ich kann dir ja unmöglich Dinge erklären, die ich selbst nicht weiß.«

»Schau einfach, womit es dir gut geht«, wirft Luna ein. Aber hier schluckt Gabrielle nur kurz und fährt mutig fort.

»Hattest du jemals Angst, etwas anzusprechen, weil du das Gefühl hattest, es würde dir den Boden unter den Füßen wegziehen?« An dieser Stelle geht Lunas Blick einen Moment lang zur Seite, dann schaut sie wieder zu Gabrielle und bekennt lächelnd: »Ja.« Ich habe den Eindruck, dass Luna genau weiß, was Gabrielle meint, und dass an diesem Punkt beide einander eingestehen, die Art von Herausforderung, der Gabrielle sich gegenübersieht, aus eigener Erfahrung zu kennen.

Gabrielle nickt und muss ebenfalls lächeln. Dann sagt sie mit ernsterem Gesicht: »Das ist es, womit ich in letzter Zeit irgendwie zu kämpfen hatte.«

»Nun ja«, sagt Luna und senkt den Blick, vielleicht weil sie noch mit ihren Gefühlen zurückhält. »Was auch immer es ist, du musst damit nicht allein fertig werden. Was immer dein Schlamassel ist, ich mache ihn zu meinem Schlamassel, und wir beseitigen ihn gemeinsam.«

Beide fangen an zu kichern, schauen einander in die Augen, und es ist deutlich spürbar, wie nah sie sich in diesem Augenblick zärtlicher Verbundenheit sind.

In dem Prozess, ihre Gefühle füreinander zu offenbaren, sind sie in ihrem ersten Gespräch vor der Kamera bis zu diesem Punkt gekommen. Aber ich möchte glauben, dass dies der Anstoß war, der schließlich zu einem vollständigen Liebesgeständnis zwischen den beiden geführt hat. Daran lässt sich ablesen, wie es uns dabei hilft, zu uns selbst zu finden und das Leben zu führen, das wir uns wünschen, wenn wir bereit sind, über die Herausforderungen und Konfliktpunkte in einer Partnerschaft zu sprechen. Was damit begann, die mangelnde Kommunikation in einer langjährigen Freundschaft zu thematisieren, brachte Luna und Gabrielle in die Lage, die Mauern zwischen sich einzureißen. An ihrer Körpersprache, der Art und Weise, wie sie den Blick voneinander abwenden und sich manchmal verhaspeln, wird sichtbar, dass es weder für Luna noch für Gabrielle angenehm war, dieses Thema anzusprechen. Aber man beachte, welchen Gewinn sie daraus für sich ziehen konnten: eine enge Liebesbeziehung, nach der sie sich lange gesehnt haben. Wäre ihnen diese Belohnung jemals zuteilgeworden, wenn sie nicht mutig durch diesen Moment des Unbehagens hindurchgegangen wären, so unangenehm er sich auch angefühlt haben mag? Was ist uns lieber: ein kurzes Ausbrechen aus unserer Komfortzone oder ein lebenslanger Zweifel, was hätte sein können, wenn wir nur damit begonnen hätten, unsere Wahrheit auszusprechen?

Die Lektion verinnerlichen

Es ist verlockend, sich einzureden, dass alles in Ordnung wäre, wenn nur die eine große Herausforderung, vor der wir stehen, nicht da wäre. Wenn es in unserem Leben nur mehr von diesem und weniger von jenem gäbe, wenn wir nur in der Lage wären, unserem besten Freund, unserer besten Freundin zu sagen, was wir für ihn oder sie empfinden, dann, ja dann würden wir uns endlich als ein Ganzes fühlen können. Die Wahrheit ist jedoch: Wenn jede Herausforderung, mit der wir es jetzt zu tun haben, sich in Luft auflösen würde, dauert es nicht lange, bis eine neue Herausforderung in unser Leben tritt, die uns erneut vor die Entscheidung stellt, gegen sie anzukämpfen oder für uns eine Lehre daraus zu ziehen. Aus diesem Grund fordert die Frage Sie auf, zu benennen, was in Ihrer Beziehung »im Moment« die größte Herausforderung ist. Morgen oder nächste Woche oder im kommenden Monat wird es eine andere geben.

Vielleicht gibt es in Ihrer Beziehung anfänglich eine starke sexuelle Anziehung, aber Sie beide kämpfen ständig darum, über die Runden zu kommen. Denken Sie jetzt zehn Jahre weiter und versetzen Sie sich in eine Zeit, in der Sie Ihre finanziellen Probleme überwunden haben. Geld ist nun kein Thema mehr, dafür hat aber die sexuelle Anziehung, die einmal eine so große Rolle gespielt hat, nachgelassen. Die Herausforderung, vor der Sie beide stehen, ist nun eine andere geworden. Es gibt keine Ziellinie, nach deren Überschreiten alles nur noch glatt verläuft. Sie bewältigen die eine Herausforderung, und schon bald taucht eine neue auf. Und ob Sie es glauben oder nicht: Auch das ist eine gute Nachricht, denn jede einzelne Herausforderung, der Sie sich gegenübersehen, ist eine Gelegenheit, um zu lernen und zu wachsen. Aber hier heißt es, die Augen offen zu halten: Denn jeder wahre Schritt zur Veränderung wird nur dann in Ihrem Inneren ankommen, wenn Sie aktiv nach den Lehren suchen, die aus diesen Herausforderungen zu ziehen sind.

Vielleicht haben Sie nicht nur für sich akzeptiert, dass das Leben voller Herausforderungen ist, sondern sind auch Expertin oder Experte darin geworden, diese Herausforderungen zu meistern. Dann haben Sie allen Grund, auf sich stolz zu sein. Aber der nächste und weitaus wichtigere Schritt besteht darin, sich zu vergewissern, ob Sie die Lehren, die jede Herausforderung für Sie bereithält, auch wirklich verinnerlicht haben. Wenn Sie besser darin werden, etwas aus Ihren Herausforderungen zu lernen, heißt das nicht, dass Ihnen künftige Herausforderungen erspart bleiben – das ist unmöglich. Aber es verhindert, dass Sie in einem Teufelskreis stecken bleiben, in dem Sie immer wieder vor denselben Herausforderungen stehen. Und es sorgt dafür, dass die harte Arbeit, die Sie jedes Mal leisten, wenn Sie sich einer Herausforderung stellen und sie überwinden, unmittelbar Ihrer persönlichen Entwicklung zugutekommt. Müssen Sie hingegen immer wieder Energie aufwenden, um ein und dieselbe Herausforderung zu bewältigen, die immer wieder in Ihrem Leben auftaucht, haben Sie die Lektion, die Ihnen das Leben erteilen will, wahrscheinlich noch nicht wirklich gelernt.

***

Als ich in meinen Zwanzigern und Dreißigern war, stand ich in meinen Beziehungen immer wieder vor der gleichen Herausforderung. Unbewusst suchte ich mir immer nur Partnerinnen, die um sich eine unüberwindbar hohe emotionale Mauer errichtet hatten und echter Nähe aus dem Weg gingen. Ich steckte in einem höchst unerfreulichen Muster fest, indem ich meiner jeweiligen Partnerin ständig hinterherlief und mich abmühte, ihr wirklich nahezukommen. Zudem hatte ich so wenig Selbstbewusstsein, dass ich meinen Eigenwert an die Reaktion meiner Partnerinnen knüpfte. Fiel ihre Reaktion auf mich positiv aus, fühlte ich mich gut und in meinem Selbstwert bestätigt. Wenn nicht, war ich deprimiert. Auf diese Weise machte ich mein Wohlgefühl mit mir selbst vom Zuspruch meiner Partnerinnen abhängig. Das war nicht nur frustrierend, sondern auch äußerst anstrengend. Doch wann immer eine von ihnen aufhörte, im übertragenen Sinne vor mir wegzulaufen und sich mir tatsächlich die Chance eröffnete, die Art von tiefer emotionaler Verbindung herzustellen, nach der zu suchen ich felsenfest überzeugt war, dann war ich derjenige, der kniff und vor ihren Annäherungsversuchen Reißaus nahm. Exakt dieser Ablauf wiederholte sich so häufig, dass ich anfing, mich wie ein Hamster im Laufrad zu fühlen, der rennt und rennt und sich wundert, warum die Landschaft um ihn herum immer dieselbe bleibt.

Mit dem, was Sie bereits über meine Familiengeschichte wissen, können Sie vielleicht erraten, woher diese selbstzerstörerische Tendenz stammte, die über das Liebesleben des jungen Topaz bestimmte. Diese Mischung aus geringem Selbstwertgefühl und einer unbewussten Angst vor der Nähe, die ich mir wünschte, ohne zu wissen, wie ich ihr in mein Leben Einlass gewähren konnte, hielt mich in einem qualvollen, frustrierenden Kreislauf gefangen. In einer Beziehung fühlte ich mich nur dann wohl, wenn es in ihr ein Manko gab – den gleichen Mangel an Nähe, den ich zwischen meiner Mutter und meinem Vater erlebt hatte –, das mich permanent nach einer tieferen Verbindung streben ließ, als meine Partnerin zuzulassen in der Lage war. Ihre emotionale Unnahbarkeit gestattete es mir, in meiner Komfortzone zu verharren, auch wenn ich diese »Komfortzone« als etwas äußerst Schmerzhaftes empfand.

Und wenn ich eine Partnerin fand, die mir liebevoll zugewandt war, dann bekam ich, so seltsam das klingen mag, buchstäblich Bauchschmerzen – dieselben Bauchschmerzen, die ich nach dem Bericht meiner Eltern jedes Mal bekam, wenn ich als Kind zwischen meinen beiden Elternhäusern hin- und herpendelte. Und so nahm ich die Bauchschmerzen als Anzeichen dafür, dass mit der Beziehung etwas nicht stimmte, während sie in Wirklichkeit ein Symptom dafür waren, dass ich mich dem Schmerz nicht stellte und nicht mit ihm arbeitete. Der Körper vergisst nicht. In ihm ist jede schmerzliche Erfahrung aufbewahrt. Aus diesem Grund ist das Deep Listening – das heißt, auf den eigenen Körper zu hören und ihn durch uns sprechen zu lassen – ein so mächtiges Hilfsmittel. Früher dachte ich, auf meinen Körper zu hören würde bedeuten, dass diese körperlichen Schmerzen ein Signal dafür sind, mich in Sicherheit zu bringen, und so beendete ich jede Beziehung mit einer liebevollen und aufmerksamen Partnerin. Heute weiß ich, dass es einfach die Angst war, die aus meinem Bauch zu mir sprach und die immer dann auf diese Weise in Erscheinung trat, wenn mein Körper versuchte, mich davor zu bewahren, der Angst vor Nähe ins Auge sehen zu müssen – vor eben der Nähe, nach der ich mich sehnte. Wenn das keine Ironie ist …

Aus dieser ungesunden Dynamik ergab sich in diesen fehlgeleiteten Beziehungen für mich immer wieder die gleiche Art von

Herausforderung. Mit der Zeit wurde ich immer besser darin, diese Herausforderungen mit der einen oder anderen Partnerin zu bewältigen, und oberflächlich betrachtet liefen die Dinge zwischen uns dann für eine Weile besser. Doch es dauerte nicht lange, bis sich aus derselben Grundproblematik neue Herausforderungen ergaben und der Teufelskreis sich wiederholte. Jede einzelne dieser Herausforderungen versuchte, mich dasselbe zu lehren: *Hör auf, etwas hinterherzujagen, hör auf wegzulaufen und stell dich deiner eigenen Angst vor Nähe …* Aber weil ich so damit beschäftigt war, jedes Problem für sich zu lösen und es so schnell wie möglich hinter mich zu bringen, habe ich der eigentlichen Lektion, die sich dahinter verbarg, keine Beachtung geschenkt.

Es hat lange gedauert, bedurfte einer Menge Augenblicke unbequemer Selbstbesinnung und einer intensiven und unter die Haut gehenden Aussprache mit einer guten Freundin, bevor ich endlich in der Lage war, die Lektion wahrzunehmen, die dieser Teufelskreis von Herausforderungen mir so dringend zu erteilen versuchte. Als mir das aber gelang, habe ich meine ganze Energie darauf verwendet, sie wirklich zu lernen, zu verinnerlichen und mich meiner Angst vor Nähe direkt zu stellen. Wie man sich denken kann, gehörten zu diesem Prozess auch etliche Augenblicke, in denen ich weit weg von den flauschigen Polstermöbeln meiner Komfortzone war. Aber nachdem ich diesen Weg erst einmal für mich akzeptiert, mich mit meinem Unbehagen auseinandergesetzt und meinen Ängsten gestellt hatte, trat mit mir tatsächlich eine Veränderung ein. Ich durchbrach den Teufelskreis und war in der Lage, Beziehungen einzugehen, die mich mehr erfüllten, als es je zuvor der Fall gewesen war.

Hinweise zum Umgang mit dieser Frage

Die beste Voraussetzung, um schwierige Themen, wie sie sich aus dieser Fragestellung ergeben könnten, anzugehen, ist eine gute Portion Dankbarkeit. Versuchen Sie, anstatt sich gegenseitig die Schuld zuzuschieben, in diesem Dialog für sich und Ihre*n Partner*in eine Chance zu sehen, das nötige Handwerkszeug zu erlernen, um die nächsten Herausforderungen zu meistern, die unweigerlich auf Sie zukommen werden, und deren Lektionen vollständig zu verinnerlichen. Denken Sie daran, dass diese Herausforderungen weder für Sie noch für Ihre*n Partner*in als Mensch charakteristisch sind, sondern für die Dynamik zwischen Ihnen. Und so wie Ihre gemeinsamen Erinnerungen eine synergetische Qualität in Ihrer Beziehung darstellen, so können auch die Herausforderungen und die Art und Weise, wie Sie sie bewältigen, eine einzigartige Kraft in Ihrer Beziehung sein. Erkennen Sie dies an. Sprechen Sie es aus. Seien Sie dankbar dafür. Es gibt keinen Grund, in die Defensive zu gehen, sich angegriffen zu fühlen oder selbst zum Angriff überzugehen. Keine*r von Ihnen ist mängelbehaftet oder »verkehrt«. Es ist die Verbindung zwischen Ihnen, die eventuell mehr oder weniger gestört ist. Mithilfe von Verständnis, Geduld und Dankbarkeit ist es möglicherweise einfacher, den Konflikt zu lösen, als Sie vielleicht glauben. Oder vielleicht auch nicht. Vielleicht ist die Dynamik zwischen Ihnen irreparabel beschädigt, sodass Sie beschließen, getrennte Wege zu gehen und sich auf gesündere und erfüllendere Beziehungen einzulassen, in denen Sie sich beide besser aufgehoben fühlen.

Aber das wäre eher ein extremes Resultat des gemeinsamen Bemühens um eine Konfliktlösung. An sich sind Herausforderungen etwas Gesundes und Natürliches, in dem immer auch eine Chance liegt. Wenn Sie sich mit dieser Fragestellung befassen, dann vergessen Sie dabei nicht, dass eine Partnerschaft ohne

Herausforderungen etwas Lebloses ist. Sie bietet keinen Raum für Wachstum, Lernen oder echte Nähe. Stagnation ist das Gegenteil von Lebendigkeit. Es geht nicht darum, herauszufinden, wie Sie jeder Herausforderung in Ihrer Partnerschaft entgehen können, sondern darum, sich zu fragen: »Ist diese Herausforderung für mich die richtige?« Was will ich damit sagen? Lassen Sie es mich erklären.

Als ich anfing, um die Welt zu reisen und Filme zu machen, bedeutete es für mich eine ständige Herausforderung, das nötige Geld zusammenzubekommen, um meine Projekte zu finanzieren und ansonsten einfach zu überleben. Sich dieser Herausforderung zu stellen und Wege zu finden, sie zu bewältigen, war nicht einfach. Aber es war eine Herausforderung, der ich mich gerne stellte und aus der ich etwas lernen konnte. Das war mir viel lieber als eine Herausforderung von der Art »Ich führe ein langweiliges Leben, in dem es keine Leidenschaft gibt«. Wir alle haben unsere Herausforderungen. In meinem Fall war es so, dass ich ein leidenschaftliches, aufregendes, abenteuerliches Leben führte, meine Herausforderung dabei aber finanzieller Natur war. Andererseits hätte ich auch einen Ganztagsjob in einem Büro machen können, der mir aufgrund des regelmäßigen Einkommens die finanzielle Herausforderung erspart hätte, aber dann hätte die Herausforderung für mich darin bestanden, mich für das, was ich tagein, tagaus tue, zu begeistern. Bei allem gibt es eine Plus- und eine Minusseite. Es geht also nicht darum, Herausforderungen gänzlich zu vermeiden, sondern anzuerkennen, dass jede Wahl eine andere ausschließt, und die Herausforderungen, die sie mit sich bringt, dankbar anzunehmen.

Wenn Sie diese Art von Analyse auf die Herausforderungen anwenden, die anhand der Frage für Sie sichtbar werden, und einen ehrlichen Blick auf die Dynamik in Ihrer Partnerschaft werfen: Was sehen Sie dann? Sind die Herausforderungen, denen Sie sich dann gegenübersehen, solche, auf die Sie sich einlassen wollen? Und achten Sie wirklich darauf, welche Lehren sie enthalten, sodass Sie in die Lage kommen, negative Beziehungsmuster zu durchbrechen und gemeinsam als Paar zu wachsen? Öffnen Sie sich der Lektion, die das Leben Ihnen erteilen will, indem Sie dem Unbehagen, diesem machtvollen Lehrer, in sich Raum geben? Und wenn Sie offen für diese Lektion geworden sind: Lassen Sie sie dann wirklich in Ihr Bewusstsein, Ihr Tun, Ihr Sein einfließen?

FRAGE 6:

WELCHES OPFER HAST DU GEBRACHT, OHNE DASS ICH ES ANERKENNE, UND WARUM IST DAS DEINER MEINUNG NACH SO?

»Opfer« mag uns als ein großes und gewichtiges Wort erscheinen, aber Opfer zu bringen ist Teil der gesunden Balance in jeder funktionierenden Partnerschaft. Die Schönheit einer Paarbeziehung liegt darin, dass Sie in ihr dazu aufgefordert sind, über den Menschen hinauszuwachsen, der Sie als Einzelperson sind. Um aber aus der Form, die Sie bisher als Person ausgemacht hat, heraus- und in eine neue einzutreten, die Sie im engen Zusammensein mit einem anderen Menschen annehmen, kann es sein, dass mit Ihnen die eine oder andere Veränderung vorgehen muss – sei es in Ihrem Verhalten, in Ihrer Persönlichkeit oder in Ihren Prioritäten. Und es ist eine Menge, was Sie durch diese Verwandlung zu gewinnen haben und lernen können. Es ist eine wunderbare Art und Weise zu wachsen. Aber Kompromisse und Zugeständnisse sind auch mit Einbußen verbunden, die wehtun und hin und wieder auch zu gegenseitigem Groll führen können.

Manchmal neigen wir dazu, diesen Schmerz, der uns aus dem Verzicht erwächst, voreinander zu verbergen, vor allem, wenn er sich unmittelbar aus der Beziehung selbst ergibt. Aber eine Wunde, die wir bedeckt halten, kann nicht versorgt werden. Diese Frage eröffnet für beide Partner*innen einen Raum, in dem sie einander eingestehen können, freiwillig etwas auf sich genommen zu haben, damit die Beziehung funktioniert, ein Opfer gebracht zu haben, worüber bisher nicht gesprochen wurde. Oftmals werden wir feststellen können, dass die Wunde allein schon dadurch heilt, dass dieses Opfer seine Benennung und Anerkennung findet, und dass jeglicher Groll, der auf dem Gefühl beruht, verkannt zu sein, damit im Keim erstickt wird. Letzten Endes sind die Opfer, die wir für unsere Beziehung bringen, so schwer sie uns auch fallen mögen, Geschenke, die wir unserer Partnerschaft machen. Aber wie soll ein Opfer als das Geschenk wahrgenommen werden, das es ist, wenn es nicht beiden Partner*innen zu klarem

Bewusstsein kommt? Indem wir einander diese Frage stellen, ist die Zeit gekommen, dieses beiderseitige Bewusstsein zu schaffen.

Ein Bungeesprung ins Unbehagen

Wenn Ihnen diese Frage gestellt wird, erscheint Ihnen das, was Ihnen dazu einfällt, vielleicht nicht wichtig genug, um als Opfer bezeichnet zu werden. Vielleicht wollen Sie sich selbst auch nicht so viel auf etwas zugutehalten oder etwas so viel Bedeutung beimessen. Aber die Frage ist bewusst auf diese Weise formuliert. Auch wenn Sie persönlich Ihren Beitrag zur Beziehung nicht als Opfer bezeichnen würden, weil Ihnen das zu hoch gegriffen erscheint, ist es doch für Sie beide wichtig, die Bedeutung, Kraft und Schönheit wahrzunehmen, die in dieser Art von Zugeständnissen, Kompromissen und selbstlosen Handlungen liegt. Ob Sie es nun aber als Opfer bezeichnen würden oder nicht: Etwas für Ihre Partnerin oder Ihren Partner aufzugeben kann eine Belastung sein oder zumindest dazu führen, dass Sie anfangen, bestimmte Aspekte Ihrer Beziehung als unausgewogen zu betrachten. Und so bereitwillig Sie es auch tun und so rational Ihre Gründe dafür auch sein mögen, es kann sich dennoch wie ein Opfer anfühlen. Wenn Sie diese Aspekte des Ungleichgewichts aber unter sich zum Thema machen, erhalten Sie beide ein vollständigeres Bild davon, zu welchen Abstrichen Sie jeweils in Ihrer Beziehung bereit sind.

Der nächste Teil der Frage: … *ohne dass ich es anerkenne,* dient dazu, etwas zu beleuchten, das in Ihrer Beziehung bisher ein Schattendasein geführt hat. Es ist gut möglich, dass dieser Mangel an Wahrnehmung im Grunde der größere und unangenehmere Teil an den Opfern ist, die Sie erbringen. Vielleicht gibt es auch

Opfer, die ihre Anerkennung finden, aber die größten sind immer diejenigen, über die am wenigsten oder gar nicht gesprochen wird. Nachdem Sie anhand der vorangegangenen beiden Fragen geübt haben, sich in Konflikte hineinzubegeben, sind Sie nun bestens gerüstet für eine neue Herausforderung. Auch hier gilt: Je bereitwilliger Sie sich der Herausforderung stellen, die mit dieser Frage einhergeht, desto größer ist der Gewinn, den Sie aus Ihrem Gespräch für sich ziehen können. Und in diesem Fall trifft das ganz besonders zu. Oft schmerzt die fehlende Anerkennung weit mehr als das erbrachte Opfer selbst. Der Grat zwischen Opfer und Geschenk kann sehr schmal sein. Alles, was nötig ist, um ein Opfer in ein Geschenk zu verwandeln, ist Anerkennung. Ein einziges Wort, eine einfache Geste der Wertschätzung kann ausreichend sein, um eine Zeitbombe aus Groll zu entschärfen, die durch die fehlende Anerkennung eines erbrachten Opfers in Gang gesetzt wurde.

Aber solange diese Anerkennung nicht erfolgt, ist es nur natürlich, dass Sie während der Diskussion darüber Ihrem Partner oder Ihrer Partnerin gegenüber zwiespältige Gefühle hegen. Meiner Erfahrung nach ist es aber weitaus gesünder, diese Gefühle zu äußern, vor allem, wenn es in einem geschützten Rahmen geschieht, als sie unausgesprochen zu lassen. Das zu tun kann Angst machen, und die Antwort auf die Frage mag zunächst schwierig sein. Sie wissen nicht, welche Reaktion Sie erwartet, und Sie wollen auch nicht verletzen. Stellen Sie sich dieser Angst und vertrauen Sie darauf, dass die Struktur der Frage Sie davor bewahrt, in Unversöhnlichkeiten stecken zu bleiben.

Die eigentliche Schönheit dieser Frage liegt aber in ihrem dritten Teil: *… und warum ist das deiner Meinung nach so?* Wenn Sie auf alle drei Teile dieser Frage eingehen, erfordert das eine Antwort, mit der Sie auch versuchen, die Beweggründe Ihres Partners oder Ihrer Partnerin für die fehlende Anerkennung Ihres Opfers nachzuvollziehen. Auf diese Weise ist die oder der Leidtragende dieser mangelnden Wertschätzung, nachdem diese benannt wurde, aufgefordert, sich in die Lage des Partners oder der Partnerin zu versetzen und eine Vermutung über die Gründe dafür zu äußern. So entsteht ein Raum für Empathie und Verständnis – ein Verständnis, das es bis zu diesem Augenblick so vielleicht noch nie zwischen Ihnen gegeben hat.

Während Sie über diese Gründe sprechen, werden Sie vielleicht feststellen, dass die Situation Ihre*n Partner*in an ein traumatisches Erlebnis aus der Kindheit erinnert oder dass es letztlich Angst war, die der Anerkennung Ihres Opfers im Wege stand, weil sie ein Maß an Öffnung voraussetzt, die ihn oder sie mit dem eigenen Schmerz und der eigenen Verletzlichkeit konfrontieren würde. Wenn Sie sich diese tieferen Ursachen gemeinsam anschauen, kann Ihnen das einen Einblick in komplexere seelische Zusammenhänge bei Ihrem Partner oder Ihrer Partnerin ermöglichen, über die Sie sich bisher nicht im Klaren waren. Auch wenn dies noch nicht der Rahmen ist, um ein Trauma zu heilen, so bietet er doch die Möglichkeit, beide Standpunkte zu diskutieren, sodass sich beide Partner*innen gesehen fühlen und sich aus dem, was eine Quelle des Grolls war, ein tieferes gegenseitiges Verständnis entwickeln kann.

Dieser Perspektivwechsel stattet Sie bei Ihrer Antwort, wie unbeholfen sie auch sein mag, mit einer Sicherheitsleine aus, einem Bungee-Seil, das Ihr Gespräch wieder an einen Ort des Mitgefühls zurückbringt, wie tief Sie auch in die schmerzlichen Gefühle eintauchen, die ein verkanntes Opfer bewirkt hat. So wichtig es ist, über solche persönlichen Opfer, Abstriche und Belastungen zu sprechen, so wenig Sinn hat es aber, einen Menschen, der Ihnen viel bedeutet, emotional zu bestrafen. Der letzte Teil dieser Frage bietet Ihnen daher die Gelegenheit, sich Ihrer Partnerin oder Ihrem Partner gegenüber anteilnehmend und verständnisvoll zu zeigen – das beste Mittel gegen alle Spannungen, die durch aufrichtige Äußerungen aufkommen könnten. Natürlich funktioniert all das nur in einer Partnerschaft, in der keine Dynamik von Missbrauch, Manipulation oder Soziopathie am Werk ist. Wenn Sie sich auf einer gemeinsamen Ebene der liebevollen Zuwendung treffen und von dort aus dieses Auf und Ab der Gefühle üben – das Ansprechen einer Problematik, gefolgt von einer guten Portion an gegenseitigem Verständnis –, dann entsteht zwischen Ihnen etwas, das von unschätzbarem Wert für die Festigung und den Erhalt Ihrer Verbindung ist.

Kat & Christina: Der Stolz auf eine bedingungslose Liebe

Bislang habe ich diese Frage als eine potenzielle Quelle von Konflikten dargestellt, bei deren Beantwortung verdrängte Gefühle und ein heimlicher Groll im Zusammenhang mit einem persönlichen Opfer zum Ausdruck kommen, worauf eine Phase der Anteilnahme und Empathie folgt, mit der die Verbindung wiederhergestellt wird. Auch wenn das Gespräch durchaus diese Form annehmen kann, ist dies keineswegs der einzig mögliche Verlauf, wenn Sie mit Ihrem Partner oder Ihrer Partnerin über persönliche Opfer sprechen. Kehren wir noch einmal zurück zu Kat und Christina, dem verheirateten lesbischen Paar, dessen Gespräch wir uns anlässlich der Frage 1 *(Welche sind für dich unsere drei schönsten gemeinsamen Erlebnisse, und was macht sie dazu?)* angeschaut haben. Sie bieten ein Beispiel dafür, wie diese Frage geradezu umgekehrt funktionieren kann, indem eine der Partnerinnen Wertschätzung für ein Opfer zeigt, das die andere gebracht hat, vielleicht sogar ohne sich dessen bewusst zu sein, was in diesem Fall zu Gelächter und einem größeren Gefühl der Verbundenheit zwischen beiden führt.

Als sie einander diese Frage stellen, können sie sich zunächst nicht darauf einigen, wer in ihrer Beziehung die größeren Opfer bringt. Sowohl Kat als auch Christina sind der Meinung, dass ihre Partnerin die größere Last trägt, und als sie die Opfer benennen, die ihrer Meinung nach die jeweils andere auf sich nimmt, reagieren beide überrascht.

Als Kat versichert, dass Christina mehr Opfer bringt, weiten sich Christinas Augen. »Jetzt bin ich neugierig. Was meinst du damit?«, fragt sie.

»Du opferst deine Seelenruhe für meine Angewohnheiten – zum Beispiel, was das Putzen angeht – und für meinen Mangel an Ordnung und Sorgfalt«, erklärt Kat und entlockt Christina damit ein Lachen. »Ich weiß nicht recht«, fährt Kat fort. »Ich habe das Gefühl, dass ich nicht wirklich etwas opfere und dass du deshalb mehr opferst.«

»Weißt du was? Das sehe ich anders«, entgegnet Christina mit Entschiedenheit. »Wirklich?« Jetzt ist es Kat, die ungläubig die Augen aufreißt. »Wieso denn das?«, fragt sie erstaunt. »Deine Familie und dein übriges Umfeld machen ja wohl nicht gerade Luftsprünge vor Begeisterung, weil du mit einer Frau zusammen bist, oder?«

Es ist Kat anzusehen, wie sie diese Aussage sacken lässt und genau erwägt. Dann erklärt sie, das Gefühl zu haben, dass Christina eine ebenso große Entfremdung von ihrer Familie durchgemacht hat. Aber Christina will das nicht gelten lassen. Sie weist den Einwand weit von sich, indem sie sagt: »Sie schließen mich ja schon aus, weil ich taub bin.« Und damit lenkt sie das Gespräch wieder auf Kats Familie zurück.

»Ich habe gesehen, wie schwierig unsere Beziehung für das

»Ich liebe dich, weil du mir so viel Liebe entgegenbringst … weil du sie mir selbst in den schwersten Momenten nicht verwehrst … die Liebe, die du mir schenkst, die du mir zeigst, sie ist wie ein unaufhaltsamer Strom, der auch dann nicht versiegt, wenn ich dir zu sagen versuche, dass ich sie gar nicht verdiene.«

Kadia

»I'm Scared of Going Bankrupt«

Hier scannen, um das Gespräch anzusehen.

Verhältnis zwischen dir und deiner Mutter war«, sagt Christina. Dabei nickt Kat zustimmend. »Es tut mir leid, wenn ich es noch einmal anspreche, aber bei der Hochzeit ist deine Mutter zu spät gekommen. Sie hätte dich zum Traualtar führen sollen. Das sagt ja eine Menge aus. Deine Mutter tut sich immer noch schwer [mit unserer Beziehung]. Ich denke, dass die Mutter-Tochter-Beziehung einfach extrem wichtig ist.«

Christina erwähnt dann mehrere Kontakte in Kats Leben, die durch Kats Entscheidung, sie zu heiraten, gelitten oder ein Ende gefunden haben. Als sie das weiter ausführt, verzieht Kat ein wenig das Gesicht. Es hat den Anschein, als würde sie nun erst das Gewicht dieser Verluste spüren und vielleicht zum ersten Mal erkennen, dass sie tatsächlich eine Menge für ihre Beziehung geopfert hat.

Dann meint Christina: »Ich denke, dass wir schon irgendwie anders mit dem Leben umgehen. Ich hatte wohl ohnehin das Gefühl, benachteiligt zu sein, vielleicht weil ich mir dachte: ›Du bist schwarz, du bist taub, du bist eine Frau: Was soll's … du bist doch eh schon im Abseits.‹ Aber was dich angeht, würde ich nicht sagen, dass du dich ins Abseits begeben musstest [um mit mir zusammen zu sein]. Das musstest du nicht. Aber für dich gab es viel mehr Hürden in unserem Zusammensein als für mich.«

Kats Gesichtsausdruck spricht hier Bände. Für mich sieht es wirklich so aus, als wäre ihr noch nie in den Sinn gekommen, darüber nachzudenken, was sie alles für ihre Beziehung hat aufgeben müssen. Und als Christina ihre Wertschätzung für diese Opfer zum Ausdruck bringt, ist Kat deutlich anzusehen, wie stolz es sie macht, dass sie bereit war, ihre Liebe an die erste Stelle zu setzen. Vielleicht hat sie sich nie wirklich klargemacht, wie wichtig und heilig ihr die Verbindung zu Christina ist. Vielleicht brauchte sie erst dieses Feedback zu ihrer Opferbereitschaft, um zu erkennen, wie stark und bedingungslos ihre Liebe zu ihr tatsächlich ist.

Das Geschenk der Anerkennung

Wenn wir uns den Gesprächsverlauf zwischen Kat und Christina ansehen, so war es die Anerkennung, die Kats Opfer durch Christina erfuhr, die es Kat ermöglichte, ihre Partnerschaft aus einer anderen Perspektive zu betrachten. Die Kraft einer schlichten Anerkennung sollte also niemals unterschätzt werden.

Erinnern Sie sich noch an Kevin und Ivo, das schwule Ehepaar, das uns bei der Erörterung der Frage 4 begegnete *(Gibt es etwas, das mich zu fragen du zögerst, und warum ist das so?)* und deren offene Aussprache über einen Punkt der Verschwiegenheit zu einer sehr emotionalen Bekräftigung ihrer Verbindung führte? Unmittelbar im Anschluss an den Punkt in ihrem Gespräch, an dem wir sie verlassen haben, begeben sie sich noch tiefer in ihren Konflikt hinein. Sie werfen einige Fragen auf, die sie nicht ganz lösen können, und beschließen stattdessen, sich darauf zu einigen, dass es Punkte in ihrer Partnerschaft gibt, in der sie wohl keine Einigung erzielen können. Ich habe den Eindruck, dass Kevin die Spannung ihres Konflikts in seinem Körper trägt. Es entsteht eine Schweigepause zwischen beiden, in der er Ivo anlächelt, aber für mich sieht es eher nach einem gezwungenen, angespannten Lächeln aus.

In diesem Moment bricht Ivo das Schweigen und sagt zu Kevin: »Du trägst eine größere Last in unserer Beziehung als ich. Ich weiß das. Und ich weiß das zu schätzen.«

Als diese anerkennenden Worte Ivos bei Kevin ankommen, geht mit seiner Körperhaltung und seinem Gesichtsausdruck eine gewaltige Veränderung vor sich. Die ganze Anspannung fällt von ihm ab, und ein entspanntes Lächeln erscheint auf seinem Gesicht. »Danke!«, seufzt er und beugt sich Ivo entgegen, voller Erleichterung darüber, dass die von ihm gebrachten Opfer Anerkennung finden. »Danke.«

Die zuvor nicht geäußerte Wertschätzung des Partners oder der Partnerin zu spüren kann alles sein, was nötig ist, um Spannungen aufzulösen, die sich in das Paarverhältnis eingeschlichen haben. Tatsächlich kann diese schlichte Anerkennung genügen, um einem Opfer das Schmerzliche zu nehmen und es in einen Anlass zum Stolz zu verwandeln. Vom Augenblick an, in dem Ivo diese Wertschätzung zum Ausdruck bringt, bis zum Ende ihres Gesprächs kann ich sehen, wie Kevin im Gefühl der Bestätigung und seines wiederhergestellten Selbstwertes strahlt, nachdem er gesehen hat, dass die Opfer, die er auf sich genommen hat, nicht umsonst waren und bei Ivo etwas Positives bewirken. Wenn wir ein Opfer bringen und dafür entsprechende Anerkennung erfahren, löst das ein Wohlgefühl aus, weil wir etwas für einen anderen Menschen tun können. Wir können unsere Unterstützung anbieten und geben dabei jemand, der uns etwas bedeutet, etwas von uns selbst. Nur wenige Dinge im Leben fühlen sich von Natur aus so gut an. Umgekehrt führt nichts so sicher zu Verstimmung und Groll wie die mangelnde Würdigung eines Geschenks, das wir einem Menschen machen, vor allem, wenn es gänzlich ignoriert wird. Die Wertschätzung kann hier wirklich das A und O sein.

Von Interesse ist auch die Beziehung zwischen dieser Frage und den beiden vorangegangenen Fragen. Gemeinsam zielen die Fragen 4, 5 und 6 darauf ab, wie Sie innerhalb Ihrer Beziehungsdynamik mit Konflikten umgehen. Bei Frage 4 *(Gibt es etwas, das mich zu fragen du zögerst, und warum ist das so?)* geht es darum, dass wir etwas zurückhalten, das heißt um den Keim eines Konflikts, der, wenn wir ihm keine Beachtung schenken, sich zu dem auswachsen kann, was die Frage 5 *(Was ist im Moment die größte Herausforderung in unserer Beziehung, und was können wir deiner Ansicht nach daraus lernen?)* näher erforscht: unsere größte gemeinsame Herausforderung. Und bei Frage 6 schließlich *(Welches Opfer hast du gebracht, ohne dass ich es anerkenne, und warum ist* *das deiner Meinung nach so?)* geht es um ein einseitig erbrachtes Opfer, dem die Wertschätzung versagt bleibt, bei dem also eine*r der Partner*innen sich einer Herausforderung in der Beziehung allein und ohne entsprechende Anerkennung stellt: Anstatt dass beide versuchen, eine Herausforderung als Team zu bewältigen, hat eine*r von ihnen einen Weg gefunden, das Problem im Alleingang zu lösen und es für sich zu behalten, was zu Unmut und Groll führen kann. Der innere Zusammenhang zwischen diesen Fragen besteht also darin, dass sie sich 1. mit dem Keim eines möglichen Konflikts befassen, 2. mit dem Konflikt selbst, so wie er sich aktuell darstellt, und 3. mit einem Konflikt, der noch nicht wirklich gelöst wurde und weiterhin im Verborgenen schwelt.

Hinweise zum Umgang mit dieser Frage

Lassen Sie sich Zeit mit dieser Frage. Sie ist mehrschichtig und jede einzelne Schicht könnte zum Auslöser für ein kathartisches und heilendes Gespräch zwischen Ihnen und Ihrem Partner oder Ihrer Partnerin werden. Gehen Sie es ruhig und bedächtig an. Haben Sie nicht das Gefühl, möglichst schnell zur nächsten Frage übergehen zu müssen. Lassen Sie alles raus, was raus muss. Und lassen Sie dann Ihrem Gegenüber Zeit, darauf zu antworten. Das kann ein wertvoller Augenblick sein, in dem Sie beide durch die spannungsgeladenen Interaktionen zwischen Ihnen mehr darüber erfahren, wie jede*r von Ihnen denkt. Lassen Sie die Magie dieser Frage ihre Wirkung tun, indem Sie einen Konfliktpunkt abwechselnd aus Ihren unterschiedlichen Perspektiven beleuchten. Wenn Sie sich bei diesem Prozess genug Zeit lassen, werden Sie vielleicht überrascht sein, wie sehr er zu einem tieferen Verständnis Ihrer Partnerschaft beitragen kann.

FRAGE 7:

WELCHEN SCHMERZ IN MIR WÜRDEST DU GERNE HEILEN KÖNNEN UND AUS WELCHEM GRUND?

Diese Frage zählt zu den tiefsinnigsten und anspruchsvollsten Fragen, die wir einander stellen können. Wir alle machen die Erfahrung des Menschseins, die zu einem großen Teil aus dem Wechselspiel von Verbundenheit und Trennung, von Zugehörigkeit und Einsamkeit, von Glück und Traurigkeit besteht. Leid und Freude sind die beiden Pole, zwischen denen die Erfahrungen, die wir damit machen, uns in einer Partnerschaft zu befinden und uns in sie einzubringen, ausgespannt sind.

Leid zu erfahren ist ein Teil des Lebens, und häufig wenden wir uns mit dem Wunsch, Heilung für unseren Schmerz zu finden, an andere Menschen, insbesondere an unsere Lebenspartner*innen. Meistens sind sie jedoch nicht in der Lage, uns zu heilen, und ihre gut gemeinten, aber vergeblichen Versuche können dann zu noch mehr Leid führen – Leid, das von beiden Seiten empfunden wird. Während wir in Wirklichkeit nur uns selbst heilen können, kann dieser Heilungsprozess doch durch die Menschen in unserem Umfeld Unterstützung finden, indem sie uns einen Raum bieten, in dem Heilung stattfinden kann. Und oft ist es einfach der aufrichtige Wunsch unseres Partners oder unserer Partnerin, uns zur Heilung zu verhelfen, der diesen Raum schafft und trägt.

In {THE AND} stoßen wir mit dieser Fragestellung häufig in Grenzbereiche vor, denn es geht dabei um die wohl empfindlichste Zone unseres Innenlebens. Aber auch, wenn es schwierig sein kann, in diese Bereiche vorzudringen, ist es oft gerade das, was zur Festigung der Beziehung beiträgt. Auf der einen Seite ist es – meistens jedenfalls – unser Wunsch, von unserem Partner oder unserer Partnerin geheilt zu werden. Auf der anderen Seite ist es – meistens jedenfalls – der Wunsch unserer Partnerin oder unseres Partners, uns zu heilen, ohne dies jedoch zu vermögen. Und einerseits legt diese Frage die schwache Seite beider Partner*innen offen: hier den vergeblichen Wunsch zu heilen, dort den ebenso vergeblichen Wunsch, geheilt zu werden. Und andererseits zeigt sie aber auch die Möglichkeit der gegenseitigen Unterstützung und Förderung auf – etwas, das beide Partner*innen untrennbar miteinander verbindet und das Fundament der Beziehung sein kann, ohne dass sie sich dessen bewusst sind.

Wir kennen den Schmerz unseres Partners oder unserer Partnerin genau

Bei den Aufnahmen zu {THE AND} ist bei dieser Frage regelmäßig der folgende Ablauf zu beobachten: Ein*e Teilnehmer*in nimmt die Karte in die Hand und liest sie zunächst im Stillen für sich. Dabei können die Gefühle schon aufwallen, bevor er oder sie die Frage überhaupt laut vorgelesen hat. Für die Betreffenden ist der Schmerz hier bereits präsent, und sie spüren nicht nur sein Gewicht, sondern auch die Schönheit im Wunsch ihres Partners oder ihrer Partnerin, ihn zu heilen, sowie das Tragische daran, dass sie dazu nicht in der Lage sind. Und im Allgemeinen wissen sie genau, was ihr*e Partner*in antworten wird. Und sobald die Frage dann gestellt wird, identifiziert sich der oder die Befragte augenblicklich mit dem Schmerz des Partners oder der Partnerin und spürt ihn in sich. Auch wenn es nicht ihr Schmerz ist, erleben sie ihn dennoch. Sie haben ihn zu ihrem eigenen gemacht.

Als diese Frage im Gespräch zwischen Maddi und Martin auftaucht, denen wir bereits im Zusammenhang mit der Frage 3 begegnet sind, schießen Maddi schon die Tränen in die Augen, noch bevor sie die Frage laut vorliest. Sie spürt bereits ihren eigenen Schmerz und zugleich den Schmerz, den Martin empfindet, weil er nicht in der Lage ist, ihren eigenen zu heilen. Und als sie die Frage dann mit tränenerstickter Stimme stellt, muss er nicht einmal darauf antworten. Ist er seinerseits so berührt, weil er ihren Schmerz spürt, seine eigene Frustration, oder aber, weil er spürt, wie sie Anteil an ihm und seinem Dilemma nimmt, nämlich dem unerfüllbaren Wunsch, ihren Schmerz zu heilen? Ein ganzes Universum der Verbundenheit, der Liebe und des gegenseitigen Verständnisses tut sich hier auf, während sie sich einfach nur gegenübersitzen und einander durch ihren Tränenschleier hindurch anschauen. Die Sterne in diesem Universum, so schön und strahlend sie auch sein mögen, sind aus Schmerz geboren.

Das ist etwas, das jede länger andauernde Partnerschaft ausmacht, in der es ein großes Maß von Nähe gibt: Man kennt einander und auch den Schmerz der Partnerin oder des Partners. Man spürt ihn im Bauch, auch wenn er nicht der eigene ist. Was sagt das über uns Menschen aus? Was über unser Mitgefühl? Und wie verändert sich unser Gefühl für den Schmerz unserer Partner*innen im Laufe der Zeit? Gibt es einen beiderseitigen Gewöhnungsprozess, in dessen Verlauf der Schmerz abnimmt? Und was können wir tatsächlich tun, um einander zu heilen?

Dieser Austausch bildet den emotionalen Höhepunkt des Gesprächs, das Sie und Ihr*e Partner*in bis hierher miteinander geführt haben. Die Fragen 1 bis 3 haben dafür die nötige Vertrauensbasis zwischen Ihnen geschaffen, indem Sie sich anhand ihrer der Liebe und Wertschätzung, die Sie füreinander hegen, vergewissern konnten. Die Fragen 4 bis 6 haben den Grundstein für die Aufgeschlossenheit gelegt, die erforderlich ist, um sich dieser Frage offenen Herzens zu stellen. Atmen Sie tief durch und lassen Sie sich auf sie ein: Sie sind nun bereit dafür.

Lynnea & Eliza: In der Partnerschaft den Weg zur Heilung weisen

Schon bei der ersten Frage, die Lynnea und Eliza einander während ihres Gesprächs für {THE AND} stellten, schlugen die Emotionen hoch. Sie sind seit neun Jahren ein Paar, und aufgrund der Art und Weise, wie sie miteinander umgingen, schien es mir, als hätten sie schon viel zusammen durchgemacht. Doch als Eliza – mit verkehrt herum aufgesetzter schwarz-roter Baseballkappe, schwarzem T-Shirt, roten Shorts und dazu passenden roten Basketballschuhen – Lynnea fragt, welchen Schmerz sie gerne in Eliza würde heilen können, öffnet sich eine Tür zu einer noch tieferen Ebene emotionaler Wahrheit in ihrem Gespräch.

Kaum hat Eliza die Frage vorgelesen, ist Lynnea, deren regenbogenfarbenes Haar und Batikkleid in auffälligem Kontrast zum sportiven Outfit ihrer Partnerin steht, zu einer Antwort bereit. Zweifellos kennt sie den größten Schmerz in Eliza und beantwortet die Frage, ohne einen Moment zu zögern.

»Der Verlust deiner Mutter.« Als Ausdruck des Bedauerns wiegt sie den Kopf hin und her, und es scheint, als spürte sie das Gewicht dieses Verlustes auch auf den eigenen Schultern lasten. »Diesen Schmerz würde ich wirklich gerne in dir heilen«, fährt Lynnea fort, »aber ich weiß, dass ich es niemals kann.«

Während des gesamten bisherigen Gesprächs hatte Eliza tapfer ihren Gefühlen freien Lauf gelassen. Sie hat frei heraus gelacht und geweint, wann immer ihr danach zumute war. Aber angesichts eines so schmerzhaften Themas schiebt sie sich ihre Sonnenbrille über die Augen. Ihr angespanntes Gesicht zeigt, welche Mühe es sie kostet, ihren Schmerz zu beherrschen. Es scheint, als sei er einfach zu groß, als dass sie ihn ganz zulassen könnte.

»Aber ich möchte, dass du ihn selbst heilst«, fährt Lynnea fort und befeuchtet ihre Lippen, während sie zu Eliza hinüberschaut. »Denn niemand sonst kann deinen Schmerz heilen.« Dem Ausdruck auf Lynneas Gesicht ist zu entnehmen, wie sehr sie sich dessen bewusst ist, dass es nicht das ist, was beide hören wollen, aber dennoch der Wahrheit entspricht. Vielleicht fühlt Eliza sich mit der Vorstellung, sich selbst zu heilen, überfordert. Wie soll das gehen? Wo sollte sie überhaupt beginnen? Am Schluss ihrer Antwort beteuert Lynnea, dass sie gerne in der Lage wäre, Elizas Schmerz auf sich zu nehmen, um auf ihre Weise damit umzugehen. Aber sie weiß, dass sie es nicht kann. Diesen Schmerz zu heilen ist die Herausforderung, der sich Eliza stellen muss und die nur sie bewältigen kann.

Was tut Lynnea also? Sie versucht, Eliza Ansätze zu vermitteln, mit dem Schmerz fertigzuwerden, von denen sie glaubt, dass sie für sie auf dem Weg der Heilung hilfreich sein könnten.

»Ich möchte nur, dass du verstehst, was passiert ist, solange [deine Mutter] noch am Leben war«, sagt Lynnea und beginnt mit einer nüchternen Analyse. »Weißt du, sie war krank, Babe. Es ist ja nicht so, dass sie ermordet wurde oder so etwas. Sie ist an einer Krankheit gestorben, gegen die sie jahrelang angekämpft hat.«

Dann macht Lynnea Eliza klar, was es sie kostet, an ihrem Schmerz festzuhalten. »Du hast deine College-Karriere aufgeschoben, sie komplett auf Eis gelegt und letztlich an den Nagel gehängt … um dich um deine Mutter zu kümmern.« Lynnea bleiben die Worte im Hals stecken, als sie das sagt und Eliza die gewaltigen Opfer nachempfindet, die sie gebracht hat. Und erst jetzt, als Lynneas eigene Gefühle hochkommen, lässt Eliza los und beginnt zu weinen. Weint sie, weil sie ihren Schmerz in Lynnea widergespiegelt sieht? Ist Eliza einfach nur berührt von der Kraft ihrer Verbindung und dem Zusammenhalt zwischen ihnen? Oder wird ihr klar, wie ihr Schmerz nicht nur sie allein, sondern auch ihre Beziehung zu Lynnea belastet, wie er den Raum zwischen ihnen in Beschlag nimmt: jener Schmerz, der nun all diese widersprüchlichen Gefühle auf einmal in ihr hochbringt, in einer erlösenden Welle der Katharsis?

»Ich glaube nicht, dass irgendjemand nach dem Verlust eines Elternteils einfach so weitermacht, erst recht nicht, wenn es sich um die Mutter handelt«, fährt Lynnea fort, »aber wenn ich könnte, würde ich deinen Schmerz auf mich nehmen … Du weißt ja, wie ich mit Schmerz umgehe. Ich lasse nicht zu, dass er mich umbringt. Und das sollst du auch nicht. Du musst deine Lektionen lernen, egal, wie angenehm oder unangenehm sie sind, egal, ob es ein Verlust oder ein Gewinn ist, du musst es einfach annehmen und lernen, damit zu leben, denn diese Dinge gehören zu dir, und sie werden niemals weggehen. Ich möchte einfach nur, dass du lernst, mit dieser Wunde zu leben, ohne dass du daran kaputtgehst.«

Auch wenn sie einsehen muss, dass sie Elizas Schmerz nicht zum Verschwinden bringen kann, hat Lynnea die Gelegenheit genutzt, um ihrer Partnerin auf mitfühlende Weise Ratschläge zu geben, von denen sie hofft, dass sie ihr helfen, sich selbst zu heilen. Was können wir mehr für einen geliebten Menschen tun als das: uns zu einem sensiblen Resonanzkörper für seinen Heilungsprozess machen und die Beziehung selbst zu einem Raum der Anteilnahme werden lassen, in dem er seinen eigenen Weg zum Frieden finden kann, und unser Bestes tun, um diesen Raum für ihn aufrechtzuerhalten, während er seinen Weg der Heilung geht?

Einen Kreislauf des Leidens vermeiden

Wie Lynnea betont, ist der Versuch, den Schmerz unserer Partnerin oder unseres Partners zu heilen, in der Regel ein aussichtsloses Unterfangen. Und selbst wenn uns das schier Unmögliche gelänge, einen anderen Menschen von seinem Schmerz zu befreien, wäre das tatsächlich für alle das Beste? Oder würden wir damit unsere*n Partner*in nicht vielmehr einer der elementarsten Chancen zu persönlicher Weiterentwicklung und Selbstfindung berauben, die das Leben zu bieten hat?

Überdies hat der wenig erfolgversprechende Versuch, den Schmerz unserer Partner*innen zu heilen, in der Regel einen hohen Preis. Er wird zu einer Quelle von noch mehr Leid, nicht nur für uns selbst, indem wir uns unserer Ohnmacht bewusst werden, sondern auch für unsere Partner*innen. Wie würde es uns damit ergehen, wenn wir sehen, wie unser Schmerz nicht nur uns selbst quält, sondern auch unsere Partner*innen, die sich abmühen, mit etwas fertig zu werden, das zu bewältigen nicht in ihrer Macht steht? Andrew und Jerrold kommen in ihrem Gespräch für {THE AND} auf dieses Thema zu sprechen. Andrew erzählt, dass er sich in der Vergangenheit nur noch schlechter gefühlt hat, wenn er mit ansehen musste, wie Jerrold aufrichtig bemüht war, ihm durch seine schwersten Zeiten zu helfen.

»Mit das Schwierigste ist«, so Andrew, »dir sagen zu müssen, dass du nichts tun kannst, um zu helfen, und dann zu sehen, wie ohnmächtig du dich dabei fühlst und wie traurig du dabei ausschaust. Es ist einfach schrecklich, denn wenn es in meiner Macht stünde, dich glücklicher zu machen, würde ich es tun. Aber manchmal ist es im Leben einfach so, dass einem niemand helfen kann und man allein mit etwas fertig werden muss.« Glücklicherweise waren sie in der Lage, diesen Kreislauf des Leidens für sich zu durchbrechen, als Jerrold erkannte, dass er »sich gänzlich aus

»Wir können den Schmerz eines anderen Menschen nicht aufheben, aber wir können ihn mit Liebe füllen.«

DaiAwen

»Who's Judged More in Our Interracial Relationship?«
Hier scannen, um das Gespräch anzusehen.

der Sache herausziehen« und Andrew seinen eigenen Weg zur Heilung finden lassen musste.

Das bedeutet aber nicht, dass unsere Partner*innen uns in unserem Bemühen, unseren Schmerz zu überwinden, überhaupt nicht helfen könnten. Vielmehr können sie, während wir lernen, uns selbst zu heilen, unsere wichtigste Stütze sein. Vielleicht nehmen sie den Schmerz wahr, den wir nicht wahrnehmen wollen, aber gleichwohl in uns spüren. Vielleicht sehen sie etwas, das wir nicht sehen oder uns anschauen können, weil es zu schmerzhaft ist. Ob wir nun aber hinsehen oder nicht, wir spüren den Schmerz, so viel ist sicher. Nur ist er so stark, dass wir uns außerstande fühlen, ihm ins Auge zu sehen, denn dann müssten wir uns mit ihm auseinandersetzen.

Dazu gibt es eine Analogie auf körperlicher Ebene. Was passiert, wenn wir uns schwer verletzen? Unser Körper pumpt uns mit Adrenalin und Endorphinen voll, damit wir keinen Schmerz empfinden. Wir befinden uns in einem Schockzustand. Wir können sehen, wie uns der Knochen aus der Haut ragt, aber wir spüren nicht unbedingt etwas. Das ist die Art und Weise, wie unser Körper uns hilft, mit der Situation umzugehen, bis wir Hilfe erhalten. Unsere Psyche kann auf ähnliche Weise mit emotionalem Schmerz umgehen, nur dass sie dabei auf umgekehrte Weise verfährt: Wir fühlen den Schmerz, aber wir nehmen ihn nicht bewusst wahr, weil unser Verstand ihn ausblendet. Trotzdem ist er da und wirkt im Unterbewusstsein. Dieser ausgeblendete Schmerz manifestiert sich dann in den Lebensentscheidungen, die wir treffen, und auch in denen, die wir *nicht treffen*, in den Anlässen, die für uns zu emotionalen Auslösern werden, in unserer Partnerwahl und in der Art, wie wir unsere Beziehungen führen. Er manifestiert sich, aber wir nehmen ihn nicht unmittelbar wahr. Wir sehen lediglich seine Auswirkungen.

***

Auch unsere Partner*innen sehen die Auswirkungen unseres verdrängten Schmerzes, wie es Lynnea in Bezug auf Eliza tat, als sie auf die Entscheidungen zu sprechen kam, die Eliza während ihres Studiums getroffen hatte. Oft können sie die Art und Weise, wie unser Schmerz sich manifestiert, bis zu seinem Ursprung zurückverfolgen und das klar benennen, was zu sehen unser Verstand uns verwehrt. Vielleicht sind sie wie niemand sonst in der Lage, uns dabei zu helfen, die Scheuklappen abzulegen, die uns daran hindern zu erkennen, was der ursprüngliche Stein des Anstoßes ist, das Epizentrum des Seelenbebens, von dem aus die Wellen des Schmerzes durch unser Leben laufen. Wenn Sie also zu dieser Fragestellung in Ihrem Gespräch gelangen, werden Sie dabei vielleicht auch von Ihrem Partner oder Ihrer Partnerin zu hören bekommen, welchen Schmerz er oder sie in Ihnen wahrnimmt, den sich anzuschauen Sie sich weigern, weil Sie ihn verdrängt haben. So beängstigend das auch sein mag, denken Sie daran, dass der Schmerz da ist, ob Sie hinsehen oder nicht. Und wenn Sie hinsehen, sind Sie der Heilung um einen Schritt näher. Wenn Ihr*e Partner*in Sie auf solch einen unbearbeiteten Schmerz anspricht, kann Sie das in Bedrängnis bringen, weil Sie dadurch genötigt sind, dort hinzusehen, wo Sie bisher weggeschaut haben. An dieser Stelle haben wir häufig das Gefühl, dass unsere Partner*innen das eigentliche Problem sind, dass die Versuche, die sie unternehmen, um uns in unseren Schmerz hinein- und damit durch ihn hindurchzuführen, etwas ist, mit dem sie uns wehtun wollen, anstatt uns damit einen Dienst zu erweisen. Versuchen Sie aber nach Kräften, dieses Angebot, sich über etwas bewusst zu werden, als Geschenk zu betrachten, als ein Geschenk, das Ihnen gemacht wird, um Ihnen auf Ihrem Weg der Heilung weiterzuhelfen.

Hinweise zum Umgang mit dieser Frage

Lassen Sie sich Zeit. Atmen Sie ein paarmal tief durch. Wenn uns etwas quält, verfallen wir normalerweise in Hektik, um es so schnell wie möglich hinter uns zu bringen. Unsere instinktive Reaktion ist Kampf oder Flucht. Aber die Kunst besteht darin, auszuharren. Seien Sie sich bewusst, dass Ihr Geist sein Bestes tut, um Sie zu schützen. Sagen Sie sich, dass es für Sie hier etwas Wichtiges zu lernen gibt, und üben Sie sich darin, den Schmerz auszuhalten. Wie alles andere wird auch er vorübergehen. »Auch das wird vergehen« ist ein altes persisches Sprichwort, in dem tiefe Wahrheit steckt. Ein Grundprinzip des Lebens ist, dass sich alles in ständigem Wandel befindet. Nichts bleibt jemals, wie es ist.

Überstürzen Sie bei dieser Frage aber nichts. Mit einem behutsamen Vorgehen schaffen Sie den nötigen Raum für Heilung. Wenn sich Schmerz oder Angst einstellt, versagen Sie sich nicht selbst die Chance, daran zu wachsen. Danken Sie dem Leben für diese Gelegenheit, zu heilen und sich weiterzuentwickeln.

***

Im Umgang mit dieser Frage hat mich bei den Beteiligten immer wieder ein bestimmter Prozess beeindruckt, dem zu folgen ich auch Ihnen empfehle:

1. Atmen Sie zunächst ein paarmal tief durch, um innerlich zur Ruhe zu kommen.

2. Danken Sie Ihrem Partner oder Ihrer Partnerin für seine oder ihre Offenheit. Indem Sie sich dankbar für die Mitteilung einer Beobachtung zeigen, von der er oder sie weiß, dass sie für Sie sehr schmerzhaft sein kann, bekunden Sie Ihre Wertschätzung für das Vertrauen, das Ihr*e Partner*in in die Kraft Ihrer Verbindung setzt.

3. Lassen Sie das Gesagte auf sich wirken. Beobachten Sie, was in Ihnen vor sich geht, ohne sofort zu reagieren. Nehmen Sie einfach die Gefühle und Gedanken wahr, die in Ihnen auftauchen. Sie brauchen jetzt keine Antwort zu geben oder eine Lösung zu finden. Sie müssen weder etwas erklären noch etwas verteidigen. Überlassen Sie sich einfach dem Geschehen. Beobachten Sie, was es in Ihrer Psyche bewirkt. Schaffen Sie eine gewisse Distanz zwischen sich und Ihren Gefühlen. Auf diese Weise gelingt es Ihnen eher, aus ihnen zu lernen.

4. Geben Sie, wenn Sie möchten, in Ihren eigenen Worten wieder, was Ihr*e Partner*in zu Ihnen gesagt hat. Auch das kann eine sehr wertvolle Erfahrung sein, denn Sie sprechen dabei über sich selbst, aber aus der anderen Perspektive, und das vermittelt Ihnen gewissermaßen eine außerkörperliche Erfahrung. Noch wichtiger ist dabei jedoch, sich selbst und den Schmerz als zwei unterschiedliche Dinge zu betrachten. Sie sind nicht der Schmerz, Sie sind nur die Person, die den Schmerz erfährt. Häufig nehmen wir diese wichtige Unterscheidung nicht vor. Wir identifizieren uns so sehr mit dem Schmerz, dass wir glauben, der Schmerz sei wir. Das ist er aber nicht. Er ist nur etwas, das wir mit uns herumtragen.

***

Eine Frage, die eine nähere Betrachtung wert ist, lautet: *Was bringt mir der Schmerz?* Manchmal tragen wir den Schmerz in uns, weil er uns zu etwas anderem verhilft – zu einem Grund, etwas nicht zu tun, oder einer Rechtfertigung dafür, einer Sache nicht nachzugehen, die wir uns wirklich wünschen.

Nehmen Sie sich die Zeit, um darüber nachzudenken, was Ihnen in den Stunden oder auch Tagen im Anschluss an das Gespräch dazu einfällt. Vielleicht kommt dabei etwas Wichtiges zum

Vorschein, vielleicht braucht es auch noch mehr Zeit, noch mehr Gespräche, noch mehr Überlegung. Das Entscheidende ist, dass die Saat der Weiterentwicklung in Ihnen aufgegangen ist und Sie den Schmerz benannt, ihn aus seinem Schattendasein herausgeholt und ans Licht gebracht haben. Jetzt können Sie sehen, was daraus werden kann.

FRAGE 8:

VON WELCHER GEMEINSAMEN ERFAHRUNG WÜNSCHST DU DIR, DASS WIR SIE NIE GEMACHT HÄTTEN, UND WARUM?

Eine tiefe seelische Verletzung kann auch auf den Partner oder die Partnerin eine erhebliche emotionale Auswirkung haben. Auch wenn ihre Ursache in einer Erfahrung liegt, die nur eine*n der Partner*innen unmittelbar betrifft, kann sie in den Raum zwischen beiden eindringen und zu einer Art gemeinsamem Kreuz werden, das von beiden Partner*innen getragen wird. Aber wie steht es mit den schmerzlichen Erfahrungen, die beide von Anfang an zusammen durchmachen? Was ist mit den Rückschlägen, die Sie als Paar erfahren haben?

Nachdem Sie sich anhand der Frage 7 mit den Wunden auseinandergesetzt haben, die jede*r der Partner*innen für sich in sich trägt *(Welchen Schmerz würdest du gerne in mir heilen können und aus welchem Grund?)*, fordert die Frage 8 Sie nun auf, eine Wunde zu betrachten, die auf einer gemeinsam erfahrenen Verletzung beruht. Wenn Sie sich diese unangenehme Erfahrung noch einmal vor Augen führen, kann das nicht nur das Gefühl des Zusammenhalts zwischen Ihnen verstärken und Ihnen einen Seufzer der Erleichterung entlocken, wenn Sie sich noch einmal vergegenwärtigen, wie Sie diese Erfahrung hinter sich gebracht haben; es kann Ihnen vor allem erlauben, ein Ereignis, das Sie beide als schmerzlich in Erinnerung haben, aus einem anderen Blickwinkel zu betrachten, sodass es Ihnen nun vielleicht in einem völlig neuen Licht erscheint.

Die gemeinsame Wunde begutachten

Der Hauptunterschied zwischen dem Thema der vorangegangenen Frage und dem, was Sie hier nun miteinander besprechen werden, besteht darin, dass Erfahrungen, die zu einer gemeinsamen Verletzung führen, sich immer auch auf Ihre Verbindung zueinander auswirken; es ist ein Schmerz, der Bestandteil Ihrer Partnerschaft ist. Das soll nicht heißen, dass eine*r von Ihnen die alleinige Schuld daran trägt oder für das auslösende Ereignis verantwortlich ist. Vielmehr wäre es ohne Ihre Partnerschaft eben gar nicht zu der gemeinsamen Erfahrung in dieser Form gekommen. Es ist einfach ein weiteres Beispiel für die Einzigartigkeit, mit der Ihre Verbindung in dieser Welt zum Ausdruck gelangt. Ob nun aber Schönes oder Schmerzliches daraus entsteht: In Ihrer Partnerschaft steckt eine schöpferische Kraft, wie in einem mächtigen Gestirn, um das eine ganze Galaxie von Weh und Wonne kreist mit allem, was dazwischenliegt. Können Sie, wenn Sie und Ihr*e Partner*in einander diese Frage beantworten, das Segensreiche darin erkennen?

Zu beachten ist dabei auch, dass die beiden Fragen nach der individuellen und der gemeinsamen Wunde nicht ohne Grund aufeinander folgen. Auch wenn ein wesentlicher Unterschied darin liegt, ob wir eine schmerzliche Erfahrung individuell oder als Paar machen, kann so doch etwas Gemeinsames in der Art des Umgangs damit sichtbar werden. Eines der Lebensmuster, die am schwierigsten zu durchbrechen sind, ist die Form, in der wir mit Schmerz umgehen. Wie wir die Dinge, die uns verletzen, interpretieren und ob wir uns dafür entscheiden, uns mit ihnen auseinanderzusetzen oder sie zu verdrängen, kann zu einem Teil unserer Identität werden. Vielleicht ist die eine oder die andere Art, durchs Leben zu gehen, etwas, das wir uns in der Kindheit oder Jugend unbewusst angewöhnt haben und das uns jetzt nicht mehr dienlich ist. Wenn Sie nun zusammen mit Ihrem Partner oder Ihrer Partnerin eine gemeinsame Verletzung betrachten und Ihre jeweiligen Reaktionen darauf vergleichen, können Sie dann vielleicht ein Muster in der Art und Weise entdecken, wie Sie überhaupt auf schmerzliche Erfahrungen reagieren?

Es ist sinnvoll, bei der Beantwortung dieser Frage darauf zu achten, wo Ihre subjektive Wahrnehmung einer unerfreulichen Begebenheit jeweils übereinstimmt und wo sie von der anderen abweicht. Bei den Paargesprächen für {THE AND} kommen prinzipiell zwei Varianten vor: Entweder hat ein Paar genau dieselbe Erfahrung im Sinn, wobei beide sich darüber einig sind, was diese Erfahrung im Hinblick auf ihre Beziehung bedeutet, oder aber ihre Antworten unterscheiden sich in interessanter und aufschlussreicher Weise. Vielleicht wählen sie in ihrer Antwort ganz verschiedene Anlässe, oder aber sie wählen dieselbe Situation, interpretieren diese aber unterschiedlich. Es kommt auch vor, dass eine*r der Partner*innen eine negative Erfahrung als etwas betrachtet, das ihnen besser erspart geblieben wäre, während der andere Part darin einen unverzichtbaren Teil ihrer gemeinsamen Entwicklung sieht.

Als alte Hasen, die schon viele Gespräche für {THE AND} geführt haben und diese Art von intimem Gespräch vermutlich auch in ihrem Alltag pflegen, hatten Ben und Sidra bereits eine klare Haltung zu einer Negativerfahrung entwickelt, als diese Frage für sie aufkam. Dabei zeigt sich, wie selbst die unangenehmsten Erfahrungen zu wichtigen Stationen auf dem Weg zu einer glücklichen und gesunden Beziehung werden können. Als Ben diese Frage an Sidra richtet, sieht sie diese schmerzlichen Begebenheiten in ihrer Vergangenheit bereits in diesem Licht. Noch bevor sie antwortet, meine ich ihr ansehen zu können, wie sie sich in diese für sie schwierigen Situationen zurückversetzt. Allein schon ihrem Gesichtsausdruck ist für mich zu entnehmen, dass sie in diesem Moment noch einmal ganz in die Gefühle hineingeht, die sie damals beherrscht haben. Aber obwohl diese Emotionen für sie so präsent sind, spricht sie aus ihrer gegenwärtigen Perspektive heraus – mit einer umfassenderen Sichtweise, in der ihre Beziehung zu Ben in all ihren Aspekten Berücksichtigung findet.

»Ich kann wirklich nicht sagen, dass ich mir wünschte, das wäre nie so verlaufen, denn es ist mit ein Teil dessen, was uns heute ausmacht«, sagt sie. »Hätten wir diese Lektionen auf leichtere Weise lernen können? Ich weiß es nicht. Manche Dinge lernt man erst durch einen kräftigen Tritt in den Hintern. Es wäre natürlich leicht zu sagen, dass ich wünschte, wir wären nie nach Pittsburgh gezogen.« Ben nickt, während er sich diese schlimme Erfahrung in Erinnerung ruft. »Ich war noch nie so deprimiert«, fährt Sidra fort. »Ich war noch nie so traurig. Ich war noch nie so einsam … Ich war nicht mehr ich selbst … Aber ich kann nicht sagen, dass ich mir wünsche, es wäre nicht so passiert. Dadurch, dass unsere Beziehung zerbrochen ist, hatten wir die Chance, eine neue, stärkere Partnerschaft aufzubauen. Vielleicht klingt es merkwürdig, wenn ich sage, dass ich für all das dankbar bin, aber ich bin es. Ich bin dankbar dafür, wohin es uns gebracht hat.«

Marcela & Rock: Ein grundlegender Perspektivwechsel

Mit das Schönste bei {THE AND} ist für mich, live mitzuerleben, wie die Teilnehmer einen inneren Perspektivwechsel vollziehen. Was geschieht, als Marcela ihrem Mann Rock, mit dem sie seit sieben Jahren verheiratet ist, diese Frage stellt, ist ein Paradebeispiel dafür, wie eine intime Aussprache unmittelbar zu einer heilsamen Änderung des Blickwinkels führen kann.

»Ich kann die Frage mit einem Wort beantworten«, sagt Rock und hebt die Augenbrauen: »Gefängnis.« – »Das sehe ich genauso«, antwortet Marcela mit einem Kopfnicken: »Gefängnis.«

In diesem Fall können sich beide Beteiligte sofort und zweifels-

»Ich möchte,
dass du niemals
vergisst,
wie viel Licht
du auch in deinen
dunkelsten Zeiten
in dir selbst finden
kannst.«

Raheem

»How Opening Our Relationship
Broke Us Up«

Hier scannen, um das Gespräch anzusehen.

frei darauf einigen, welche die schlimmste Erfahrung ist, die sie als Paar gemacht haben. Doch im weiteren Verlauf des Gesprächs wird deutlich, dass sie sehr unterschiedliche Auffassungen davon haben, wie diese Erfahrung zu interpretieren ist und welche Bedeutung sie für ihre Partnerschaft besitzt.

»Wenn ich etwas in unserer Beziehung ändern könnte«, sagt Rock, der seine langen Dreadlocks sorgfältig hinter dem Kopf zusammengebunden trägt, »dann wäre es ein Teil unserer gemeinsamen Geschichte.« Er blickt zu Boden und seine Sprechweise verlangsamt sich. Er scheint in diesem Moment noch einmal all die schwierigen Situationen im Zusammenhang mit seiner Inhaftierung zu durchleben. Seine Worte klingen gedehnt, fast so, als würde er in Zeitlupe sprechen. »Vieles von dem, was wir durchgemacht haben, war sehr schwer zu bewältigen.«

Kaum hat er zu Ende gesprochen, wirft Marcela etwas ein. »Ja«, sagt sie, »aber wenn wir das nicht erlebt hätten, wären wir nicht da, wo wir heute sind, wären nicht so lange verheiratet und hätten nicht die Beziehung, die wir haben.« Nun spricht auch sie betont langsam, um jedem ihrer Worte Gewicht zu verleihen. Auf mich wirkt es so, als wolle sie Rock damit unbedingt etwas deutlich machen, ihm etwas von dem Schmerz nehmen, den er seit Jahren mit sich herumträgt. »Wir mussten all das durchmachen. Wir mussten an diesem Punkt sein, an dem wir damals waren. Wir mussten all das zusammen durchstehen.« Und selbst, als sie sich diese schweren Zeiten noch einmal in Erinnerung ruft, erscheint das Leuchten in ihren Augen, das strahlende, fröhliche Lächeln auf ihrem Gesicht, das sie bei aller Ernsthaftigkeit ihrer Aussagen im Laufe des Gesprächs immer wieder zeigt.

Während sie spricht, macht Rock einen betroffenen Eindruck. Für mich sieht es so aus, als wäre er geradezu bestürzt darüber, dass seine Partnerin die vielen schwierigen Momente, die für ihn mit dem großen Wort, das er zuvor fallen ließ – Gefängnis – assoziiert sind, als etwas Positives betrachten kann. Man glaubt dabei zusehen zu können, wie ihm die Erinnerungen an diese Zeit durch den Kopf gehen und die damit verbundenen Gefühle in ihm hochkommen.

»Denk nur an all das, was wir gemeinsam erreicht haben«, fährt Marcela fort. »Es war uns nicht bestimmt, dass wir einmal gemeinsam Kinder haben würden. Heute haben wir einen Sohn zusammen. Nichts von dem, was wir heute haben, war uns bestimmt.« Für mich ist es klar, was sie damit sagen will: dass sie aus ihrer Sicht weder getrennt noch gemeinsam diese Entwicklung gemacht hätten, wären sie nicht vor diese Herausforderungen gestellt worden. Gerade durch diese Hindernisse haben sie zusammen sehr viel mehr gewonnen, als Marcela oder Rock sich je erwartet hätten.

Rock beißt sich auf die Lippen und lehnt sich in seinem Stuhl zurück. Er macht den Eindruck, als könne er es nicht fassen. Aber dann richtet er den Blick zur Decke und atmet tief durch, während er diese grundlegend andere Interpretation ihrer Beziehungsvergangenheit auf sich wirken lässt. Und er entspannt sich. Wie es scheint, kann er es so annehmen, kann er ihre gemeinsame Geschichte zum ersten Mal aus der umfassenderen Perspektive betrachten, die Marcela ihm gerade eröffnet hat. Wieder hebt er die Augenbrauen, offensichtlich beeindruckt.

»Das war jetzt eine ziemlich tiefgründige Antwort«, sagt er.

Der »Rack-Focus-Moment«

Für mich sieht es so aus, als habe Rock etwas erlebt, das ich gerne als »Rack-Focus-Moment« bezeichne – ein Augenblick der Erkenntnis, in dem die Vergangenheit plötzlich im klaren Zusammenhang mit dem ganzen Leben erscheint. Während unserer Filmaufnahmen verwenden wir ständig diesen Ausdruck. Bei der Kameraführung am Set bedeutet »Rack Focus«, eine Einstellung scharf zu stellen. In ähnlicher Weise kann für uns etwas ruckartig Kontur annehmen, wenn wir uns bestimmte Szenen aus unserer Vergangenheit noch einmal vor Augen führen, vor allem wenn wir uns mit unserem Partner oder unserer Partnerin darüber austauschen. Trotz der Sonnenbrille, die er trägt, kann man Rock ansehen, dass er einen solchen Moment erlebt, als Marcela so deutlich zum Ausdruck bringt, wie dankbar sie für die Schwierigkeiten ist, die sie gemeinsam zu bewältigen hatten. Dass es dabei nicht um Bagatellen geht, weiß man, wenn man sich das ganze Gespräch der beiden anschaut. Marcela spricht voller Dankbarkeit über eine langjährige Partnerschaft, die solchen Belastungen wie Todeszelle, Einzelhaft und all den schwierigen Augenblicken, die das mit sich bringt, standgehalten hat. Die Kraft ihrer Einstellung zeigt unmittelbare Wirkung auf Rock. Schlagartig kann er den Sinn des gemeinsam durchgemachten Leidens erkennen und wie sie es in einen Grund zur gemeinsamen Freude verwandelt haben.

Aus eigener Erfahrung weiß ich, was für ein unglaubliches Gefühl ein derartiger Perspektivwechsel sein kann. Die Dreharbeiten zu {THE AND} haben mir meinen eigenen »Rack-Focus-Moment« in Bezug auf mein Leben beschert. Ich habe schon beschrieben, wie die Scheidung meiner Eltern und meine daraus resultierenden Probleme, Nähe zuzulassen, für mich über Jahrzehnte zu einer Quelle des Leidens wurden. Gescheiterte Beziehungen sowie Zeiten absoluter Frustration und blanker Verzweiflung zogen sich in meinen Zwanzigern und Dreißigern wie ein roter Faden durch mein Leben und führten mich auf einen schwierigen Weg, auf dem ich unbeholfen weiterstolperte. Viel zu lange hatte ich mich mit diesen wiederkehrenden Erfahrungen herumgequält, und über Jahre hinweg schien es nichts weiter zu sein als sinnloses Leiden. Aber irgendwann, als ich um die vierzig war und eines der Hunderte von Gesprächen für {THE AND} filmte, eröffnete sich mir eine völlig neue Perspektive in Bezug auf meine Vergangenheit. Auf einmal erkannte ich die Folgerichtigkeit meines bisherigen Lebensweges und wie all mein Leiden Motor für die Realisierung dieses Projekts war, das ich so sehr liebe und das mich mehr erfüllt, als ich mir je hätte träumen lassen.

Während all dieser Zeit, in der ich meiner Leidenschaft nachging und versuchte, an der Verbesserung meiner Fähigkeiten als Filmemacher zu arbeiten, habe ich mich gefragt, warum ich all das eigentlich tue. Aber diesen Gesprächen beizuwohnen war eine Erfahrung, die mir zeigte, dass es meine Berufung war, mich auf das Wesen zwischenmenschlicher Beziehungen zu konzentrieren. All diese Augenblicke, in denen von zwei Seelen eine Ebene inniger Nähe betreten und in einem heiligen Tanz der Gefühle gemeinsam erkundet wird, hatte ich als junger Mensch weder erlebt noch auch nur für möglich gehalten. Und niemals wäre es zu dieser Erfahrung gekommen, hätte es nicht die Wunde dieser schmerzlichen Kindheitserlebnisse und all das Leid gegeben, das mir daraus erwuchs, denn daraus entstand der Hunger, der mir die Einsichten bescherte, die ich jetzt mit anderen teilen kann.

Als sich all das für mich in einem einzigen strahlenden Moment der Klarheit zu einem Ganzen fügte, konnte ich spüren, wie eine riesige Last von meinen Schultern abfiel. Es war also nicht alles umsonst gewesen. Mein Schmerz und meine Desorientierung hatten einen Sinn gehabt. Über so viele Jahre hinweg hatte ich keinerlei Vorstellung davon, worin er bestand, aber dann traf mich mein »Rack-Focus-Moment« mit einer solchen Wucht, dass ich nicht wusste, wohin mit all der Dankbarkeit, die ich für den Weg empfand, den ich bis zu diesem Punkt zurückgelegt hatte.

***

So weit also meine Geschichte. Was ist die Ihre? Wie immer sie auch lauten mag, auch sie ist dabei, sich zu einem sinnvollen Ganzen zusammenzufügen, während Sie diese Worte lesen. Gibt es eine – persönliche oder gemeinsame – Wunde, die Sie mit sich herumtragen und von der Sie sich fragen, wofür sie wohl gut sein kann, während Sie den Schmerz spüren, den sie Ihnen verursacht? Ich glaube fest daran, dass Sie, wenn Sie mit offenem Herzen und wachem Geist durch das Leben gehen, irgendwann verstehen werden, warum die Dinge so geschehen sind, wie sie geschehen sind. Ihr »Rack-Focus-Moment« wird kommen. Und Sie werden mehr als einen solchen Moment haben. Sie werden viele haben. Lassen Sie sich das von einem Menschen sagen, der nicht daran glaubte, jemals eine enge Bindung zu einem anderen Menschen eingehen zu können, und der jetzt ein Buch darüber schreibt, wie man eine solche enge Bindung nicht nur herstellen, sondern auch vertiefen kann.

Hinweise zum Umgang mit dieser Frage

Dies kann sich für die Beteiligten als eine heikle Fragestellung erweisen, bei der belastende Erfahrungen erneut durchlebt oder in ein neues Licht gerückt werden. Dabei werden sicherlich auch Emotionen hochkommen. Aber um sie loslassen zu können, müssen wir die Emotionen hochkommen lassen und durchleben. Es reicht nicht aus, über sie nachzudenken, sie wollen wirklich gespürt werden. So wie ein Foto mehr als tausend Worte sagt, so sagt auch ein Gefühl mehr aus als tausend Gedanken. Hören Sie also auf zu denken und fühlen Sie einfach.

Das ist es, was Menschen meinen, wenn sie so gerne sagen, dass sie ihre Gefühle verarbeiten. Aber was bedeutet es, Gefühle zu verarbeiten? Eigentlich ist das eine unnötig komplizierte Ausdrucksweise. Wir könnten stattdessen genauso gut sagen, dass wir unsere Gefühle »fühlen«. Nichts anderes ist es, was Gefühle wollen: gefühlt werden. Wehren wir uns jedoch gegen sie, versuchen wir, ihrer ganzen Wucht irgendwie zu entgehen – oder verurteilen wir uns selbst dafür, dass wir sie haben: Dann werden sie weiter in uns arbeiten. Wenn Sie sich erlauben, Ihre Gefühle wirklich zu fühlen, werden Sie feststellen, dass sie sich viel schneller auch wieder legen und dass die tausenderlei Gedanken, die Ihnen durch den Kopf gehen, sich in einem Augenblick des im Körper zentrierten Fühlens auflösen, sodass Sie offen für das nächste Gefühlserlebnis sind, das das Leben für Sie bereithält. Diese Frage eröffnet Ihnen und Ihrem Partner oder Ihrer Partnerin den Raum, dies gemeinsam zu erfahren.

Manchmal muss auf diese Frage nicht einmal eine Antwort erfolgen. Im Rahmen von {THE AND} kommt das ständig vor. Beide Partner*innen wissen um die gemeinsame Wunde, wollen aber nicht vor der Kamera darüber sprechen. Die konstruktivsten Gespräche sind jedoch diejenigen, bei denen sie das Thema nicht einfach abtun, sondern sich darauf einlassen. Vielleicht sitzen sie sich einfach schweigend im Gefühl davon gegenüber, schauen dabei einander in die Augen und spüren in ihren Körper hinein. Manchmal ist das alles, was nötig ist.

Und lassen Sie, sobald das geschehen ist – nachdem Sie in das Gefühl hineingegangen sind –, die Emotion los. Es ist sehr wichtig, nicht dabei stehen zu bleiben. Sie müssen nicht in einer Situation verharren, die dazu bestimmt ist, sich in Bezug auf eine schwierige Angelegenheit vorübergehend Luft zu machen. Lassen Sie im geschützten Rahmen dieses Gesprächs die angestauten Gefühle heraus. Erlauben Sie sich, sie zu fühlen. Erlauben Sie Ihrer

Partnerin oder Ihrem Partner, sie zu fühlen. Erkennen Sie diese Gefühle an und lassen Sie sie dann los. Sind sie erst einmal zu ihrem Recht gekommen, können Sie den eigentlichen Konflikt, der hinter diesen Gefühlen steht, mit größerer Klarheit aufarbeiten.

FRAGE 9:

WAS GLAUBST DU VON MIR LERNEN ZU KÖNNEN?

Bisher konnte noch kein*e Wissenschaftler*in, kein*e große*r Philosoph*in und kein*e weise*r spirituelle*r Führer*in eine endgültige Antwort auf die Frage geben, warum wir hier auf der Erde sind. Ich behaupte nicht, einer von ihnen zu sein, aber wenn ich all das in Betracht ziehe, was ich im Laufe meines Lebens gelernt habe, so würde ich sagen, dass wir hier sind, um zu lernen – nicht die Art von esoterischem Wissen, das Yogis und Yoginis suchen, wenn sie in einer einsamen Höhle meditieren; sondern wir sind hier, um voneinander zu lernen. Wir können Wertvolles, sogar Grundlegendes von unserer Hochschullehrerin, einem Arbeitskollegen oder dem Typen lernen, der uns im Straßenverkehr den Weg abschneidet. Aber die wichtigsten Lehren im Leben, die wahrhaft heiligen Lektionen, sind jene, die uns die Menschen erteilen, die uns am nächsten sind. Unsere engen Bindungen und die Menschen, mit denen wir sie aufbauen, können unsere größten Lehrmeister*innen sein.

Was ist es also, das Sie von dem Menschen, der Ihnen gegenübersitzt, haben lernen können und weiterhin lernen? Welche bleibenden Geschenke hat er Ihnen gemacht, die Sie aus diesem Gespräch oder aus dieser Beziehung mitnehmen werden, wenn sie einmal zu Ende geht? Was ist es, das die Erfahrung, sich auf einen synergetischen Tanz mit einem anderen Menschen einzulassen, Sie tagein, tagaus zu lehren vermag?

Der Balsam der Dankbarkeit

Nicht ohne Grund folgt diese Frage unmittelbar auf eine Reihe von Wendungen im Gesprächsverlauf, die Ihnen Gelegenheit gaben, sich in das Unbehagen und in die Konflikte hineinzubegeben, die Sie zum kathartischen Höhepunkt des Gesprächs geführt haben. Dieser Teil der Erfahrung kann sich manchmal wie ein chirurgischer Eingriff in Ihre Beziehung anfühlen, bei dem alle Schutzmechanismen durchbrochen und die darunter liegenden verwundbarsten Bereiche der Partner*innen freigelegt werden. Vielleicht sind dabei auch tief sitzende Ressentiments zum Vorschein gekommen. Möglicherweise sind auch schmerzliche Erinnerungen zutage getreten, womit sich zugleich die Möglichkeit eröffnete, sie in einer tragenden Atmosphäre der Zuwendung und Unterstützung aufzufangen. Ob dies nun aber der Fall war oder nicht und was auch immer zwischen Ihnen und Ihrer Partnerin oder Ihrem Partner zur Sprache gekommen ist: Atmen Sie tief durch und nehmen Sie sich einen Augenblick Zeit, um sich selbst Anerkennung für den Mut auszusprechen, der Sie durch diese Phase hindurch geführt hat. Meinen Glückwunsch, dieser Teil des Gesprächs ist vorbei. Sie haben es geschafft! Sie haben den Eingriff überlebt – und Ihre Beziehung ist hoffentlich stärker, gesünder und lebendiger daraus hervorgegangen, weil Sie sich dazu entschieden haben, sich ihm zu unterziehen. Aber Sie können Ihre Beziehung jetzt nicht einfach so auf dem OP-Tisch liegen lassen. Es gilt nun, die abschließende Naht vorzunehmen, indem Sie sich der gegenseitigen Wertschätzung versichern und für all das danken, was Sie in diesem geschützten Raum einander anvertraut haben.

Es gibt ständig wertvolle Dinge, die Sie voneinander lernen, Dinge, für die Sie dankbar sein können, ganz gleich, was sich anlässlich der bisherigen Fragen zwischen Ihnen ergeben hat. Und damit verlagert sich nun der Schwerpunkt auf die Anerkennung des unschätzbaren Geschenks, das Ihr*e Partner*in Ihnen allein dadurch macht, dass sie oder er in Ihrem Leben ist. Falls Ihre Verbindung durch die vorangegangenen Fragen auf eine harte Probe gestellt wurde, so erfährt sie jetzt durch die Aufforderung, sie in einem neuen Licht zu betrachten, eine erneute Bestätigung. Es hat

Sie nicht umgebracht, sich zu öffnen und sich von Ihrer verwundbaren Seite zu zeigen. Vielmehr hat es Sie an einen Ort der Dankbarkeit geführt, an dem Sie sich den Wert dessen, was Ihr*e Partner*in Sie zu lehren hat, bewusst machen können.

Eine Besonderheit bei dieser Fragestellung liegt darin, dass sie sich nicht danach erkundigt, was die Partner*innen *einander* zu lehren haben, sondern was sie *voneinander* lernen können. Das bringt die Befragten in eine Position der Wertschätzung und Anerkennung des fremden Beitrags, und nicht in eine solche, in der sie Gelegenheit haben, ihrem Ego zu huldigen. Indem sie die Tatsache anerkennen, Lernende zu sein, sprechen sie zwangsläufig von einer Position der Demut aus. Wer die Frage beantwortet, nimmt damit also die Position des Schülers oder der Schülerin ein, und wer sie stellt, diejenige des Lehrers oder der Lehrerin. Mit der Umkehrung der Fragerichtung erfolgt dann auch ein Rollenwechsel und eine Umkehrung der Machtdynamik. Es ist dieser Rollentausch, der das symbiotische Zusammenspiel betont, an dem beide Partner*innen in der ganz besonderen Form des Zusammenlebens teilhaben, die für ihre Verbindung charakteristisch ist.

Andrew & Jerrold: Der Beziehungspartner als maßgeschneiderter Spiegel

Kommen wir noch einmal auf das Gespräch zwischen Andrew und Jerrold zurück, um daran einerseits abzulesen, wie wertvoll das für uns sein kann, was wir von unseren Partner*innen lernen können, und andererseits, wie untrennbar diese Lehren mit der einzigartigen Verbindung zusammenhängen, die wir gerade und nur mit diesem Partner oder dieser Partnerin haben. Bisher konnten wir erleben, wie sich Andrew und Jerrold anhand der Fragen 4 und 7 mit mehreren Konfliktpunkten in ihrer Beziehung auseinandergesetzt haben. Wir haben gesehen, wie sie sich mutig Fehler eingestanden haben, die sie gemacht haben, und wie sie diese Herausforderungen in Chancen für echtes Wachstum verwandeln konnten. Daher ist es nicht überraschend, wenn Andrew auf Jerrolds Frage, was er von ihm gelernt habe, als Erstes das Wort »Gelassenheit« in den Sinn kommt. Und während Andrew mit seiner tiefen, klangvollen Stimme näher erläutert, was er damit meint, macht er zugleich deutlich, wie das, was er von Jerrold lernen konnte, seine Lebensauffassung vollständig verändert hat.

»Du hast ein unglaubliches Maß an Gelassenheit bewiesen, wie ich es noch nie bei irgendjemandem gesehen habe«, sagt Andrew zu seinem Partner. »Eine Bombe könnte hochgehen, die Leute könnten völlig durchdrehen, und du wärst noch immer völlig entspannt und guter Dinge, während ich längst am Ausrasten wäre. Du sagst mir immer, ich solle mich beruhigen, dass alles gut wird. Deshalb dachte ich in den ersten zwei Jahren unserer Beziehung, du wärst verrückt.«

Bei dieser Bemerkung muss Jerrold lachen und zeigt dann ein strahlendes Lächeln, während er vergnügt zu Boden blickt.

»Ich dachte mir: ›Dieser Typ ist in Wahrheit total verkorkst und weiß es nur noch nicht‹«, fährt Andrew fort. »›Wir werden [irgendwann] Schiffbruch erleiden, und er wird sagen: *Hilfe, das war von mir doch alles nur Show!*‹ Aber das ist es nicht. Es ist völlig echt und wirklich unfassbar!«

An dieser Stelle muss auch Andrew lachen. Er scheint es selbst kaum fassen zu können, dass er früher glaubte, wahre Ruhe und Gelassenheit seien Eigenschaften, die ein normaler Mensch unmöglich besitzen kann. Lachend fährt er fort: »Erst als ich mit meinem Bruder darüber sprach, wurde mir das klar, der dazu nur meinte: ›Tja, manche Menschen sind eben tatsächlich emotional gesund. Es gibt tatsächlich noch Menschen, die nicht geisteskrank oder verrückt sind.‹«

Dadurch, dass er einfach nur er selbst war, konnte Jerrold Andrew sehr viel mehr beibringen, als nur ruhiger und gelassener zu werden. Als Andrew sah, wie Jerrold aufrichtig und wahrhaftig daran glaubte, dass alles gut wird, und dass er wirklich bereit war, in stressigen Momenten für ihn da zu sein, lernte er, dass es möglich ist, Menschen zu vertrauen und ihr Verhalten als authentischen Ausdruck ihres Wesens zu begreifen, dass Wohlwollen und Gelassenheit nicht immer nur eine Fassade sind. Ich kann nur erahnen, wie sich diese Entdeckung auf Andrews Umgang mit Menschen ausgewirkt hat, nicht nur mit Jerrold, sondern auch allen anderen, mit denen er in Berührung kommt. Jerrold wurde für Andrew zu einem Spiegel, in dem er nun sein eigenes Misstrauen gegenüber Menschen erkannte, die, wie sein Bruder es formuliert hatte, »emotional gesund« zu sein schienen. Er zeigte ihm dabei aber auch die Bereiche auf, in denen er, Andrew, sich weiterentwickeln könnte, um selbst den Grad an »emotionaler Gesundheit« zu erreichen, den er in Jerrold verwirklicht sah. Aber selbst diese grundlegende Einsicht war nur der Beginn dessen, was Andrew laut seiner eigenen Aussage von seinem Partner gelernt hat. Dank ihrer besonderen Synergie, ihrer einzigartigen Verbindung habe er seine gesamte Vorstellung davon, was im Leben möglich ist, erweitern können.

»Bei meiner Herkunft und so, wie ich aufgewachsen bin – in einer gläubigen Familie mit sehr strengen religiösen Ansichten«, fährt Andrew fort, »glaubte ich, gewisse Dinge niemals haben zu können. Ich würde nie in der Lage sein zu heiraten, ohne mich zu fragen, ob ich damit nicht einen Fehler begehe. Ich würde nie auf authentische Weise ich selbst sein können. Mein ganzes Leben

»Du gibst mir
das Gefühl,
mit meinem Leben
etwas Sinnvolles
anzufangen.
Mit dir fühle ich
mich komplett.«

Chris

»We're So in Love,
People Think We're Lying«
Hier scannen, um das Gespräch anzusehen.

war für mich vorgezeichnet, mit all diesen Einschränkungen. Und als ich dann dich kennenlernte, eine Beziehung mit dir einging und dich heiratete, hatte das einfach etwas Unwirkliches, denn ich hätte nie gedacht, dass all das für mich infrage kommt oder dass es tatsächlich Unterstützung aus meiner Familie für uns geben würde.«

Bevor er Jerrold begegnete, hätte Andrew aufgrund seiner konservativen Erziehung nie gedacht, dass diese Art von Zusammenleben, als zwei verheiratete schwule Männer, für ihn im Rahmen des Möglichen liegen würde. Doch zu seiner Überraschung war das nicht nur eine Möglichkeit, sondern nun seine tägliche Realität. Darüber hinaus erlebte er zu seiner Bestürzung, dass seine fromme Familie bereit war, seine Ehe mit einem anderen Mann zu tolerieren. Andrews Vorstellung davon, wie die Welt funktioniert, wie sein Leben und seine Zukunft aussehen würden, wandelte sich durch seine Beziehung zu Jerrold grundlegend. Das allein ist schon erstaunlich und berührend genug.

Aber ich möchte Ihre Aufmerksamkeit noch auf etwas anderes lenken, und zwar darauf, was Andrew seinem Ehepartner als Nächstes erzählt, denn darin sehe ich eine der wichtigsten Lehren, die man aus der wunderbaren Geschichte dieses Paares ziehen kann. Andrew glaubt nämlich nicht, dass der grundlegende Perspektivwechsel, den er erlebt hat, mit jemand anders möglich gewesen wäre. Es ist allein Jerrold, dem er diese Erweiterung seiner Vorstellung von dem, was im Leben möglich ist, zu verdanken hat, eine Erweiterung, die ihn und seine Sichtweise für immer verändert hat.

»Das hat enorm viel mit dir zu tun«, sagt Andrew zu seinem Partner. »Es ist ja nicht einfach so, dass es [seitens meiner Familie] hieß: ›Wir akzeptieren dich jetzt.‹ Es liegt an der Person, die *du* bist. Du bist so etwas wie der Goldjunge, den man mit nach Hause bringen kann, um seinen Leuten zu sagen: ›Ihr habt ein Problem mit unserer Beziehung? Lernt diesen tollen Menschen kennen, und dann wagt es, schlecht über ihn zu sprechen. Ihr müsst euch jetzt wirklich sehr genau überlegen, wieso ihr glaubt, dass eine Beziehung moralisch vertretbar ist oder nicht.‹«

Es war also Jerrold – und Andrews besonderer synergetischer Beziehung zu ihm – zu verdanken, dass sich sowohl Andrews Horizont als auch der seiner Familie erweiterte. Hätte eine andere Person dasselbe für Andrew und seine Familie tun können? Oder sind wir und unsere Partner*innen füreinander so etwas wie Puzzlestücke, wie maßgeschneiderte Spiegel, die Verbindungen ergeben und uns Anteile in uns selbst erkennen lassen, wie es mit keinem anderen Menschen in der gleichen Weise möglich wäre?

In einer wirklich engen Beziehung gilt für beide Seiten, dass es Dinge gibt, die sie nur voneinander, allein von diesem Partner oder dieser Partnerin lernen können. Was ist es also, das nur Ihr*e Partner*in Ihnen hat beibringen können? Anhand der bisherigen Fragen haben Sie sich bereits über die wunderbaren Erfahrungen ausgetauscht, die Sie einander geschenkt haben, über die alltäglichen kleinen Momente der Nähe, über die Verletzungen, die Sie möglicherweise einander zugefügt haben, und darüber, wie Sie sich gegenseitig bei der Bewältigung des eigenen Schmerzes unterstützen konnten. Hier haben Sie nun Gelegenheit zu sagen, welche persönliche Entwicklung Sie Ihrer Partnerin oder Ihrem Partner zu verdanken haben oder – wie in Andrews Fall – eine neue und freiere Art, in die Welt zu blicken und das eigene Leben zu führen.

Das ist mehr als nur ein persönliches Geschenk an Sie, es ist auch ein Dienst, den Ihr*e Partner*in der ganzen Welt erweist. Mit dem, was unsere Partner*innen uns zu lehren haben und indem sie so zu unserem inneren Wachstum beitragen, geben sie den Anstoß für eine endlose Zahl achtsamerer Interaktionen zwischen uns und all den Menschen, mit denen wir in Kontakt kommen. Ist es nach den schwierigen Momenten, die unsere Partner*innen in diesem Gespräch möglicherweise durchgemacht haben, nicht eine wunderbare Art und Weise, sie der einzigartigen und unersetzlichen Bedeutung zu vergewissern, die sie für uns besitzen, indem wir ihnen unsere Dankbarkeit für die positive Veränderung ausdrücken, die sie in uns bewirkt haben?

Hinweise zum Umgang mit dieser Frage

Was aber, wenn Ihnen diese Frage gestellt wird und Sie das Gefühl haben, nichts Positives darauf antworten zu können? Oder wenn es für Sie so aussieht, als gäbe es nichts, was Ihr*e Partner*in Sie zu lehren hat?

Wenn das Ihr spontanes Bauchgefühl dabei ist, machen Sie sich deshalb keine Sorgen. Auch das ist in Ordnung. Aber anstatt zuzulassen, dass diese Tatsache Sie zu einer emotionalen Reaktion verleitet, die auf Scham oder Wertung beruht, atmen Sie lieber tief durch und lassen Sie die Dinge erst einmal sacken. Es gibt viel Schweres, das Sie beide anlässlich der letzten Fragen gemeinsam bearbeitet haben und das möglicherweise noch immer im Raum steht. Vielleicht verstellt es Ihnen daher den Blick auf das, wofür Sie in Ihrer Beziehung dankbar sein können. Falls dem so sein sollte, geben Sie dieser noch nachwirkenden Stimmung die nötige Zeit, um abzuklingen, um wieder klar sehen zu können. Schauen Sie Ihrem Partner oder Ihrer Partnerin dazu mindestens zehn Sekunden lang tief in die Augen. Denken Sie daran, dass dies die Augen des Menschen sind, der mit Ihnen durch dick und dünn geht. Es sind die Augen, in denen Sie sich selbst wiederfinden. Atmen Sie ein paarmal tief durch und lassen Sie in sich das Gefühl der Dankbarkeit gegenüber dem Menschen zu, der Ihnen jetzt gegenübersitzt. Betrachten Sie es als eine kurze Meditation. Konzentrieren Sie sich dabei auf Ihren Atem und auf die Gefühle, die in diesem Moment neu in Ihnen aufsteigen, anstatt auf die Gefühle, die ein Nachhall all dessen sind, was Sie beide gerade gemeinsam erlebt haben. Ich kann Ihnen fast garantieren, dass Sie auf diese Weise *irgendetwas* Positives entdecken werden, das Sie von Ihrem Partner oder Ihrer Partnerin lernen können.

Und seien Sie ruhig kreativ bei Ihrer Auslegung dessen, was »positiv« für Sie bedeutet. Vielleicht lehrt Sie Ihr*e Partner*in ja, dass es gut für Sie wäre, sich klarer abzugrenzen, oder dass Sie sich ein Gegenüber wünschen, das Ihnen aufmerksam zuhört, oder wie es Ihnen gelingt, an Konflikten auf gesunde Art und Weise zu wachsen. Oder vielleicht ist das Beste, was Sie bislang in Ihrer Partnerschaft gelernt haben, wie sehr Sie solche Gespräche zu schätzen wissen und dass Sie mehr davon in Ihrem Leben haben möchten. Zumindest können Sie also Ihrer Partnerin oder Ihrem Partner dankbar für die Bereitschaft sein, daran teilzunehmen. Und selbst wenn die Lehre, die Sie für sich aus Ihrer Partnerschaft ziehen, darin besteht, dass Sie all das, was Ihnen durch sie zugemutet wird, nicht mehr hinnehmen wollen, drücken Sie Ihren Dank dafür aus. Auch diese Einsicht ist ein wertvolles Geschenk, eine Lehre, die Sie aus Ihrer Beziehung mitnehmen und für die Sie irgendwann dankbar sein werden.

FRAGE 10:

WAS WÜRDEST DU GERNE UNBEDINGT MIT MIR GEMEINSAM ERLEBEN UND WARUM?

Wenn die gemeinsame Vergangenheit der Anker einer Partnerschaft ist, dann sind die Zukunftsträume der Wind in ihren Segeln. Sie haben in diesem Gespräch nun schon einen weiten Weg hinter sich; sowohl Sie als auch Ihr*e Partner*in haben eine Menge über Ihre Verbindung gelernt und stehen nun sozusagen im Ausguck Ihres Beziehungsschiffes und blicken aus der Vogelperspektive zurück auf Ihre gemeinsame Geschichte. Diese Frage fordert nunmehr Sie beide dazu auf, zum Horizont zu schauen und sich auszumalen, was jenseits davon liegen mag. Wie stellen Sie sich Ihr weiteres gemeinsames Leben vor? Was hält die Zukunft für Sie bereit, an dem Sie sich begeistern können? Und sind das die gleichen Dinge, die auch Ihre*n Partner*in begeistern? Hegen Sie die gleichen Zukunftsträume? Was ist es, das Sie beide auf das nächste Kapitel Ihrer gemeinsamen Geschichte gespannt macht?

Gemeinsame Träume finden

Anhand der bisherigen Fragen haben Sie gemeinsam einen Weg der Erkundung zurückgelegt, auf dem es so verschiedene Etappen gab wie Erdung, Nähe, Verwundbarkeit und Heilung; jetzt ist es an der Zeit, den Blick nach vorne zu richten. Nachdem Sie sich sowohl die schönen als auch die schwierigen Seiten Ihrer Beziehung angeschaut haben, dürfte Ihnen nun klarer geworden sein, wo Ihre Beziehung im Augenblick steht, als es vor dem Beginn Ihres Paargesprächs der Fall war. Selbst wenn Sie jetzt das Gefühl haben, in Bezug auf Ihre Partnerschaft vor mehr Fragezeichen zu stehen als zu dem Zeitpunkt, als Sie sich hingesetzt haben, um einander die Frage 1 zu stellen, bedeutet das letztlich einen Zugewinn an Wissen. Daher ist dies der ideale Augenblick, um zu erkunden, was Sie sich für Sie beide als Nächstes erhoffen, und sich die Gründe bewusst zu machen, warum Sie noch in dieser Beziehung sind.

Auch wenn Ihre gemeinsame Geschichte das Fundament Ihrer Beziehung bildet, ist es wichtig, sich Gedanken darüber zu machen, welches gemeinsam bewohnte Haus künftig darauf stehen soll. Es ist Ihnen zu wünschen, dass Sie im Laufe dieses Dialogs reichlich Gelegenheit hatten, sich die Lern- und Entwicklungsschritte zu vergegenwärtigen, die Sie bisher einander zu verdanken haben. Aber erkennen Sie auch die Chance, in Zukunft noch mehr voneinander zu lernen, sich gemeinsam noch weiter zu entwickeln? Gibt es ein gemeinsames Projekt – sei es die Kindererziehung, ein gemeinsam geführtes Unternehmen oder ein anderes gemeinsames Ziel –, an dem Sie aktiv miteinander arbeiten oder zu arbeiten vorhaben? Und vor allem: Sind Sie beide davon gleichermaßen begeistert? Übt es auf Sie beide so großen Reiz aus, dass es sich lohnt, in der Gegenwart dafür einen steinigen Weg zu gehen?

Diese Frage ist das Pendant zu Frage 1 *(Welche sind für dich unsere drei schönsten gemeinsamen Erlebnisse, und was macht sie dazu?)*, bei der es darum ging, welche einzigartigen Erinnerungen Sie aufgrund Ihrer besonderen Synergie miteinander teilen. Hier richten Sie den Blick nun in die Zukunft, um zu sehen, welche neuen positiven Erfahrungen sich aus Ihrer Verbindung ergeben könnten. Es wäre zu begrüßen, wenn es gemeinsame Träume gäbe, für die Sie sich beide nachhaltig zu begeistern vermögen. Diese Frage bietet Ihnen Gelegenheit, sich über die schönen Erlebnisse auszutauschen, die noch vor Ihnen liegen, und dabei Ihre Fantasie spielen zu lassen. Dabei gibt es sowohl den reizvollen Aspekt gemeinsamer Zukunftsplanung als auch ein stabilisierendes Moment. Wenn Sie sich die Dinge ausmalen, die Sie gemeinsam erreichen, die Plätze, die Sie aufsuchen, das Leben, das Sie miteinander teilen können, kann das jede Schwierigkeit, auf die Sie im Laufe dieses Gesprächs gestoßen sind, zu einer positiven Herausforderung werden lassen. Lassen Sie sich von dieser Frage also in eine gemeinsame Zukunft führen.

Oder lassen Sie sich von ihr zeigen, wo Sie und Ihr*e Partner*in trotz Ihrer gemeinsamen Vergangenheit und Ihrer schönen Erinnerungen unterschiedliche Wege gehen. Sind Ihre Ziele etwas, das sowohl Sie als auch Ihre*n Partner*in begeistert, oder gilt das nur für Sie allein? Es ist sinnvoll, sich wirklich darüber klar zu werden, ob Sie bei den Dingen, die Sie beide in Zukunft zu erreichen hoffen, an einem Strang ziehen oder nicht. Nie werde ich vergessen, wie einer meiner Mentoren aus Berkeley – eine weise, wissbegierige Seele und Vater von drei Kindern mit jeder Menge Lebenserfahrung –, mir in einem Gespräch mit aller Deutlichkeit zu verstehen gab, wie wichtig es für ihn sei, einen gemeinsamen Traum mit seiner Partnerin zu haben. Sein jüngstes Kind war gerade aufs College gekommen, und er erzählte mir, dass er und seine Frau nun, da ihr Projekt, für ihre drei Kinder da zu sein, sich dem Ende zuneigte, darüber nachdachten, was ihr nächstes gemeinsames Ziel sein könnte. Wenn ihnen nichts einfiele, so sagte er mir, würden sie in Erwägung ziehen, getrennte Wege zu gehen, selbst nach so vielen Jahren Ehe. Ohne etwas, auf das sie gemeinsam hinarbeiten könnten, selbst wenn es nichts so Konkretes wäre wie die Kindererziehung, seien sie sich nicht sicher, ob ihre Partnerschaft noch eine ausreichende Basis hätte, um sie beide für die kommenden Jahre zu erfüllen. Eine Partnerschaft bietet die Gelegenheit für gemeinsame Träume. Das bedeutet nicht, keine eigenen Träume haben zu dürfen. Aber es ist gut, sich zu fragen, worin der gemeinsame Traum bestehen könnte, der Sie beide beflügelt und der nur möglich ist, wenn Sie ihn beide mittragen.

Vergessen Sie aber auch nicht, dass die Verwirklichung dieser Träume unter Umständen eine Menge harter Arbeit und Koope-

»Mir gefällt
die Vorstellung,
gemeinsam
unsere Zukunft
zu planen und wieder
zusammenzuwohnen.
Es ist schön zu wissen,
dass du da sein wirst,
wenn ich nach Hause
komme. Das macht
mich glücklich.«

Erica

»Watch This Couple Propose«
Hier scannen, um das Gespräch anzusehen.

ration erfordert. Diese Frage gibt Ihnen ebenfalls Gelegenheit, Ihre Partnerschaft hoch oben vom Ausguck aus zu betrachten und sie in ihrer Gesamtheit zu überblicken, samt all ihren Stärken und Schwächen, die Sie im bisherigen Gesprächsverlauf gemeinsam erkundet haben. Haben Sie und Ihr*e Partner*in dabei möglicherweise Lecks in Ihrem Beziehungsschiff entdeckt? Wie gravierend sind diese Lecks Ihrer Ansicht nach im Hinblick auf Ihre Zielsetzungen? Verfolgen Sie beide denselben Kurs, oder weichen Sie darin mit Ihren jeweiligen Vorstellungen voneinander ab? Während diese Frage Ihnen dabei hilft, sich über Ihre Zukunftsperspektive klar zu werden, stellt sie zugleich eine gute Gelegenheit dar, darüber nachzudenken, ob das Schiff, auf dem Sie sich befinden, tatsächlich geeignet ist, Sie an Ihr Ziel zu bringen.

Ikeranda & Josette: Ein Licht am Ende des Tunnels

Das Gespräch zwischen Ikeranda und Josette haben wir im Jahr 2020 gefilmt, als aufgrund der Covid-19-Pandemie der historische Fall eines weltweiten Lagerkollers auftrat. Als Ikeranda – eine Frau mit einer sehr selbstsicheren, fast hoheitsvoll anmutenden Haltung, pinkem Lippenstift und Brille mit schwarzer Fassung – ihrer Partnerin die Frage stellt: »Was würdest du gerne in Zukunft mit mir gemeinsam erleben?«, geht Josettes Blick in die Ferne. Ihr Blick wirkt auf mich wie der klassische Ausdruck eines Menschen, der zu träumen vermag, der in der Lage ist, sich voll und ganz dem Spiel der Fantasie zu überlassen.

»Da gibt es eine Menge«, sagt Josette freudig, während ein warmes, sanftes Lächeln auf ihrem Gesicht erscheint, das von silbernen Rastalöckchen gekrönt ist. »Es gibt so vieles, das wir …«

Ikeranda, die Josettes Fantasieausflügen bis dahin mit einem zufriedenen Gesichtsausdruck zugesehen hat, unterbricht sie und holt sie in die Gegenwart zurück. »Wovon sprechen wir denn immer, was wir tun wollen, sobald die Welt sich wieder öffnet? Zusammen mit der Familie?«

»Oh!«, sagt Josette, die sich nun wieder erinnert. »Nach Afrika reisen.« Sie nickt und denkt dabei offenbar an die vielen Gespräche, die sie schon über dieses künftige Abenteuer geführt haben. »Ja, da hast du recht. Das wollte ich auch gerade sagen. Es gibt so vieles zu sehen, und wir haben noch nicht viele Reisen zusammen unternommen. Wir sind getrennt gereist. Was ich vor allen Dingen tun möchte – auch mit der Familie, ja –, das ist, mit dir einfach loszuziehen und mehr von der Welt zu sehen.«

Nachdem sie diese Worte ausgesprochen hat, kann ich in Josettes Augen eine immense, geradezu kindliche Freude aufleuchten sehen. Es ist offensichtlich, dass sie diesen Traum in ihren gemeinsamen sechzehn Ehejahren schon seit Langem hegt. Und die Tatsache, dass Ikeranda mit ihrer Anspielung auf vergangene Gespräche dieses Thema überhaupt erst ins Spiel gebracht hat, zeigt, dass es ein Traum ist, den sie miteinander teilen. Während Josette zu Ende spricht, meine ich sehen zu können, wie sich in Ikerandas Gesichtsausdruck derjenige ihrer Partnerin widerspiegelt. Es ist etwas, das sie beide wollen.

Als ich die beiden so begeistert und erwartungsvoll darüber sprechen höre, was sie unternehmen wollen, wenn die Beschränkungen aufgehoben und die Grenzen wieder geöffnet sind, wird mir klar, dass dieser gemeinsame Traum eines der Dinge gewesen sein muss, die ihnen geholfen haben, die vielen Probleme zu bewältigen, die der Lockdown mit sich gebracht hat. Manchmal ist es die große Kraft eines gemeinsamen Traums, die für uns das Licht am Ende sogar des längsten und dunkelsten Tunnels bedeutet.

Wenn die Liebe aufhört, Verliebtheit zu sein

Die Unterscheidung zwischen gemeinsamen Träumen und individuellen Träumen ist äußerst wichtig. In mehreren Gesprächen, die sie für {THE AND} führten, hatten Keisha und Andrew Gelegenheit, einander diese Frage in ähnlicher Form zu stellen. Obwohl zwischen den einzelnen Gesprächen Jahre liegen, geben beide auf die Frage nach dem nächsten Schritt in ihrer Beziehung prompt dieselbe Antwort. »Ein Baby!«, ruft Keisha laut aus, nachdem Andrew ihr diese Frage gestellt hat. Und in einem Folgegespräch beantwortet Andrew später die gleiche Frage mit einem Achselzucken, als wäre nichts selbstverständlicher als das: »Kinder bekommen«. Dies ist eindeutig der gemeinsame Traum des Paares – das, was sie sich durch alle Höhen und Tiefen ihrer Beziehung hindurch vorgestellt haben, das, was die Zukunft ihnen verheißt.

Was aber, wenn Sie und Ihr*e Partner*in nicht den gleichen Traum verfolgen? Wenn Sie unterschiedliche Dinge wollen? Und was, wenn Sie zwar bereit sind, Zugeständnisse zu machen, um dem Traum Ihres Partners oder Ihrer Partnerin zur Erfüllung zu verhelfen, Sie aber nicht wirklich davon begeistert sind und dieser Traum auch nicht etwas ist, das Sie dazu bringt, sich voller Eifer in das nächste Kapitel Ihrer Beziehung zu stürzen? Dies ist vielleicht die Situation, in der am häufigsten ein Gefühl aufkommt von: »Ich liebe dich, aber ich bin nicht in dich verliebt.« Man ist weiter im Leben gekommen, hat sich verändert und liebt seine*n Partner*in noch immer. Aber diese Begeisterung für eine gemeinsame Zukunft will sich nicht mehr einstellen. Ungeachtet der Liebe, die Sie nach wie vor füreinander empfinden, geht das, wofür Sie sich im Leben begeistern, in unterschiedliche Richtungen, und damit geht auch das verloren, was wir als Verliebtheit bezeichnen.

Das ist ein Zustand, den ich selbst nur zu gut kenne. Mit Anfang dreißig war ich mit einer Partnerin zusammen, die mir sehr viel bedeutete. Wir lebten zusammen, und ich dachte sogar daran, ihr einen Heiratsantrag zu machen. Aber an einem bestimmten Punkt, etwa zweieinhalb Jahre nach dem Beginn unserer Beziehung, begannen sich die Dinge zu verändern. Irgendwie war zwischen uns die Luft raus, und wir waren in unserer Partnerschaft beide nicht mehr so engagiert, wie es einmal der Fall gewesen war. Um uns Klarheit zu verschaffen, wandten wir uns an eine Paartherapeutin. In einer der Sitzungen fragte sie uns nach unseren Zukunftsträumen. Ohne zu zögern, antwortete ich, dass ich mir ein Zuhause als Basis wünschte, von der aus ich zusammen mit meiner Partnerin und unseren zukünftigen Kindern die Welt bereisen würde, während ich Filme drehte und an kreativen Projekten arbeitete. Ich wollte gerne ein Jahr lang in Südamerika und irgendwann auch in Japan leben. Ich hätte nicht vor, alle zwei Wochen umzuziehen, stellte mir aber für mich und meine künftige Familie eine Zukunft mit vielen neuen Erfahrungen vor. Während ich dies sagte, verspürte ich einen regelrechten Energieschub, diesen körperlichen Schauer von Erregung. Ich war dabei, mir meinen Traum auszumalen, und war innerlich entfacht. Als meine Partnerin an der Reihe war zu antworten, meinte sie, ihr Traum sei es, in einem eigenen Haus in Brooklyn zu wohnen und dort gemeinsam mit ihrer Familie ein glückliches Leben zu führen. Dabei konnte ich ihr ansehen, wie diese Vorstellung von einer ganz anderen Zukunft sie mit der gleichen Energie erfüllte, wie ich sie verspürt hatte, als ich mir meinen Zukunftstraum ausmalte.

Während sie jedoch so ihren Lebenstraum beschrieb, verließ mich die ganze Begeisterung, die ich eben noch empfunden hatte, als ich über Südamerika und Japan sprach. Es zog mir meine ganze Energie ab. Ich liebte diese Frau, aber das war nicht die Zukunft, die ich mir für mich wünschte. Die Therapeutin bemerkte das und brachte es lobenswerterweise direkt auf den Punkt. Da sie sah, dass wir beide sehr unterschiedliche Vorstellungen von unserem künftigen Leben hatten, redete sie nicht lange um den heißen Brei herum.

»Die einzige Frage, die bleibt, ist doch: Wollen Sie das Pflaster schnell oder langsam abreißen?«

Sie stellte uns vor zwei Alternativen: entweder die Beziehung sofort zu beenden oder aber einen aussichtslosen Kampf gegen uns selbst und das zu führen, was wir uns wirklich im Leben wünschten, um uns den letztlich unvermeidlichen Trennungsschmerz so lange wie möglich zu ersparen.

In der langen Schweigepause, die auf ihre Worte folgte, war mir, als wäre es auf einmal eiskalt im Raum geworden. Und während das Schweigen andauerte, ging mir langsam auf, dass weder meine Freundin noch ich Einspruch erhoben hatte, um eine dritte Option anzubieten. Uns beiden war wohl klar, dass die Therapeutin recht hatte, und wir uns ehrlicherweise eingestehen mussten, dass es keine andere Möglichkeit gab, als getrennte Wege zu gehen. In mir stieg ein beklemmendes Gefühl des Einverständnisses auf. Damit hatte es sich also. Wir hatten so viele glückliche Momente miteinander erlebt und nun auch diesen Moment der Offenbarung. Aber wie sollten wir eine gemeinsame Zukunft haben können, wenn der Gedanke daran nicht uns beide gleichermaßen begeisterte? Wie könnten wir es uns gegenseitig – einem Menschen, den wir liebten – antun, einen Traum leben zu sollen, von dem wir wussten, dass er nicht der eigene war?

Wir verließen die Praxis der Therapeutin, noch bevor die Stunde um war, und gingen in ein Lokal, das wir gerne mochten, um dort zu Mittag zu essen. Während des Essens mussten wir beide weinen. Aber es gab auch Gelächter. Wir weinten, weil wir beide spürten, dass ein schönes Kapitel unseres Lebens zu Ende ging. Und wir lachten, weil wir unsere Gesellschaft gegenseitig immer noch sehr genossen, weil wir immer noch Freude empfanden, einfach nur miteinander zu sein. In diesem Lachen lag auch eine gewisse Erleichterung. Das Abreißen des Pflasters würde schmerzhaft sein und war es auch, aber ich war froh zu wissen, dass ich sie nicht von ihrem Lebensweg abbrachte und dass ich umgekehrt auch mich durch eine Herzensbindung – so wunderbar sie auch sein mochte – nicht von meinem Weg abbringen lassen würde. Ich glaube, wir waren beide stolz auf unsere Entscheidung und darauf, im Guten auseinanderzugehen, anstatt uns von der Furcht vor dem Schmerz oder dem Alleinsein auf eine gemeinsame Zukunft einzulassen, in der wir früher oder später Groll gegeneinander hegen würden. Auch wenn wir nicht gerade froh über unsere Trennung waren, so waren wir doch immerhin froh, uns dazu entschlossen zu haben.

Hinweise zum Umgang mit dieser Frage

Wie immer möchte ich Sie dazu ermutigen, sich bei der Beantwortung dieser Frage auf Ihre Gefühle zu verlassen. Haben Sie angesichts der Zukunft, über die Sie und Ihr*e Partner*in sprechen, Schmetterlinge im Bauch oder fühlen Sie sich … einfach nur leer? Vergessen Sie nicht, dass auch ein Kompromiss eine Möglichkeit darstellt, wenn Ihre Vorstellungen nicht übereinstimmen. Aber während Sie über diesen Kompromiss sprechen oder sich ausmalen, wie er aussehen könnte, sollten Sie wieder

Ihre Gefühle befragen. Was wollen Sie gemeinsam erschaffen? Selbst wenn dieses Gemeinsame darin besteht, an jedem Sonntagmorgen gemütlich Kaffee zusammen zu trinken und dabei die Zeitung zu lesen. Es muss nichts Großartiges sein. Es reicht völlig aus, wenn Sie beide es wollen und es sich für Sie beide stimmig anfühlt. Bringt es in Ihnen etwas zum Klingen? Fühlt es sich gut für Sie an?

Ob nun aber das Gespräch, das sich aus dieser Frage ergibt, von gemeinsamen, perfekt harmonierenden Zukunftsträumen nur so strotzt, ob Sie sich darum bemühen, mögliche Schnittmengen für Ihre individuellen Vorstellungen zu finden, oder ob Ihnen dabei klar wird, dass die größten Träume, die Sie und Ihr*e Partner*in miteinander teilen, nicht eine ferne Zukunft betreffen, sondern was das Morgen an erfüllenden Momenten für Sie bereithält: Haben Sie Geduld und lassen Sie sich Zeit. Das einzig Sichere an der Zukunft ist, dass sie sich nicht vorhersagen lässt. Träume ändern sich und Menschen auch. Betrachten Sie alles, was sich aus dieser Frage ergibt, mit gelassener Offenheit. Es braucht Zeit, um zu sehen, wie Ihre Träume Gestalt annehmen oder sich mit der Zeit verwandeln. Und Sie haben jedes Recht, sich anderes zu erträumen, wann immer Sie wollen. Für viele Menschen ändern sich ihre Träume, sobald sie Kinder haben, und die Prioritäten, die sie für sich selbst setzen, werden zugunsten ihrer Kinder zurückgestellt. Wie alle Menschen verändern auch Sie sich. Was Ihnen wichtig ist, ändert sich, und damit ändert sich auch das, was Sie sich von der Zukunft erhoffen. Das ist in Ordnung und auch nicht anders zu erwarten. Hier geht es lediglich um die Zukunftsträume, die Sie jetzt, an diesem Punkt Ihres Lebens, hegen. Sehen Sie in ihnen den Kompass, an dem Sie sich orientieren, aber opfern Sie nicht den gegenwärtigen Augenblick, um sie überstürzt zu verwirklichen.

Gemeinsame Träume und Ziele gehören zu den wichtigsten

Bezugsgrößen einer jeden Partnerschaft. Sie bilden die Schnittmenge der Zukunftshoffnungen, die jede*r der beiden Partner*innen in das Zusammenleben einzubringen hat. Von diesem einzigartigen Ort der Gemeinsamkeit aus weiterzugehen – ihn ganz konkret zur Operationsbasis für das Miteinander und weitere Vorgehen zu machen –, ist ein sicherer Weg, um auf eine tiefere Ebene der Nähe in der Beziehung zu gelangen.

FRAGE 11:

WENN DIES UNSER LETZTES GESPRÄCH WÄRE, WAS SOLLTE ICH DEINER ANSICHT NACH NIEMALS VERGESSEN?

Die vorletzte Frage in Ihrem Gespräch fordert Sie auf, sich noch weiter in die Zukunft zu versetzen, in den unvermeidlichen Moment der Trennung, dem Sie und Ihr*e Partner*in sich eines Tages gegenübersehen werden. Ob dieser Moment nun eintritt, weil die Beziehung endet oder das Leben, irgendwann wird er kommen. Jede Geschichte hat ein Ende. Und sobald eine Geschichte wirklich zu Ende ist, haben Sie nicht mehr die Möglichkeit, Ihrer Partnerin oder Ihrem Partner zu sagen, was für Sie das Wichtigste an Ihrer Verbindung war. Warten Sie damit zu lange, versäumen Sie die Gelegenheit, all das zu sagen, was bisher vielleicht ungesagt geblieben ist. Was aber, wenn Sie gar nicht mehr damit warten? Wenn Sie sich dazu entschließen, diese bedeutungsvollen Worte in diesem Augenblick auszusprechen? Bei der Beantwortung dieser Frage werden Sie feststellen, dass Sie nichts dadurch verlieren, wenn Sie sich dafür entscheiden, jetzt Ihr Herz zu öffnen. Vielmehr können Sie durch das wertvolle Geschenk, das Sie damit machen, selbst etwas äußerst Wertvolles gewinnen.

Ein Spiegel für das Licht des Anderen sein

Nachdem das Gespräch nun Sie und Ihr*e Partner*in durch die verschiedenen Etappen der Heilung, der Versöhnung und der Anerkennung dessen geführt hat, wodurch Sie einander auf Ihrem gemeinsamen Weg bereichern konnten, fordert Sie diese Frage auf, sich das Ende dieser Reise vor Augen zu führen. Vielleicht sind Sie angesichts dessen, was Ihr Gespräch ergeben hat, ja auch zu dem Schluss gekommen, dass dieses Ende nicht mehr fern ist. Vielleicht hat der Gesprächsverlauf Ihnen umgekehrt klargemacht, dass Sie sich wünschen, Ihre gemeinsame Reise würde ewig weitergehen. Sollten Sie zur zweiten Fraktion zählen, muss ich Ihnen, so leid es mir tut, mitteilen, dass es so etwas wie »ewig« nicht gibt. Die Energie, die uns und das gesamte Universum, das wir bewohnen, geformt hat, ist von Natur aus in ständigem Wandel begriffen. Nichts währt ewig, und der Versuch, diesen Zustand zu erzwingen, läuft auf eine Missachtung des dem Leben innewohnenden Rhythmus hinaus. Je mehr wir in der Lage sind – im Guten wie im Schlechten –, den Wechsel von Flut und Ebbe, der allen Dingen innewohnt, zu bejahen, desto eher wird es uns gelingen, uns dem Gezeitenstrom der Erfahrungen, die unser Leben mit sich bringt, in einer Haltung des inneren Friedens, der Anmut und Bewusstheit zu überlassen.

Ob Ihr gemeinsamer Weg nun aber morgen oder in fünfzig Jahren endet: Wenn Sie sich eine Minute Zeit nehmen, um sich diesen Augenblick der Trennung zu vergegenwärtigen, gibt es sicher einige letzte, bedeutsame Worte, die Sie an Ihre Partnerin oder Ihren Partner richten möchten. Dabei könnte es sich um Worte des Zuspruchs, der Bewunderung oder auch schlicht um einen Ausdruck der Liebe handeln. Versuchen Sie jetzt, für sich die entsprechenden Worte zu finden. Wie fühlt es sich für Sie an, wenn Sie sich vorstellen, sie laut auszusprechen? Macht es Sie verlegen? Hat es etwas Befreiendes an sich? Oder etwas Beängstigendes? Haut es Sie regelrecht um? Oder erfüllt es Sie mit Freude? Was immer es aber auch sein mag, das niemals zu vergessen Sie Ihre*n Partner*in bitten möchten: Für den Moment – und vor allem, wenn dieser Augenblick des Abschieds vermutlich noch in weiter Ferne liegt – könnten Ihre Worte noch als zu gewaltig und zu gewichtig erscheinen, um sie auszusprechen, da Sie sich ja morgen wieder gegenüberstehen werden. Aus diesem Grund sollten Sie sich diese Frage bis zum Ende der Gesprächsrunde aufheben. Das bewahrt Sie auch davor, sich schutzlos vorzukommen, wenn Sie sich mit der ganzen Wucht Ihrer Gefühle offenbaren. Und sehen Sie sich nur an, wie weit Sie allein im Laufe dieses Gesprächs gekommen sind. Wenn Sie bei dieser Frage angelangt sind, haben Sie schon viele intensive Gefühle durchlebt und immer wieder von einem Ort der Verletzlichkeit aus gesprochen. Der Sinn dieser Frage besteht also darin, auf dem Wohlgefühl und dem Vertrauen aufzubauen, das Sie im Verlauf des Gesprächs sowohl in Bezug auf sich selbst als auch auf Ihre*n Partner*in entwickelt haben, und diese einmalige Gelegenheit zu nutzen, um Dinge auszusprechen, die so bedeutsam, so aufrichtig, so sensibler Natur sind und so sehr an die Grundfesten Ihrer Beziehung rühren, dass Sie sie unter normalen Umständen nicht benennen würden.

Unter all den Dingen, die ich während meiner Zeit auf diesem Planeten gelernt habe, scheint mir nur weniges so viel innere Wahrheit zu besitzen wie die Vorstellung, dass das Herz zum Lieben gemacht ist. Das ist alles, was es will. Aber im Laufe unseres Lebens führen sowohl bestimmte Erfahrungen als gesellschaftliche Einflüsse dazu, dass sich Schwielen auf unserem Herzen bilden, die den freien Fluss der Liebe blockieren. Das widerfährt mehr oder weniger uns allen; es ist ein normaler Teil des Lebens in der heutigen Zeit. Ablehnung, Missbrauch und Traumatisierung hinterlassen in uns ein schützendes Narbengewebe, das uns vor weiteren Verletzungen bewahren soll. Nimmt man dann noch die Regeln hinzu, mit denen uns die Gesellschaft darüber belehrt, was auszusprechen statthaft ist und was nicht, welches Maß an Gefühl in einer bestimmten Situation angemessen ist und wie wir uns im Allgemeinen gegenüber anderen Menschen zu betragen haben, dann sieht sich der freie Ausdruck unserer Liebe einem ganzen Parcours von Hindernissen gegenüber, die er auf seinem Weg in die Welt zu überwinden hat. Aus diesem Grund fühlen wir uns oft unwohl damit, uns mit dem unverfälschten, ungetrübten Ausdruck der Liebe, zu dem unser Herz uns von Natur aus hindrängt, vor anderen zu zeigen. Anstatt mühelos fühlt es sich kompliziert an. Wir fürchten, es könnte kitschig oder klischeehaft wirken.

Aber diese Gefühle sind nicht wirklich die unseren. Sie sind lediglich der Reflex gesellschaftlicher Wertvorstellungen, die wir unbewusst übernommen haben, und des Unbehagens, das wir empfinden, wenn sich unsere wahren Gefühle ihren Weg durch all das Narbengewebe zu bahnen versuchen, das sich in uns gebildet hat.

Das Mittel, uns von diesen gesellschaftlichen Vorurteilen zu befreien, besteht darin, uns ihrer bewusst zu werden, zu erkennen, dass sie nicht unsere eigenen sind, und mutig unser Herz sprechen zu lassen, wenn uns danach zumute ist. Angesichts der Macht unserer gesellschaftlichen Konditionierung ist das nicht einfach. Betrachten Sie diese Frage daher als einen vorsichtigen ersten Schritt, um dies aktiver in Ihrem Leben zu üben. Wie es schon bei dem Begriff des »Opfers« in Frage 6 der Fall war *(Welches Opfer hast du gebracht, ohne dass ich es anerkenne, und warum ist das deiner Meinung nach so?)*, dürfen Sie sich ruhig ein wenig hinter der Tatsache verstecken, dass es ja die Frage selbst ist, die Sie dazu auffordert, etwas zu sagen, das »kitschig« erscheinen könnte. Sie können es auch ruhig auf mich schieben, wenn Sie wollen. Was auch immer nötig ist, um sich darauf einzulassen: Wenn Sie es über sich bringen können, die Frage im Rahmen dieses geführten Gesprächs zu beantworten, werden Sie feststellen, was für eine Erleichterung es ist, Ihre Herzenswahrheit auszusprechen. Dies ist der richtige Zeitpunkt dafür. Indem Sie und Ihr*e Partner*in sich den bisherigen Fragen gestellt haben, ist dadurch ein Raum des Vertrauens geschaffen worden, der für diesen Grad an Nähe und Offenheit die nötige Voraussetzung bietet. Nachdem Sie den Acker Ihrer Partnerschaft, Ihrer Verbindung zueinander und Ihrer gemeinsamen Geschichte bestellt haben, ist dieser Moment einer der Erträge, die Sie sich verdient haben. Und wenn Sie in dem so vorbereiteten Rahmen Ihre Aussage vortragen, wird sich Ihr*e Partner*in wahrscheinlich eher zutiefst dankbar zeigen, als sich bedrängt oder überfordert zu fühlen. Wir

»Ich liebe dich
in dieser Welt
und in allen
künftigen Welten.«

Victoria

»The Strength of a Gullah Family«
Hier scannen, um das Gespräch anzusehen.

können gar nicht wissen, wie viel unsere aufrichtigen Worte unseren Partner*innen möglicherweise bedeuten.

***

Wenn ich darüber nachdenke, was wir einander sein und auf welche Weise wir unser Leben gegenseitig bereichern können, fällt mir immer wieder dieses Zitat des Autors und Psychiaters David S. Viscott ein: »Der Zweck des Lebens ist es, deine Gabe zu entdecken. Die Arbeit des Lebens besteht darin, sie zu entwickeln. Der Sinn des Lebens ist es, sie zu verschenken.« Wie viele von uns verbringen ihre Zeit damit, nach Gaben zu suchen, die sie bereits besitzen, ohne sich dessen bewusst zu sein? Wie viele von uns stolpern durch ihr Leben, ohne die eigene Schönheit, die eigene Weisheit, den eigenen Genius zu erkennen? Die Menschen, die uns am nächsten stehen, können für uns kraftvolle Spiegel sein, die uns das zeigen, was wir selbst nicht zu sehen vermögen. Wir haben das bereits im Zusammenhang damit gesehen, wie Partner*innen einander helfen, sich selbst wahrzunehmen und dadurch zu einem vollständigeren Ausdruck ihrer selbst zu finden. Aber das Gleiche kann auch mit den besten unserer Eigenschaften geschehen, die wir bereits besitzen. Manchmal braucht es einen Menschen in unserem Leben, der den Mut hat, all das Schöne, das uns ausmacht, in Worte zu fassen, bevor wir uns unserer eigenen Qualitäten bewusst genug werden können, um sie aktiv und bewusst an die Welt zurückzugeben.

Im Jahr 2008 drehte ich einen Dokumentarfilm mit dem Titel *Americana*, ein Projekt, das mich von Kuba über Mexiko bis in die Türkei, nach Albanien, Vietnam und Japan sowie in viele andere Länder auf der ganzen Welt führte, um eine möglichst umfassende Antwort auf die Frage zu erhalten: *Was bedeutet es, Amerikaner*in zu sein?* Eines Tages interviewte ich in Hiroshima einen Überlebenden des Atombombenabwurfs vom 6. August 1945 auf die Stadt. Nach all dem, was er erlebt hatte, konnte er aus einem reichen Erfahrungsschatz schöpfen. Eine seiner Aussagen, die mir im Gedächtnis geblieben sind, war, dass man in seinem Leben nur etwa eintausend Menschen wirklich kennenlernt. Im Laufe eines ganzen Lebens sind das nicht sehr viele. Was ist es, das wir von einer jeden dieser wenigen Seelen, mit denen wir in Kontakt kommen, lernen können? Und was können sie von uns lernen? Welche Art von Spiegel sind Sie für die Menschen in Ihrem Leben? Im Unterschied zu einem echten Spiegel können wir Menschen selbst entscheiden, was wir der Welt und den Menschen in ihr zurückspiegeln. Was ist es, das Sie ihnen zurückspiegeln? Wie hell ist das Licht, das Sie den Menschen, die Sie lieben, zurückwerfen?

Kelly & Virgie: Eine ehrliche Antwort

Ich werde nie vergessen, wie Kelly, eine Frau von vierundvierzig Jahren, ihrer Mutter Virgie – sie ist in den Achtzigern, hat weißes Haar und trägt eine Brille – diese Frage für {THE AND} in ähnlicher Form stellte. Sofort glaubte Kelly zu wissen, was ihre Mutter daraufhin sagen wird.

»Oh, das kann ich mir selbst beantworten: in die Kirche zu gehen«, kommt sie ihrer Mutter mit einer abwinkenden Handbewegung zuvor. Mit ihrem sarkastischen Unterton lässt sie durchblicken, dass ihre Mutter wohl die Gelegenheit ergreifen wird, um ihr moralische Ratschläge zu erteilen. Nach mehr als vierzig Jahren kennt sie ihre Mutter gut genug, um damit nicht ganz unrecht zu haben.

»Ja, erhalte deinen Glauben an Gott aufrecht«, antwortet Virgie, »und sei nett zu den Menschen. Schließlich bist du nicht der einzige Mensch auf diesem Planeten. Stimmt's?«

»Das ist mir neu«, sagt Kelly und lacht, wobei der bissige Humor, den beide Frauen miteinander teilen, nicht zu überhören ist.

Nachdem ihr gemeinsames Lachen verstummt ist, verzieht Kelly ein wenig ratlos das Gesicht. »Nun«, sagt sie, wobei sie sich zum Filmteam umwendet, »wir haben gar keine Fragen mehr.« Ist sie ein wenig enttäuscht? Spürt sie instinktiv, dass etwas fehlt? Für mich sieht es so aus, als würde sie die Tatsache akzeptieren, dass ihre Mutter ihr gerade eine Antwort gegeben hat, die in ihrer humorigen Art zwar so gemeint ist, aber nicht gerade die tiefere Wahrheit ihrer Beziehung zueinander zum Ausdruck bringt.

Aber dann zeigt sich Virgie von ihrer authentischen Seite. Sie nimmt die schützende Maske des Humors herunter und spricht zu ihrer Tochter unmittelbar aus ihrem Herzen.

»Nun, es bleiben noch viele Fragen im Leben«, beginnt sie, und in ihren Augen wird der Anflug eines Lächelns erkennbar, »aber sie tauchen nur gelegentlich auf. Aber du kannst jederzeit zu mir kommen. Vielleicht gebe ich dir nicht die Antwort, die du dir wünschst, aber ich werde dir immer eine ehrliche Antwort geben.«

»Da bin ich mir sicher«, wirft Kelly ein, die offenbar davon ausgeht, dass ihr Gespräch auch weiterhin einen scherzhaft-spöttelnden Charakter haben wird. Aber Virgies Tonfall ist nun ein anderer, ihre Stimme wird tiefer und sie scheint jetzt aus einer anderen Region ihres Körpers zu kommen. Kelly ist nicht auf das gefasst, was nun folgt.

»Und ich werde dich bis zu dem Tag lieben, an dem ich diese Erde verlasse«, fährt Virgie fort. »Und danach werde ich Schwierigkeiten haben, mit dir zu kommunizieren. Aber du wirst wissen, dass ich dir von irgendwo da oben aus zuschaue.« Ein liebevolles Lächeln, in dem ihr ganzer mütterlicher Stolz zum Ausdruck kommt, breitet sich auf ihrem Gesicht aus. »Und ich liebe dich von ganzem Herzen. Und du hast so viel in mein Leben gebracht.« Dann verschwindet ihr Lächeln, und mit dem Ernst, den sie während des gesamten Gesprächs gezeigt hat, sagt Virgie zu ihrer Tochter: »Wenn ich morgen diese Erde verlasse, dann werde ich deinetwegen ein erfülltes Leben gehabt haben. Du bist mein besonderer Liebling.«

Und da ist sie. Die reine, unverfälschte Wahrheit, wie sie aus Virgies Herzen quillt und für Kelly jetzt unmittelbar spürbar wird. Wenn man den beiden zusieht, wie sie nach dieser Aussage beieinandersitzen, wird klar, dass darin ihre Verbindung in ihrer ganzen Tiefe zum Ausdruck gekommen ist. Mit Tränen in den Augen schauen sie einander einfach nur an und lassen den Augenblick auf sich wirken. Nach Kellys Gesichtsausdruck zu urteilen, gibt es keinen Zweifel daran, was für ein Geschenk das für sie war.

Aber in seiner ganzen Dimension ist dieses Geschenk für Kelly erst Jahre später spürbar geworden. Sechs Jahre, nachdem wir ihr Gespräch aufgezeichnet hatten, erhielt ich diese E-Mail von Kellys Ehemann:

***

*Ich möchte Ihnen mitteilen, dass Kellys Mutter Virgie letzte Woche in unserem Haus verstorben ist. Es waren ein paar schwere Monate, aber ich möchte es Sie dennoch wissen lassen … Heute erinnerte sich Kelly an das {*THE AND*}-Gespräch, das sie mit Virgie geführt hatte, und den ganzen Tag lang hat sie sich das Video immer wieder angesehen. Ich erinnere mich noch, wie ich beide dazu ermutigt habe, das zu tun, und ich bin so froh, dass wir dieses Filmdokument ihres Gesprächs besitzen.*

Daher möchte ich Ihnen ausdrücklich für Ihre bemerkenswerte Arbeit danken, die es nun meiner trauernden Frau ermöglicht, beim Betrachten dieses Gesprächs Trost zu finden. Meinen aufrichtigen Dank dafür.

Das Ende vorwegnehmen

Nicht lange nach den Dreharbeiten zu *Americana* arbeitete ich an Meghan O'Haras hochgelobter Krebsdokumentation *The C Word*. Während der Dreharbeiten hatte ich die Ehre und das Privileg, den inzwischen verstorbenen französischen Neurowissenschaftler und Revolutionär der Krebsforschung David Servan-Schreiber kennenzulernen. Zu der Zeit, als wir uns begegneten, hatte er schon seit Längerem eine Krebserkrankung überlebt und war in der Folge zu einer prominenten Persönlichkeit auf dem Gebiet der Krebsbehandlung und -prävention geworden. Doch leider kehrte, zwanzig Jahre nach seiner ersten Diagnose, der Krebs zurück. Bevor er starb, schrieb David das Buch *Man sagt sich mehr als einmal Lebewohl*, wobei er in den letzten Monaten seines Lebens den Text dazu nur noch im Flüsterton diktierte. Es ist ein Buch voller wertvoller Informationen und Einsichten, aber das Wichtigste, was ich daraus mitgenommen habe, ist Davids eindringlicher Rat, nicht bis zum Ende zu warten, um zu tun, was wir tun möchten, oder zu sagen, was zu sagen ist; besser sei es, das Ende vorwegzunehmen.

Das Ende kommt selten zu einem gelegenen Zeitpunkt. Darauf zu hoffen ist ein sehr riskantes Spiel, das sich nicht lohnt, vor allem wenn man bedenkt, dass das einzige Risiko, das wir eingehen, wenn wir das Ende vorwegnehmen, unsere eigene emotionale Verletzlichkeit ist. Wenn wir uns vom Leben die Gunst erhoffen, uns genau den richtigen Augenblick zu bescheren, um unseren Lieben unser Herz zu öffnen, könnten wir uns damit um einen Gefühlsaustausch bringen, der eines Tages für immer außer Reichweite sein wird. Worauf also warten? Nehmen Sie jetzt das Ende vorweg. Offenbaren Sie sich Ihrer Partnerin oder Ihrem Partner. Ergreifen Sie diesen Moment, den Sie sich verdient haben.

Ich selbst habe mich dieses Fehlers schuldig gemacht, auf den »richtigen« Moment zu warten, um den Menschen in meinem Leben zu sagen, wie wichtig sie mir sind, und habe den hohen Preis dafür zahlen müssen, das Ende nicht vorweggenommen zu haben. Im April 2011 schrieb ich in einem Café in Brooklyn an einem Text, als mich die Nachricht erreichte: Mein enger Freund Tim Hetherington – ein britischer Fotojournalist, der nur zwei Monate zuvor auf dem roten Teppich der Oscar-Verleihung stand, bei der sein Film *Restrepo* als bester Dokumentarfilm nominiert war – wurde während einer Reportage über den libyschen Bürgerkrieg durch einen Granatsplitter getötet. Einen Moment lang saß ich einfach nur fassungslos da. Ich konnte nur noch verschwommen sehen, und als ich wieder klar erkennen konnte, was sich auf dem Laptopbildschirm vor mir befand, sah ich das halb fertige Drehbuch für den Film, an dem ich mit Tim gearbeitet hatte. Ich hatte gerade an ihn gedacht, während ich an dem Projekt schrieb, über das wir stundenlang diskutiert hatten, als ich eine Pause einlegte, auf mein Handy schaute und sah, dass ich jede Menge verpasster Anrufe und ungelesener SMS von seiner Verlobten hatte.

Wenn man eine derartige Flut von Nachrichten auf dem Display sieht, weiß man, dass es keine guten sind. Ich versuchte, mich zu beherrschen, aber als ich sie zurückrief und sie mir erzählte, was passiert war, spürte ich, wie es mir plötzlich das Herz brach. Ich zermarterte mir den Kopf, wann wir das letzte Mal miteinander gesprochen, welche die letzten Worte gewesen waren, die wir miteinander gewechselt hatten. Ich durchforstete mein Gedächtnis, um mich an die Begegnungen und Gespräche zu erinnern, die wir hatten. Ich stöberte in meinem Handy nach einer Sprachnachricht von Tim, nur um seine Stimme zu hören, aber es gab keine. Als ich in diesem Café saß, gingen mir all die Dinge durch den Kopf, die ich Tim gerne noch gesagt hätte. Aber alles, was ich tun konnte, war, dort zu sitzen und still um meinen Freund zu trauern, während mir all diese ungesagten Worte durch den Kopf schossen. Mir wurde bewusst, dass unsere Freundschaft ein Faden war, der niemals mehr weitergesponnen, sondern mit der Zeit zerfallen und nur noch in der Erinnerung Bestand haben würde.

So schlimm diese Erfahrung auch war, sie hat mich darin bestärkt, für mich das Ende vorwegzunehmen. Seither habe ich mir fest vorgenommen, daraus eine Übung zu machen. Was immer wir in diesem endgültigen Augenblick zum Ausdruck bringen möchten, können wir auf diese Weise im Laufe unseres Lebens viele Male tun. Wir können viele Male Lebewohl sagen. Wir können viele Male Ich liebe dich sagen. Was wirklich wichtig ist, können wir viele, viele Male aussprechen. Wir brauchen damit nicht bis zum Ende zu warten. Und das sollten wir auch nicht. Das Ende kündigt sich selten an. Es tritt einfach ein. Und an diesem Punkt ist es zu spät. Glauben Sie nicht, auf ein spezielles oder einschneidendes Ereignis warten zu müssen, denn es könnte sein, dass keine Zeit mehr bleibt, um die Dinge zu sagen, zu denen dieser Einschnitt Sie bewegt. Wie anders könnte unsere Welt aussehen, wenn wir alle das Ende vorwegnehmen und schon jetzt unsere Herzenswahrheit aussprechen würden, wenn wir für unsere Lieben zu den Spiegeln würden, in die zu blicken sie verdienen?

Hinweise zum Umgang mit dieser Frage

Häufig meinen wir, es sei nicht nötig, unsere tiefsten Gefühle gegenüber unseren Partner*innen in Worte zu fassen. Wir denken, es reiche aus, dass wir um sie wissen. Und wenn wir sie zum Ausdruck bringen wollen, dann tun wir das auf nonverbale

Weise – durch ein Lächeln, durch Berührungen, Gesten oder Handlungen, von denen wir hoffen, dass sie diese starken Gefühle vermitteln. Und oft funktioniert das ja auch; es gelingt uns, unseren Partner oder unsere Partnerin die Tiefe unserer Liebe spüren zu lassen, ohne dass ein einziges Wort gesprochen werden muss.

Aber wozu haben wir denn die Möglichkeit, diese Gefühle in Worte zu fassen? Und warum tun wir es dann nicht? Vielleicht besteht dazu keine Notwendigkeit, aber warum finden wir nicht trotzdem Worte für unsere Gefühle? Die talentierteste Malerin der Welt hat es vielleicht nicht nötig, weiterhin zu malen, nachdem sie etwas geschaffen hat, das als Meisterwerk gilt. Aber sie ist in der Lage dazu, und so beschenkt sie die Welt auch weiterhin mit ihren Bildern. Wir alle sind in der Lage, unsere Partner*innen mit den Worten zu beschenken, in denen unsere tiefe Wertschätzung für sie zum Ausdruck kommt. Warum sich nicht dazu entschließen? Wenn wir in unserem Leben mit nur tausend Menschen in engere Berührung kommen, warum dann nicht eintausend Wellen der Offenheit und Verbundenheit durch die Menschheit senden?

Dieses Zitat Ludwig Wittgensteins ist mir aus der Zeit meines Philosophiestudiums in Oxford besonders in Erinnerung geblieben: »Die Grenzen meiner Sprache bedeuten die Grenzen meiner Welt.« Für Wittgenstein war unserem Verständnis der menschlichen Erfahrung durch die Sprache eine Grenze gesetzt. Aber je umfassender und differenzierter wir diese Erfahrung formulieren, desto reichhaltiger kann sie ausfallen. Ihre Worte besitzen Macht. Sprechen Sie sie aus, und Ihre Welt sowie die Welt der Menschen, die Ihnen nahestehen, wird dadurch nur reicher und lebendiger werden können.

FRAGE 12:

WARUM LIEBST DU MICH?

Wie oft stellen wir diese Frage in unserem täglichen Leben? Obwohl die Antwort darauf in jedem Augenblick des Umgangs mit unserem Partner oder unserer Partnerin im Raume steht, fassen wir sie nur selten ausdrücklich in Worte. Wenn Sie einen Menschen lieben, dann tragen Sie die Gewissheit in sich, dass die Liebe zu diesem Menschen tief in Ihrem Inneren wurzelt. Aber halten Sie jemals inne, um ihr auf den Grund zu gehen? Sie wissen, dass sie da ist, aber wie sieht sie aus? Wie fühlt sie sich an?

Wenn Sie diese Frage immer wieder stellen und auf diese Weise in immer tiefere Zonen der Nähe und Vertrautheit vordringen, werden Sie vielleicht entdecken, dass es auf der tiefsten Ebene nicht mehr und nicht weniger gibt als ein unaussprechliches Gefühl der Verbundenheit. Womit Sie der Austausch über diese Frage letztlich beschenkt, ist zweierlei: erstens mit der Chance, die Gründe und vielschichtigen Gefühle zu benennen, die hinter Ihrer Liebe zueinander stehen, sodass Sie sich beide der heiligen Dimension, die Ihrer Verbindung innewohnt, bewusst werden; und zweitens mit dem Erfahrungsraum, in dem Sie einfach in stillem, ehrfürchtigem Gewahrsein dieser transzendenten Kraft, die wir Liebe nennen, verweilen können.

Eine Botschaft der Transzendenz

Von allen Fragen, die Sie bisher einander gestellt haben, kann sich diese wie die gewichtigste anfühlen. Das Gespräch, das Sie nun fast beendet haben, hat Ihnen die Tiefe und Komplexität Ihrer Verbindung zu Ihrem Partner oder Ihrer Partnerin vor Augen geführt. An dieser Stelle möchte ich Sie nun bitten, Ihr Möglichstes zu versuchen, dieses Universum aus gemeinsamen Erfahrungen, Gefühlen, Herausforderungen, aus Schmerz, Beharrlichkeit und

Heiligkeit in Worte zu fassen. Bei den Dreharbeiten zu {THE AND} habe ich oft beobachten können, wie die Beteiligten bei dieser Frage von der Macht ihrer Liebesgefühle überwältigt wurden, bevor sie überhaupt versuchen konnten, die Quintessenz ihrer Gefühle zu formulieren. Und das ist mit Sicherheit keine leichte Aufgabe. Wenn Sie sich also von dieser Frage mehr gefordert fühlen als von allen vorangegangenen, dann machen Sie sich keine Sorgen: Sie befinden sich in bester Gesellschaft. Aber vergessen Sie auch nicht, dass Sie durch die bisherigen 11 Fragen schon eine Menge Übung darin haben, Ihre Gefühle zu artikulieren und von einem Ort wahrer Verbundenheit aus zu sprechen. So gewichtig diese Frage auch erscheinen mag, versuchen Sie, die Gründe, warum Sie Ihre*n Partner*in lieben, möglichst genau zu benennen. Auf vielen verschiedenen Ebenen kann das für sie oder ihn von unschätzbarem Wert sein.

Das Geschenk, das wir unseren Partner*innen damit machen, dass wir ihnen unsere Liebe nicht nur zeigen, sondern auch mitteilen, warum wir sie lieben, hat für mein Gefühl eine Bedeutung, die das Gespräch, die Partnerschaft und sogar das, was wir als »Leben« bezeichnen, transzendiert. Ich bin zutiefst davon überzeugt, dass wir auf diesen Planeten gekommen sind, um voneinander zu lernen. Wir alle sind Seelen, die sich entschieden haben, aus dem Unendlichen herauszutreten, um eine Art von Wissen zu erlangen, das uns nur in einer endlichen Existenz verfügbar ist. Einen Großteil dieses Wissens schöpfen wir aus den liebevollen Verbindungen, die wir mit anderen Seelen knüpfen, die sich auf derselben Entdeckungsreise befinden wie wir selbst – mit den mehr oder weniger eintausend Menschen, von denen der Überlebende des Bombenabwurfs auf Hiroshima sprach, den ich für meinen Dokumentarfilm interviewt hatte. Die schlichte Geste, Ihrem Gegenüber in die Augen zu schauen, die Sie vielleicht zu Beginn dieses Gesprächs geübt haben, wird so zu einem symboli-

»Es wird
für mich
immer einen
Grund geben,
dich zu lieben.«

Ichak

»Will You Fall Apart if I Die?«
Hier scannen, um das Gespräch anzusehen.

schen Akt, mit dem wir zugleich einen Blick auf jenen Ort der Unendlichkeit werfen, von dem wir alle herkommen und an den wir alle zurückkehren werden – einen Ort, der so ganz und gar aus Liebe besteht, dass es für unsere Seelen, während wir uns an ihm befinden, unmöglich ist zu erkennen, was Liebe ist. Um sie erfahren zu können, müssen sie erst an einen Ort gelangen, an dem die Liebe etwas Besonderes und Kostbares ist und wo sie oft im Kontrast zu der Beziehungslosigkeit der Welt steht, die uns umgibt. Sagen wir daher unseren Partner*innen, was uns dazu bewegt, sie zu lieben, dann kommt dieser unendliche Teil in ihnen der Erfüllung seiner Aufgabe auf dieser Erde ein großes Stück näher. Wenn wir uns der Herausforderung stellen, diese Frage aufrichtig zu beantworten, ist das einer der größten Dienste, die wir einem anderen Menschen erweisen können.

Was wir alle gerne hören möchten

Trotz der großen Kraft, die in der Antwort darauf liegen kann, stellen wir diese Frage nur selten einander oder auch uns selbst. Wenn sie überhaupt auftaucht, dann meist im Zusammenhang mit einem Streit oder einer Trennungsabsicht, wenn es bereits zu einer Verletzung gekommen ist und wir die Beziehung durch diese Brille betrachten. Dann wird die Frage zu einem Hinterfragen, womit wir versuchen, den Schmerz, den wir empfinden, zu rationalisieren: *Was liegt mir wirklich an dieser Beziehung?* Oder: *Was habe ich im Grunde genommen davon?*

Deshalb ist es so wichtig, bewusst einen geschützten Raum zu schaffen, in dem wir diese Art von Fragen einander stellen können. Ohne diesen besonderen Rahmen, in dem Fragen wie diese so gestellt und verstanden werden können, wie sie gemeint sind, wäre es schwierig, wirklich eine authentische Antwort zu erhalten. Aber wenn Sie sie jetzt stellen – am Ende eines Gesprächs, in dem Ihre Beziehung von allen Seiten beleuchtet wurde und Sie sich viel Zeit genommen haben, um sie in einem geschützten Raum zu erkunden, der Ihnen beiden gestattet hat, sich emotional verletzlich zu zeigen –, dann haben Sie hier und jetzt die Chance, die Gründe dafür zu vernehmen, warum Ihr*e Partner*in Sie liebt. Und zu ihrer Stimme finden diese Gründe von einem Ort aus, an dem man die Beziehung als Ganzes sieht, mit klarem Blick und einem offenen Herzen. Ist es letztlich nicht das, was Sie beide am liebsten hören möchten?

Kehren wir noch einmal kurz zu dem Gespräch zwischen Rock und Marcela zurück, dem Paar, das wir anlässlich der Frage 8 *(Von welcher gemeinsamen Erfahrung wünschst du dir, dass wir sie nie gemacht hätten, und warum?)* kennengelernt hatten und das seine Beziehung trotz der Belastungen jahrelanger Inhaftierung aufrechterhalten konnte. Es soll deutlich machen, wie die Frage 12 dank dieser ganzheitlichen Perspektive zu ganz einzigartigen und kraftvollen Antworten führen kann. Als Rock sie Marcela stellt, spiegelt sich das Bedeutungsgewicht, das diese Frage für sie offenbar besitzt, in ihren weit geöffneten Augen und einem langen, gedehnten Seufzer wider. Es dauert nicht lange, bis sie den ganzen Umfang ihrer Gefühle für Rock in einer einzigen Quintessenz zusammenfasst: »Durch dich fühle ich mich vollständig«, sagt sie. »Du machst mich zu einem besseren Menschen.«

Rock lässt das einen Moment lang sacken, bevor er seinerseits antwortet. »Warum ich dich liebe?«, beginnt er. »Nach achtzehneinhalb Jahren, die ich mehr oder weniger im Gefängnis verbracht habe, kann ich jetzt, mit sechsunddreißig, fast siebenunddreißig, sagen, dass ich all das habe, was ich mir jemals für mein Leben vorgestellt habe, seit ich mit dreizehn Jahren das erste Mal verhaftet wurde.« Nachdenklich nimmt er einen tiefen Atemzug. »Ich habe jetzt all das, was ich mir jemals im Leben gewünscht habe. Du hast mir geholfen, all das zu erreichen, von dem ich wusste, dass ich es in meinem Leben brauche, um nicht wieder im Gefängnis oder auf der Straße zu landen.«

»Du hast dich also durch mich gebessert?«, fragt ihn Marcela mit einem verschmitzten Lächeln.

»Du hast mein Verständnis von Rechtschaffenheit erweitert«, antwortet Rock, und man kann in Marcelas Augen erkennen, wie sehr diese Aussage sie erleichtert und mit Stolz erfüllt, wie viel Kraft sie aus ihr zu schöpfen vermag und wie sehr sie sich verstanden fühlt nach all dem, was sie gemeinsam durchgemacht haben.

Hinweise zum Umgang mit dieser Frage

Nicht selten kommt es vor, dass die Teilnehmer*innen auf diese Frage automatisch antworten: »Ich tue es einfach.« Manchmal *kann* diese Reaktion ein weiteres kulturelles Mantra sein, das uns in den Kopf kommt. Uns wird beigebracht, dass Liebe einfach nur … Liebe sei: ein Gefühl, das einfach zu geheimnisvoll, allumfassend und bedingungslos ist, um es jemals in Worte zu fassen. Ich selbst habe die wahrhaft bedingungslose Liebe nie verstanden, bis mein Sohn geboren wurde. Bei meinem Sohn ist meine Liebe keine Wahl. Sie ist etwas, das mir niemals genommen werden oder sich jemals verändern könnte.

Unsere Liebe zu unseren Partner*innen ist dagegen etwas, für das wir uns entscheiden. Und darin liegt eine besondere Schönheit. Überlegen Sie, was Sie dazu veranlasst, diese Entscheidung zu treffen, dann werden Sie diese Frage auf eine Weise beantworten können, die Ihrer persönlichen Wahrheit entspricht, ohne damit lediglich ein kulturelles Mantra zu zitieren. Wie wir bei Rock und Marcela gesehen haben, ist es durchaus möglich, das vermeintlich Unbeschreibliche mit Worten zu beschreiben. Aber es ist nicht immer möglich oder auch notwendig. Unterhalb der Ebene der Worte, die Sie finden oder auch nicht finden, um Ihrer Liebe Ausdruck zu verleihen, gibt es nur reines Gefühl, und das lässt sich unmöglich in Worte fassen, wie gut Sie die Kunst der emotionalen Artikulation auch beherrschen mögen. Der einzige Weg, es auszudrücken, besteht darin, es in einem tiefempfundenen Moment gemeinsamer Stille aus Ihrem Herzen heraus präsent und spürbar werden zu lassen. Die Worte, die in diesem Moment fallen, könnten genau die gleichen sein: »Ich liebe dich einfach.« Aber wenn Sie sich wirklich in Ihre Gefühle fallen lassen, wenn Sie dieses Gefühl der Liebe in den Raum zwischen sich und Ihrem Partner oder Ihrer Partnerin stellen und es einfach wirken lassen, dann wird »Ich liebe dich einfach« kein kulturelles Mantra sein, sondern ein ehrlicher Ausdruck der Wahrheit Ihres Herzen, und glauben Sie mir, dass Sie beide den Unterschied spüren können.

An dieser Stelle möchte ich mit einem solchen Augenblick schließen, wie er sich zwischen Rafa und Douglas abgespielt hat, dem Paar, das wir ganz zu Beginn kennengelernt hatten.

»Warum liebst du mich?«, fragt Rafa.

Bevor er darauf antwortet, nimmt sich Douglas einen Moment Zeit, um in seine Gefühle für Rafa hineinzuspüren. Während er mit ihnen Kontakt aufnimmt, nickt er mehrfach mit einem bestätigenden Lächeln. Nachdem die beiden Männer in ihrem bisherigen Gespräch ihre Gefühle so eingehend erkundet haben, ist er ihnen jetzt ganz nah, und er braucht nur einen Augenblick, um sich auf sie einzustimmen.

Dann sagt Douglas: »Es gibt dafür keinen bestimmten Grund oder Anlass. Und das macht es so wertvoll. Es *ist* einfach so … ich tue es einfach … Ich liebe dich, und das ist ein ganz tiefes Gefühl … Es ist einfach da.«

Hätte ein anderer diese Worte gesprochen, jemand, der sich zuvor nicht diesen entscheidenden Augenblick Zeit genommen hat, um sich in seine Gefühle fallen zu lassen, dann hätten genau dieselben Worte nichts als ein kulturelles Mantra sein können. Anhand der gedruckten Sätze lässt sich der Unterschied nicht verdeutlichen. Wenn Sie sich aber das Video des Gesprächs anschauen, das die beiden miteinander geführt haben, wenn Sie sehen, wie in Douglas' Augen die Wahrheit seines Herzens aufglänzt, wie Rafa in diesem heiligen Moment der verbindenden Stille, die ihr Gespräch beschließt, die Tränen über die Wangen laufen, dann werden Sie genau wissen, was ich meine.

Eine lange Weile sitzen die beiden einfach nur da, ohne zu sprechen, und schauen einander in die onyxfarbenen Pupillen. Rein äußerlich betrachtet geschieht hier genau das Gleiche wie zu Beginn ihres Gesprächs: Sie sitzen schweigend da und schauen einander in die Augen. Aber diese Stille ist anders. Irgendetwas ist – auf unsichtbare, gleichwohl unbestreitbar reale Weise – anders geworden, gewachsen, stärker geworden. Wenn sie in die Pupillen ihres Partners schauen, was sehen sie dort? Das Unendliche? Den Widerschein der eigenen Seele in einer anderen? Oder einfach nur den liebevollen Blick des Menschen, mit dem die Schönheit wahrer Nähe zu teilen sie sich entschieden haben?

Lange schauen sie sich so in die Augen.

Und indem sie ihr Gespräch beenden und damit zugleich das nächste Kapitel ihrer Beziehung aufschlagen, flüstert Rafa seinem Mann zu: »Dito.«

III: Bevor Sie beginnen

Bisher haben Sie gesehen, welchen Einfluss die Macht der Fragen auf Ihre Lebenswirklichkeit haben kann, was eine gute Frage ausmacht und wie wichtig es ist, einen sicheren Raum für ein Gespräch zu schaffen, in dem das Verbindende im Vordergrund steht.
Aber was passiert, wenn das Gespräch aus dem Ruder zu laufen scheint? Was können Sie tun, um es wieder auf den richtigen Weg zu bringen? Wie gehen Sie am besten mit diesen 12 Fragen um und mit dem partnerschaftlichen »Zwischenraum«, wann immer Sie ihn betreten? Im Folgenden finden Sie einige Strategien zum Umgang mit Herausforderungen dieser Art.

PROBLEMLÖSUNG: KURSKORREKTUREN AUF DEM WEG

Ein tiefgehendes und aufrichtiges Gespräch zu führen kann eine Herausforderung sein, vor allem wenn Sie und Ihr*e Partner*in nicht viel Übung darin besitzen. Wenn Sie die hier beschriebenen Techniken im Verlaufe Ihres intimen Paargesprächs in die Praxis umsetzen, werden Sie damit eine Menge Hindernisse, die dabei möglicherweise vor Ihnen auftauchen, aus dem Weg räumen können. Sollten Sie sich dennoch aus irgendeinem Grund schwertun oder nicht recht wissen, wie beginnen, ist auch das kein Problem. Hier finden Sie einige Ansätze, wie Sie die häufigsten Probleme und Bedenken, die bei dieser Art von angeleitetem Gespräch auftreten können, leicht beseitigen können, sowie Tipps, wie das Gespräch wieder in Gang zu bringen ist, falls Sie und Ihr*e Partner*in dabei einmal ins Stocken geraten.

Allgemeine Hinweise

Gehen Sie nicht mit einer bestimmten Erwartung oder Zielsetzung in das Gespräch

Ziel dieses Gesprächs ist, dass es stattfindet, weiter nichts. Weder braucht es Ihr Leben zu verändern, noch muss es sich tiefschürfend anfühlen, und vor allem muss es nicht irgendeine Art von Lösung herbeiführen. Es ist durchaus möglich, dass es all das und noch mehr bewirkt; aber wenn Sie mit einem bestimmten Ziel vor Augen in das Gespräch hineingehen, ist das ein sicheres Mittel, um es von vornherein scheitern zu lassen.

Wenn Sie bis hierher im Buch gekommen sind, löst die Vorstellung, mit Ihrem Partner oder Ihrer Partnerin ein Gespräch zu führen, das Ihnen dabei hilft, sich auf einer tiefen und innigen Ebene miteinander zu verbinden, in Ihnen möglicherweise eine bestimmte emotionale Reaktion aus. Vielleicht fühlt es sich für Sie spannend oder aufregend an oder wie eine Herausforderung, von der Sie glauben, dass Sie durch sie zu einem tieferen Verständnis Ihrer selbst, Ihrer Partnerin oder Ihres Partners und Ihrer Beziehung gelangen können. Vielleicht sogar zu einer bewussteren Art und Weise, Ihr Leben zu führen? Umso besser! Aber ich wage auch die Vermutung, dass sich auf diese erste gefühlsmäßige Herzensreaktion hin alsbald Ihr Kopf einschaltet und anfängt, sich Dinge auszumalen, die er Ihnen enthusiastisch unterbreitet, womit er möglicherweise die Stimme des Herzens übertönt. *Was können wir aus diesem Gespräch für uns mitnehmen?*, so fragt Ihr Kopf. Und so fangen Sie vielleicht an, darüber nachzudenken, wie dieses Gespräch Ihrer Beziehung konkret zugutekommen, auf welche Weise es Ihren partnerschaftlichen

Umgang verbessern könnte. Könnte es helfen, das Problem zu lösen, das zwischen Ihnen immer wieder zum Thema wird, den permanenten Konflikt, der immer wieder aufflammt und für Reibereien sorgt? Vielleicht ergehen Sie sich auch in Fantasien darüber, was für eine kraftvolle und prägende Erfahrung dieses Gespräch für Sie beide sein könnte, an die Sie noch jahrelang gerne zurückdenken werden.

All das ist ganz normal. Niemals würde ich es Ihnen vorhalten wollen, dass Sie solche Gedanken hegen, und wenn sie Ihnen die nötige Motivation für die Entscheidung liefern, das in diesem Buch beschriebene Gespräch tatsächlich zu führen, ist das großartig. Sobald Sie jedoch diese Entscheidung getroffen haben, ist es von größter Wichtigkeit, diese Gedanken loszulassen. Und spätestens in dem Moment, in dem Sie sich zu diesem Gespräch an einen Tisch zusammensetzen, sollten diese kopflastigen und ergebnisorientierten Motive so weit wie möglich aus Ihrem Denken verbannt sein. Lassen Sie die Erwartungen los. Konzentrieren Sie sich stattdessen auf das, was Sie ursprünglich hierhergeführt hat: den ersten gefühlsmäßigen Impuls der Neugier, das spontane, von Herzen kommende Gespanntsein auf dieses Gespräch, was immer es bringen mag.

Sie und Ihr*e Partner*in begeben sich nicht in dieses Gespräch, um zwei *Gehirne* miteinander kommunizieren zu lassen, sondern damit zwei *Wesen* miteinander Verbindung aufnehmen können. In Ihren Alltagsgesprächen kommen Ihre Gehirne genug zu Wort. Dieses Gespräch stellt eine Gelegenheit dar, Ihr Herz und nichts als Ihr Herz sprechen zu lassen. Üben Sie sich von der ersten Frage an im Deep Listening, hören Sie so gut es geht in sich, in Ihren Körper hinein. Vertrauen Sie auf Ihr intuitives Bauchgefühl und nehmen Sie mit ihm Kontakt auf, bevor Sie Ihre Antwort auf eine Frage formulieren. Auf diese Weise sorgen Sie dafür, dass in dem Dialog stets Ihr Herz das Sagen hat und nicht Ihr Kopf mit seinen festen Zielvorgaben. Unser Verstand ist dazu da, uns zu beschützen. Unser Herz will sich verbinden. Dies ist eine Gelegenheit, sich darin zu üben, Ihrem Herzen Gehör zu verschaffen. Wenn Sie sich in diese Erfahrung aber mit einer bestimmten Zielvorstellung hineinbegeben, wird das nicht passieren. Es wird dazu führen, dass Sie denken, anstatt zu fühlen, und dass Ihre Sprache die des abwägenden, kalkulierenden Verstandes bleibt.

Halten Sie sich an die Reihenfolge der 12 Fragen

Es ist meine aufrichtige Hoffnung, dass der Dialog, durch den dieses Buch Sie geleitet hat, den Anfang einer langen Reihe vertraulicher Gespräche bildet, die Sie in Ihrem Leben anhand wohlüberlegter, kraftvoller Fragestellungen noch führen werden. Jedes dieser Gespräche wird anders sein. Vielleicht kann das {THE AND}-Kartenspiel oder die entsprechende App Sie darin unterstützen, es zu einer festen Gewohnheit werden zu lassen. Vielleicht werden Sie und Ihr*e Partner*in mit der Zeit aber auch selbst immer besser darin, gute Fragen zu formulieren, sodass Sie, um diese Art von Gespräch zu führen, keiner weiteren Anleitung mehr bedürfen. Was aber den speziellen Gesprächsverlauf in diesem Buch betrifft, so empfehle ich Ihnen dringend, die hier beschriebenen Fragen nicht aus dem Zusammenhang gelöst zu stellen. Die Abfolge der 12 Fragen ist ganz bewusst in dieser Form gewählt. Wie schon erläutert, zielt sie darauf ab, durch die Bezugnahme auf die gemeinsame Vergangenheit zunächst eine Basis der Nähe und Verbundenheit zu schaffen, bevor sie sich den schönen und schwierigen Seiten der Gegenwart zuwendet. Nachdem diese ausgelotet wurden, wendet sie den Blick in die Zukunft, wobei eine ganzheitliche Sicht auf die Beziehung maßgeblich bleibt, bevor sich der Kreis mit einem Grundton der Verbundenheit schließt.

Daher ist es am besten, das gesamte Gespräch während einer Sitzung zu führen, um auf Ihrem Weg zu größerer Nähe jede dieser wichtigen Stationen zu durchlaufen. Stellen Sie dagegen einzelne Fragen außerhalb dieses Zusammenhangs, können sich daraus Probleme ergeben, vor allem dann, wenn Sie und Ihr*e Partner*in sich noch nicht über das Vorgehen dabei im Klaren sind und noch keinen sicheren Raum für Ihr Gespräch geschaffen haben. Halten Sie sich jedoch an die im Buch erläuterte Reihenfolge der Fragen, dann sind Sie auf jede Art von emotionaler Belastung vorbereitet, die sich aus dem Dialog für Ihre Beziehung ergeben könnte, und schaffen dafür zugleich ein Auffangnetz.

Sollten Sie oder Ihr*e Partner*in oder auch Sie beide irgendwann das Gefühl haben, in Ihrem Gespräch an einen besonders finsteren oder bedrückenden Ort gelangt zu sein, möchte ich Sie ermutigen, sich dennoch behutsam weiter durch die Sequenz der Fragen zu bewegen. Sie können sich darauf verlassen, dass sie sorgfältig erwogen wurden, um Sie aus dem Dunkel heraus und wieder zurück ans Licht zu führen. Setzen Sie Ihren Weg fort – mit Bedacht, Mitgefühl, Verständnis und Geduld –, und Sie werden gemeinsam ans Ziel gelangen.

Nehmen Sie sich ausreichend Zeit

Planen Sie für dieses Gespräch genügend Zeit ein, damit Sie sich nicht gehetzt fühlen und dabei so langsam vorgehen können, wie immer Sie es für nötig halten. Wenn Sie von Frage zu Frage springen, provozieren Sie damit nur oberflächliche Antworten und verhindern einen tiefergehenden Austausch mit manchmal überraschenden Einsichten, wie er aus jeder einzelnen Frage hervorgehen kann. Die Nebenwege, auf die Ihr Gespräch Sie dabei vielleicht führt, sind häufig viel aufschlussreicher, als irgendeine direkte Antwort auf eine Frage es sein kann.

Vergessen Sie nicht, dass es uns hier vor allem darum geht, von der alleinigen Konzentration auf Antworten wegzukommen. Hauen Sie also nicht die erstbeste Antwort raus, um direkt zur nächsten Frage überzugehen, wenn es ein größeres Teil des Puzzles gibt, dem Sie oder Ihr*e Partner*in auf die Spur gekommen sind. Krempeln Sie die Ärmel hoch und graben Sie so tief, wie es Ihnen nötig erscheint. Lassen Sie dabei das Gespräch laufen, wohin es will, und achten Sie auf die Impulse, die Ihr Körper Ihnen sendet. Lassen Sie aus den Antworten auf diese 12 Fragen neue Fragen hervorgehen. Denken Sie daran, dass es nicht gleichgültig ist, auf welche Weise Sie eine Frage stellen, gehen Sie also möglichst besonnen vor, wenn Sie Folgefragen formulieren. Bemühen Sie sich um Vollständigkeit und eine ganzheitliche Perspektive, wenn Sie eine Frage stellen oder beantworten. Hören Sie tief in sich hinein und geben Sie der emotionalen Artikulation den nötigen Spielraum, um sich in ihrem eigenen Tempo zu entfalten. Lassen Sie sich Zeit.

Was tun, wenn der Gesprächsverlauf eine zu schmerzliche Wendung nimmt?

Es ist stets wichtig, auf ein behutsames Vorgehen im Gesprächsablauf zu achten. Das gilt umso mehr, wenn die Wogen der Emotionen höher schlagen oder der Tonfall schärfer wird. Wenn unsere wunden Punkte berührt werden oder es zu Konflikten kommt, neigen wir dazu, die Dinge zu überstürzen und uns dem, was uns schmerzt oder quält, möglichst zu entziehen. Vielleicht wollen wir einfach nur loswerden, was wir zu sagen haben, um so schnell es geht in unsere Komfortzone zurückzufinden. Seien Sie sich dieser Fallen im Gesprächsverlauf bewusst, atmen Sie tief durch und machen Sie umso langsamer, um ihnen zu entgehen.

Sollten Sie irgendwann im Laufe des Gesprächs den verständlichen Drang verspüren, sich einer Situation zu entziehen, in der Sie sich schutzlos fühlen, dann versuchen Sie sich an das zu erinnern, was uns die Frage 7 *(Welchen Schmerz würdest du gerne in mir heilen können und aus welchem Grund?)* gelehrt hat: Dem Schmerz in einem geschützten Rahmen gegenseitiger Unterstützung auf den Grund zu gehen ist das, was uns zur Heilung verhilft. Ein Schmerz, den wir ignorieren, macht sich deswegen nicht weniger bemerkbar. Und auch wenn eine Schmerztherapie selten angenehm ist, so ist sie doch die einzige Möglichkeit, uns vom Schmerz zu befreien und auf unserem Weg weiterzugehen. Und gerade durch die Heilung des Schmerzes kann sich unsere Glücksfähigkeit vertiefen. Lassen Sie den emotionalen Schmerz also in diesem gemeinsamen Dialograum zu. Laden Sie ihn auf eine Tasse Tee ein. Lassen Sie ihn zu Wort kommen und gehen Sie dann zur nächsten Frage über, im Wissen darum, dass der Bogen der 12 Fragen Sie noch früh genug und auf ganz natürliche Weise in angenehmere emotionale Gefilde zurückführen wird.

Kreatives Zuhören

Wenn Sie sich mit Ihrer Partnerin oder Ihrem Partner in einer Konfliktsituation wiederfinden und spüren, wie die Pferde mit Ihnen durchgehen, habe ich zwei Techniken für Sie, die Ihnen dabei sehr helfen werden. Die eine nennt sich kreatives Zuhören, ein Ausdruck, der von meinem guten Freund, dem führenden Softwareentwickler Richard Tripp stammt. Äußerst sprachgewandt und mit einem unermüdlich kreativen Geist ausgestattet, hat Tripp mehr als einmal eine Schlüsselrolle bei der Entwicklung von Techniken zur Verbesserung der Kommunikation zwischen

Softwareentwickler*innen und Unternehmensleitungen gespielt (zwei Gruppen, die sich häufig in einem natürlichen Konfliktverhältnis zueinander befinden). Das kreative Zuhören, wie Tripp es lehrt, ist eine einfache und verlässliche Methode, um die Energie des Gesprächs in Richtung eines gemeinsam verfolgten Ziels zu verlagern, indem man einander zuhört, nicht um auf das Gesagte etwas zu entgegnen oder auch nur, um es zu verstehen, sondern um sich während des Dialogs gegenseitig bei der Formulierung einer neuen Einsicht zu helfen.

Und so funktioniert es: Um zu gewährleisten, dass Sie Ihrem Gegenüber auch tatsächlich zuhören, und um diesem das zu signalisieren, wiederholen Sie zunächst, wie Sie das Gesagte verstanden haben, bevor Sie darauf reagieren. Sie könnten zum Beispiel beginnen mit: »Du sagst also, dass …«, oder: »So wie ich dich verstanden habe …« Auf diese Weise weiß Ihr Gegenüber, dass Sie ihm wirklich zuhören und versuchen, es zu verstehen, was eine erfrischende Alternative zum »Zuhören, um selbst etwas zu sagen« darstellt, das weit häufiger zu beobachten ist und unser normaler Kommunikationsstil ist. Oft führen wir einen Disput nicht deswegen, weil es uns ums Rechthaben geht, sondern einfach aus dem Verlangen, Gehör zu finden. Hat Ihr Gegenüber also seinen Standpunkt dargelegt, geben Sie das Vernommene zunächst in Ihren eigenen Worten wieder, bevor Sie antworten.

Nun gibt es drei Möglichkeiten, wie Ihr Gegenüber darauf reagieren kann. Eine ist, zu sagen: »Ja, das habe ich gemeint.« Psychologisch gesehen ist bei ihm in diesem Fall eine Entspannung eingetreten, im Wissen, gehört worden zu sein. Sie haben ihm ein Echo für das Gesagte geboten, und so weiß Ihr Gegenüber, dass Sie es verstehen. Im weiteren Verlauf des Gesprächs herrscht also das Gefühl vor, im selben Team zu sein und am gleichen Strang zu ziehen, um gemeinsam zu einer Klärung zu kommen.

Die zweite Möglichkeit besteht darin, dass Ihr Gegenüber sagt: »Nein, so habe ich das nicht gemeint.« Wie oft haben wir alle es schon erlebt, dass wir mit Worten unterbrochen wurden wie: »Es ist doch aber so …«, oder unser Gegenüber versucht hat, aus dem von uns Gesagten Schlüsse zu ziehen, die mit dem, was wir sagen wollen, rein gar nichts zu tun hatten. Doch der gesellschaftliche Konsens verlangt von uns, dass wir höflich sagen: »Ja, so in der Art«, und fortfahren, anstatt zu widersprechen und uns genauer zu erklären. Auch ich habe mich oft damit begnügt, vor allem als ich jünger war. Aber dies ist ein sehr wichtiger Punkt. Nur wenn unser Gegenüber dazu angehalten ist, das von uns Gesagte in seinen Worten wiederzugeben, können wir sicher sein, mit dem, worauf wir hinauswollen, auch wirklich verstanden zu werden. Man kann sich das kreative Zuhören als eine Art gemeinsamen Reflexionsprozess vorstellen, bei dem die Gesprächsteilnehmer*innen einander dabei helfen, eine Einsicht zu formulieren, anstatt zu versuchen, sich gegenseitig vom eigenen Standpunkt zu überzeugen. Dieser wechselseitige Prozess von Aussage und Wiedergabe wird so lange fortgesetzt, bis der Sprecher oder die Sprecherin das Gefühl hat, wirklich verstanden worden zu sein. Das muss nicht bedeuten, einer Meinung zu sein. Es bedeutet nur, dafür zu sorgen, dass das Gespräch in einem Rahmen abläuft, in dem das gegenseitige Verstehen im Vordergrund steht und beide Beteiligten die Möglichkeit haben, ihren Standpunkt zu entwickeln, bis sie das Gefühl haben, ihren Gedanken nicht nur klar dargelegt zu haben, sondern dass dieser beim Gegenüber auch angekommen ist. Probieren Sie es aus, und Sie werden erstaunt sein, wie gut es sich auch für Ihren Körper anfühlt, wenn er weiß, dass er Gehör gefunden hat.

Diesen wechselseitigen Prozess führen Sie wie gesagt so lange fort, bis Ihr Gegenüber sagt: »Ja, genau das meine ich«, oder sich eine dritte Möglichkeit ergibt. Bei dieser dritten Variante nimmt

Ihr Gegenüber die eigenen Ausführungen – nachdem es sie aus fremdem Mund und nun vielleicht sogar differenzierter und nuancierter formuliert vernommen hat – aus einem neuen Blickwinkel wahr. An dieser Stelle ist es vollkommen legitim zu sagen: »Ja, das habe ich zwar gemeint, aber inzwischen bin ich mir da selbst nicht mehr so sicher.« Das passiert öfter, als wir glauben oder zugeben möchten. Wenn wir unsere eigenen Gedankengänge in der Wiedergabe durch eine andere Person hören, gewinnen wir mehr Abstand dazu und können sie deshalb objektiver bewerten, als wenn wir selbst dabei sind, unseren Standpunkt zu vertreten.

Wenn wir uns unverstanden fühlen, machen wir dicht, und das Bedürfnis, Gehör zu finden, schlägt um in Rechthabenwollen. Sobald wir aber sehen, dass man uns wirklich anhört, öffnet sich der Raum, in dem wir uns dazu bereitfinden, unsere Argumentation zu überprüfen, um zu sehen, ob wir sie weiterhin für vertretbar halten, und vielleicht auch unseren Standpunkt zu ändern, nachdem wir ihn in den Worten unseres Gegenübers vernommen haben. Diesen Raum zu eröffnen ist der Sinn des kreativen Zuhörens. Wann immer ich während der Arbeit für The Skin Deep oder im Zusammenleben mit meiner Partnerin innere Anspannung verspüre oder den Impuls, meinen Kopf durchzusetzen oder einen Konflikt vom Zaun zu brechen, wechsele ich sofort in den Modus des kreativen Zuhörens.

»Feste Regeln« etablieren

Dabei handelt es sich um ein schlichtes, aber wirkungsvolles Instrument, das mein Vater, Ichak Adizes, ein Vorreiter des Change Management, in seiner Methodik und Praxis der Skalierung kulturellen Wandels verwendet. Als Kinder wurden mein Bruder und ich regelmäßig daran erinnert, wenn es zu Streitigkeiten zwischen uns kam. Einer von uns rief dann: »Feste Regeln!«, und wir beide hielten uns daran. »Feste Regeln« sind ein äußerst hilfreiches Mittel, um die Beteiligten zur Ordnung zu rufen und einen Rahmen zu schaffen, in dem alle wirklich ausreden können. Schließlich kommt man nicht weit, wenn man einander unterbricht oder die Stimme erheben muss, um sich Gehör zu verschaffen. Sollten Sie also feststellen, dass dies der Fall ist, rufen Sie »Feste Regeln!« aus, was bedeutet, dass niemand außer der Person sprechen darf, die jetzt das Wort hat, bis sie es ausdrücklich weitergibt beziehungsweise den Redestab weiterreicht, sofern er in Ihrer Gesprächsrunde zum Einsatz kommt. Die nächste Person darf erst dann das Wort ergreifen, wenn der Vorredner oder die Vorrednerin das Signal dazu gibt, indem er oder sie zum Abschluss deren Namen nennt. Das ist im Prinzip nichts anderes als die Übergabe des Redestabs. In größeren Gesprächsgruppen wendet die Person, die das Wort hat, den Blick nach rechts. Wer als Nächstes sprechen möchte, hebt die Hand, woraufhin die Vorrednerin oder der Vorredner derjenigen Person das Wort erteilt, die ihr oder ihm am nächsten sitzt. In einem Gespräch unter vier Augen ist klar, wer als Nächstes an der Reihe ist, aber in Gruppengesprächen bewegen Sie sich dabei gegen den Uhrzeigersinn. Nebenbei bemerkt, ist das besonders nützlich bei Brainstorming-Sitzungen oder bei der Erörterung eines strittigen Themas innerhalb eines Teams. Sollten Sie also feststellen, dass die erhitzten Gemüter nicht zu besänftigen sind, können Sie sich auf »feste Regeln« einigen, um in den Meinungsaustausch mehr Ruhe einkehren zu lassen, damit alle zu Wort kommen.

Den Dialograum schließen

Falls Sie oder Ihr*e Partner*in das Gespräch an irgendeiner Stelle vorzeitig beenden wollen oder müssen, weil es Ihnen zu sehr an die Nieren geht oder einfach deshalb, weil Ihre Zeit es nicht zulässt, es fortzusetzen, ist es von großer Wichtigkeit, zuvor den besonderen Dialograum zu schließen, den Sie zu Beginn des Gesprächs eröffnet haben. Brechen Sie es nicht einfach ab, wenn es zu unangenehm wird oder Sie das Gefühl haben, dass Ihnen der Konflikt über den Kopf wächst. Halten Sie stattdessen, an welcher Stelle Sie sich auch immer im Gespräch befinden, inne, atmen Sie tief durch und gehen Sie zu den Fragen 11 und 12. Indem Sie darauf achten, einander stets diese letzten beiden Fragen zu stellen und zu beantworten, können Sie zu einem tragenden Abschluss kommen, der Sie als Paar wieder miteinander verbindet, ganz gleich, wohin der Verlauf des Gesprächs Sie geführt hat.

Was tun, wenn Sie das Gefühl haben, dass Ihr*e Partner*in nicht richtig mitmacht?

Es ist nicht ungewöhnlich, dass eine*r der Partner*innen bei dem Gedanken, ein solches Gespräch zu führen, Feuer und Flamme ist, während sich die Begeisterung auf der anderen Seite eher in Grenzen hält. Vielleicht betrachtet Ihr*e Partner*in es als eine nicht ganz ernst zu nehmende Zeitverschwendung, möglicherweise steckt dahinter auch die Angst, sich aktiv auf etwas einzulassen, bei dem man sich schutzlos fühlt. Wenn Sie ein Interesse daran haben, dieses Gespräch zu führen, Ihr*e Partner*in aber skeptisch ist, dann gehen Sie bei Ihrer Einladung zu dieser gemeinsamen Erfahrung möglichst behutsam und einfühlsam vor. Erwähnen Sie das ausdrückliche Recht, die Antwort auf eine Frage schuldig zu bleiben, falls diese aus irgendeinem Grund zu großes Unbehagen auslöst. Machen Sie auch deutlich, dass von dem Gespräch keine bestimmten Ergebnisse erwartet werden und dass es vor allem um die gemeinsame Erfahrung geht, egal was passiert.

Sollte Ihr*e Partner*in weiterhin Bedenken haben, sich auf dieses Experiment einzulassen, schlage ich vor, einen Zeitpunkt zu vereinbaren, zu dem Sie sich zu einem Gespräch zusammensetzen, in dem Sie zum Ausdruck bringen, wie wichtig es für Sie ist, diesen Dialog zu führen, und warum. Stoßen Sie trotz aller Beteuerungen, wie wertvoll diese Erfahrung für Sie wäre, weiterhin auf Ablehnung, ist es vielleicht an der Zeit, darüber nachzudenken, was das über Ihre Beziehung aussagt. Vermutlich ist es nicht das erste Mal, dass Sie sich eine gemeinsame Ebene bei etwas wünschen, das Ihnen wichtig ist, ohne dass Ihr*e Partner*in mitzieht. Allein schon dieser Umstand wäre ein lohnender Ansatzpunkt für einen konstruktiven Austausch. Letztendlich können Sie Ihre*n Partner*in aber nicht dazu zwingen, sich auf diese gemeinsame Erfahrung einzulassen. Und solange sich dabei nicht beide Seiten aktiv und bereitwillig einbringen, wird es nicht gelingen, die Art von partnerschaftlicher Nähe herzustellen, wie sie mit diesen Fragen angestrebt wird.

Haben Sie sich aber darauf geeinigt, diesen Dialog miteinander zu führen, und spüren Sie in dessen Verlauf, dass sich Ihr*e Partner*in auf die emotionalen Aspekte des Gesprächs nicht so einlässt, wie Sie es sich wünschen würden, dann treten Sie innerlich einen Schritt zurück und versuchen Sie, Ihrem Partner oder Ihrer Partnerin den nötigen Raum zu lassen, um ganz er oder sie selbst zu sein. Vielleicht ergeht es Ihnen so damit, weil Ihr*e Partner*in einfach nicht so gut darin ist, die eigenen Gefühle verbal auszudrücken, wie Sie selbst, und wie wir gesehen haben, braucht es dazu Übung. Wir alle kommunizieren auf unterschiedliche Weise, und vielleicht ist dies einfach nicht die bevorzugte Kommunikationsebene Ihres Partners oder Ihrer Partnerin. Vielleicht kann er oder sie seine oder ihre Gefühle auf andere Weise besser zum Ausdruck bringen.

Auch wenn es sich um eine nur gemeinsam zu machende Erfahrung handelt, muss sich dabei niemand auf eine bestimmte Art und Weise verhalten, und es gibt auch keine Vorgabe, wie man es richtig macht, außer der, daran teilzunehmen. Nehmen Sie Ihre Erwartungen zurück und erlauben Sie dem Dialog, sich auf natürliche Weise zu entwickeln. Wenn Sie am Ende das Gefühl haben, dass er nicht die emotionale Tiefe erreicht hat, die Sie sich gewünscht hätten, denken Sie daran, dass es so etwas wie Perfektion nicht gibt. Wir versuchen dabei nicht einmal, den »richtigen« Weg zu finden. Es geht uns einzig und allein darum, zu erkunden, was sich in dem besonderen Raum zwischen Ihnen und Ihrem Partner oder Ihrer Partnerin ereignet. Sie können es in Zukunft jederzeit wieder damit versuchen, und das einzig Sichere ist, dass es jedes Mal anders sein und etwas anderes zum Vorschein bringen wird.

Trennungsperspektiven …

Was aber, wenn es wirklich richtig schlecht läuft? Was, wenn Ihnen durch dieses Gespräch klar wird, dass die Verbindung zwischen Ihnen und Ihrem Partner oder Ihrer Partnerin nicht so stark ist, wie Sie glaubten – oder vielleicht sogar gänzlich unhaltbar? Möglicherweise stoßen Sie auf der Gegenseite mit dieser Einsicht auf wenig Verständnis. Oder Sie stellen fest, dass der anfängliche Funke mehr oder weniger erloschen ist. Vielleicht haben Sie auch – wie es bei mir in einer meiner Beziehungen der Fall war – erkannt, dass Ihrer beider Lebensweg einfach nicht derselbe ist. Oder Sie merken erst jetzt, dass die Person, der Sie gegenübersitzen, nicht mehr und nicht weniger ist als ein absolutes Arschloch. Auch das kommt vor.

Was also dann? Was, wenn dieses Gespräch dazu führt, dass Sie und Ihr*e Partner*in sich trennen?

Ich will Ihnen nichts vormachen – auch das ist im Bereich des Möglichen. Ich selbst habe das mehr als einmal miterlebt. Dabei erinnere ich mich an einen Vortrag, den ich einmal auf einer Tagung in Belgien halten sollte, wobei mich ein anderer Referent ansprach, bevor ich mit meinem Beitrag an der Reihe war.

»Hey, Topaz«, sagte er ohne Umschweife. »Ihre Fragekarten haben meine Ehe ruiniert!«

Nicht selten ignorieren wir geflissentlich die Bereiche, in denen wir mit unserem Partner oder unserer Partnerin nicht harmonieren oder in denen wir im Laufe der Zeit immer weniger übereinstimmen. Diese Misstöne in unserer Partnerschaft sind nicht angenehm. Also hören wir nicht hin. Wir blenden sie aus. Vielleicht haben wir so viel in unsere Beziehung investiert, dass wir es manchmal vorziehen, diese Dissonanzen zu ignorieren, als zuzugeben, dass wir und unser*e Partner*in nicht mehr im Einklang miteinander sind. Ganz zu schweigen von dem inneren Widerstand, der Tatsache ins Auge zu sehen, dass die Bereitschaft erlahmt ist, noch Gemeinsamkeiten zu finden. Wollen wir so den Rest unseres Lebens verbringen? Indem wir bei einem Lied, das uns nicht mehr zusagt, die Lautstärke herunterdrehen? Wäre es nicht weitaus besser, die kurze Zeitspanne, die uns auf Erden vergönnt ist, mit dem Anhören einer wunderschönen Symphonie zu verbringen, die wir in voller Lautstärke genießen?

In diesem Buch habe ich viel darüber gesprochen, wie wichtig es ist, langsam zu machen, auch das Unbehagen auszuhalten und nicht sofort zum nächsten Thema zu springen. Ich denke, dass dieser Ratschlag in vielen Situationen seine Gültigkeit behält, vor allem im Hinblick auf die aktive Teilnahme an der Art von

Gesprächen, um die es uns hier geht. Aber keine Regel ohne Ausnahme, und zweifellos gibt es Zeiten, in denen es nicht hilfreich, ja selbstzerstörerisch ist, noch länger in einer leidvollen Situation zu verharren. Manchmal ist es das Beste, eher früher als später das nächste Kapitel aufzuschlagen.

Aber ich habe das, was mein Kollege auf der Konferenz in Belgien zu mir sagte, verkürzt wiedergegeben. Zwar meinte er, dass die von mir konzipierten Fragen seine langjährige Ehe beendet hätten. Aber er hat noch etwas hinzugefügt. Er sagte: »Ich danke Ihnen. Es hat mir geholfen, die Frau zu finden, mit der ich jetzt zusammen bin. Ich bin nun so viel glücklicher.« Und in seinen Augen konnte ich sehen, dass er es so meinte.

Wenn dieses Gespräch Ihre Beziehung beendet, dann ist das ein Grund zum Feiern. Wird es sich in diesem Moment auch so anfühlen? Wohl kaum. Aber was gibt es Wertvolleres in unserem Leben als unsere Zeit? Wenn dieses Gespräch Ihnen dabei hilft, eine unharmonische Beziehung schneller zu beenden, sind Sie dann nicht viel näher dran, eine*n neue*n Partner*in zu finden und so die nächsten Lektionen zu lernen, die das Universum für Sie bereithält? Wie wir immer wieder gesehen haben, ist einer der Schlüssel zu einer gesunden Partnerschaft die Fähigkeit, mit den unvermeidlichen Herausforderungen und Veränderungen, die das Leben mit sich bringt, umzugehen. Wäre dieses Gespräch eine solche Herausforderung, ohne dass der Umgang damit gelingt, so würde ich sagen, dass es sich dabei um eine sehr wertvolle Information handelt. Wenn Sie feststellen, dass Ihr Schiff ein Leck hat und dem Wellengang nicht standhalten kann, wäre es dann nicht an der Zeit, auf ein anderes umzusteigen?

Sie könnten noch Monate oder Jahre damit zubringen, diese Lecks zu stopfen, und sich dabei mental und physisch verausgaben. Aber wollen Sie das wirklich? Ist das die optimale Verwendung Ihrer Zeit? Das eine oder andere Leck lässt sich wohl stopfen, wenn man es erst einmal entdeckt hat. Aber wenn Sie und Ihr*e Partner*in kein gemeinsames Interesse daran haben, das Schiff Ihrer Partnerschaft zu reparieren, das heißt, es instand zu halten, dann verheißt das nichts Gutes für dessen Lebensdauer.

Aber von all dem abgesehen ist es statistisch gesehen sehr viel wahrscheinlicher, dass dieses Gespräch Sie einander näher bringt, als dass es Sie weiter voneinander entfernt. Die große Mehrheit der Hunderte und Aberhunderte von Paaren, deren Auseinandersetzung mit diesen Fragen ich beigewohnt habe, hat die Erfahrung gemacht, dass es dadurch zu einer weitaus größeren Nähe in der Partnerschaft gekommen ist, als es zuvor der Fall gewesen war. Die Fähigkeit, Beziehungsstürme zu überstehen, nahm bei diesen Paaren zu, und die Lehren, die aus diesen Stürmen zu ziehen waren, wurden ihnen klarer. Auch das Bewusstsein für das, was sie von ihrem Partner oder ihrer Partnerin Tag für Tag lernen konnten, wuchs. Und neben all dem hatten sie auch noch Spaß. Es wurde viel gelacht, und wenn es Tränen gab, waren sie auch dafür dankbar.

Wenn Sie sich der Werkzeuge für eine gelungene Gesprächsführung bedienen und sich ganz der Erfahrung des »Zwischenraums« überlassen, dieses speziellen energetischen Raums, der zwischen Ihnen als Paar besteht, dann ist dies das wahrscheinlichste Resultat. Aber bleiben Sie dabei nicht stehen. Auch wenn Sie mit diesen 12 Fragen bessere Erfahrungen machen, als Sie je erwartet hätten, möchte ich Sie ermutigen, darauf zurückzukommen, wann immer es sich für Sie richtig anfühlt. Die Antworten werden dabei immer wieder andere sein, Ihre Paarkommunikation wird sich immer weiter verbessern, und Ihre partnerschaftliche Verbindung wird sich weiter vertiefen. Mit der Beantwortung der letzten Frage ist das Gespräch zwischen Ihnen nicht beendet. Ich denke, Sie werden feststellen, dass genau das Gegenteil der Fall ist.

SCHLUSS-FOLGERUNGEN UND WEITERE LEHREN

Vor ein paar Jahren packte ich meine Taschen voller Kameraausrüstung und machte mich auf den Weg zum Colorado Western Slope. Ich war auf dem Weg zu einer Gemeinschaft von Farmern, Ranchern und waschechten Cowboys, um dort einen Film zu drehen. Wie immer, wenn ich mich in die Welt aufmache, um Filmmaterial zu sammeln, hatte ich keine Ahnung, was mich erwarten würde. Kühe? Wahrscheinlich. Eine schöne Berglandschaft? Hoffentlich. Staub? Ganz sicher. Aber abgesehen davon war der Horizont meiner Erwartungen weit und offen.

Die Zeit, die ich dort verbracht habe, erwies sich aus einer ganzen Reihe von Gründen als eine der erfüllendsten und lehrreichsten meines ganzen Lebens. Einige der Dinge, die ich in dreitausend Metern Höhe in den von Espen bestandenen Bergen lernte, passten perfekt zu der von Cowboys bevölkerten Umgebung – Lehren über Verantwortung, Disziplin und die Art und Weise, wie ich in mein Leben eine gesunde und positive männliche Energie einfließen lassen kann. Aber die vielleicht wertvollste Lehre, die ich aus meiner Zeit in Colorado mitnehmen konnte und die ich bis heute in Ehren halte und für mich umzusetzen versuche, betrifft etwas, von dem ich nie gedacht hätte, dass ich es inmitten der Kühe, der schönen Bergwelt und des Staubs entdecken würde, den ich dort tatsächlich im Überfluss vorfand: das Geheimnis einer erfolgreichen Ehe.

Während der Dreharbeiten hatte ich das große Glück, Carl und Joetta kennenzulernen, ein Ehepaar, das den Western Slope als seine Heimat betrachtet und dort eine Ranch betreibt. Vom ersten Augenblick an war ich von ihrer innigen Verbundenheit beeindruckt, von der Vertrautheit, die sie in jeden Moment ihres Alltags mitnahmen. Ich verbrachte viel Zeit mit ihnen und konnte sie so in ganz unterschiedlichen Situationen erleben, in alltäglichen ebenso wie in zärtlichen und spannungsgeladenen. Und diese Vertrautheit, dieses faszinierende, fast greifbare Band der Liebe zwischen ihnen riss niemals ab, war allgegenwärtig. Und nachdem ich dies einige Tage lang miterlebt hatte, musste ich mich fragen: *Was ist ihr Geheimnis?* Wie haben sie es geschafft, eine selbst für einen Außenstehenden so offensichtlich glückliche Partnerschaft aufzubauen?

In der großzügigen und zuvorkommenden Art, die sie immer wieder bewiesen, verrieten sie es mir. Es war so verblüffend einfach, dass es fast schon wie ein Scherz klang. An mindestens fünf Abenden in der Woche nehmen sich Carl und Joetta eine Stunde Zeit allein für sich. Es ist eine Zeit, die ihnen heilig ist und in der sie sich gegenseitig ein Glas Wein einschenken, gemeinsam in den Whirlpool im Vorgarten steigen, den Blick auf die Rocky Mountains genießen und über ihr Leben und ihre Erlebnisse sprechen. Sie tauschen sich über ihrer beider Lebensweg aus, den Abschnitt, den sie getrennt voneinander, und denjenigen, den sie gemeinsam gegangen sind. Der Wein, der Whirlpool, die Berge – all das hat seine Bedeutung, ist aber nicht das, was ihr Geheimnis ausmacht: Sondern es ist die Tatsache, dass Carl und Joetta sich auf bewusste und achtsame Weise regelmäßig Zeit nehmen, um aktiv an ihrer

Verbindung zu arbeiten, indem sie die Kunst des offenen und aufrichtigen Gesprächs pflegen. Sie haben eine Tradition daraus gemacht. Die Früchte dieser Tradition konnte ich in der Art und Weise erkennen, wie sie einander ansahen, in der Art, wie sie einander widersprachen, in dem Respekt, den sie einander zollten. Wer auch nur ein wenig Zeit mit ihnen verbringt, wird diese tiefe Liebe spüren können, die so offenkundig und überreichlich zwischen ihnen vorhanden ist.

Warum erwähne ich die beiden hier? Etwa, um Ihnen aus den Gesprächen des Paars Musterfragen vorzulegen, die Sie Ihrem Partner oder Ihrer Partnerin stellen können? Oder weil ich Sie zur Anschaffung eines Whirlpools oder zum Abschluss eines Abonnements bei einer Vinothek überreden möchte?

Gewiss nicht. So wie es weder das Bergpanorama noch das Sprudeln des Whirlpools ist, was die Beziehung von Carl und Joetta so besonders macht, ist es – so wage ich zu behaupten – auch nicht der spezielle Inhalt ihrer Gespräche. Was ihre Partnerschaft auszeichnet, ist die Tatsache, dass sie sich ihre Paargespräche zu einer festen Gewohnheit gemacht haben, zu einem regelmäßigen Akt der Beziehungspflege, dem sie sich mit Freude und Hingabe widmen. Ich kann gar nicht genug betonen, wie förderlich es für Ihre Beziehung sein kann, gesunde Rituale wie dieses einzuführen. Auf einen Punkt gebracht: *Halten Sie Ihre abendliche Verabredung ein.* Ob einmal oder fünfmal in der Woche, planen Sie sie fest ein.

Der in diesem Buch beschriebene Gesprächsablauf ist nicht etwas, das man einmal praktiziert und dann vergisst. Der Aufbau einer engen Bindung will geübt sein. Ich möchte Sie daher an dieser Stelle nochmals ermutigen, auf diese Fragen zurückzukommen, so oft Ihnen danach zumute ist, und miteinander den Weg zu gehen, den sie vorzeichnen. Ihre Antworten werden sich, wie gesagt, verändern, und je öfter Sie diese und vergleichbare Fragen gemeinsam durchspielen, desto mehr wird sich dabei Ihre Partnerschaft vertiefen. Ich möchte Sie ebenfalls ermutigen, über die konkreten Fragen, wie ich sie in diesem Buch vorgestellt habe, hinauszugehen und Ihr Repertoire an Fragen zu erweitern, indem Sie die genannten Werkzeuge nutzen, um für sich selbst bessere Fragen zu formulieren. Sie werden Ihnen nicht nur in Ihren Partnerschaften gute Dienste leisten, sondern in jeder einzelnen Beziehung, die Sie im Laufe Ihres Lebens mit einem anderen Menschen eingehen. Machen Sie dieses Buch zum Ausgangspunkt Ihrer Übung, all Ihre Beziehungen zu vertiefen, indem Sie bessere Fragen stellen, einschließlich der Beziehung zu sich selbst.

Wie man sich selbst bessere Fragen stellt

Kehren wir noch einmal zum Beginn des Buches zurück, als ich Sie bat, sich die ersten wachen Momente des Tages zu vergegenwärtigen und die Gedanken, die Ihnen in diesen noch schlaftrunkenen Augenblicken durch den Kopf gehen, und sich zu überlegen, ob nicht jeder einzelne davon in Wirklichkeit die Antwort auf eine unbewusst an sich selbst gerichtete Frage ist. Wenn wir uns selbst permanent Fragen stellen, wäre es dann nicht ein naheliegendes Mittel, mehr Lebensqualität, mehr Lebensfreude und mehr Sinn in unserem Dasein zu erfahren, wenn wir die Qualität dieser Fragen steigern, indem wir sie genauer durchdenken? Gerade wenn es um die bedeutsameren Fragen im Leben geht, können wir unsere Lebensqualität deutlich erhöhen, wenn wir diesen Fragen auf einfache Art und Weise mehr Kraft verleihen.

Indem Sie sich Fragen stellen, mit denen Sie bewusst darauf abzielen, Ihre Lebensqualität zu verbessern und zu einem tieferen Verständnis Ihrer selbst zu gelangen, erleichtern Sie sich nicht nur

Ihre Entscheidungsfindung und Gewissensprüfung, sondern bringen auch Ihre persönliche Entwicklung voran – und das alles in besserer Übereinstimmung mit der Person, die Sie wirklich sind.

Bei den Fragen, die wir uns selbst stellen, gilt es, drei Aspekte zu beachten: Der erste ist der Zeitrahmen. Der zweite ist die Auswirkung auf Sie selbst. Der dritte ist die Auswirkung auf andere.

Das Unendliche endlich machen

Wenn es um eine bedeutsame Frage geht, empfehle ich Ihnen, zunächst einen konkreten Zeitraum festzulegen, an dem Sie sich orientieren wollen. Wenn wir vor einer wichtigen Entscheidung stehen, können wir leicht in die Falle tappen, zu glauben, dass diese Entscheidung für alle Zeiten gelten müsse. Aber vergessen Sie nicht, dass nichts für die Ewigkeit ist. Alles verändert sich. Nur wenige Entscheidungen, die wir treffen, können für sich beanspruchen, von Dauer zu sein, und indem Sie bei den Fragen, die Sie sich selbst stellen, den Zeitaspekt einbeziehen, tragen Sie diesem Grundprinzip des Universums Rechnung. Überdies wird dadurch der Entscheidungsprozess um einiges weniger stressig.

Hier möchte ich auch noch einmal an die Frage anknüpfen, die meine Partnerin und ich uns in einem entscheidenden Moment unseres Lebens gestellt haben. Damals ging es uns darum, den richtigen Ort zu finden, an dem wir uns als Familie niederlassen wollten, die Zuwachs bekommen sollte, nachdem meine Partnerin mit unserem zweiten Kind schwanger wurde. Also fragten wir uns: *An welchem Ort wollen wir leben?* Aber wie schon erläutert, fanden wir auf diese Frage keine klare Antwort. Und so formulierten wir unsere Frage folgendermaßen um: *An welchem Ort wollen wir im kommenden Jahr leben, bis unser zweites Kind sechs Monate alt ist, der uns die geeignete Umgebung bietet, um für unsere Kinder ein sicheres und liebevolles Zuhause zu schaffen, und der uns gleichzeitig dazu inspiriert, mehr füreinander da zu sein?*

Wie man bemerkt, bestand die erste inhaltliche Änderung unserer Frage in dem Zusatz *im kommenden Jahr, bis unser zweites Kind sechs Monate alt ist.*

Das war das erste Teil im Puzzle, das uns unsere Entscheidung sehr viel einfacher machte. Wir standen nicht mehr wie gebannt vor der Frage, wo wir uns für immer niederlassen und dauerhaft Wurzeln schlagen wollten, um dort den Rest unseres Lebens zu verbringen. Wir mussten jetzt lediglich überlegen, welcher Ort für das nächste Jahr unser Zuhause sein sollte. Das war vorerst alles. Und das war für unseren fragenden Geist eine sehr viel leichter zu lösende Aufgabe.

Lassen Sie sich von Ihren Gefühlen leiten

Wenn wir die optimierte Fassung der Frage *An welchem Ort wollen wir leben?* weiter in der Reihenfolge aufschlüsseln, wie wir sie konzipiert haben, kommen wir als Nächstes zu dem Abschnitt: *und der uns gleichzeitig dazu inspiriert, mehr füreinander da zu sein.* Auch dieser Teil der Frage brachte uns weiter, weil er dem Umstand Rechnung trug, dass die Antwort darauf sich unmittelbar auf unser Wohlbefinden auswirken würde. Als wir auf der Suche nach einem neuen Zuhause waren, begannen meine Partnerin und ich darüber nachzudenken, wie wir uns persönlich an diesem Ort fühlen wollten. Wir mussten nicht lange überlegen, um zu dem Schluss zu kommen, dass wir uns dort dazu inspiriert fühlen wollten, so liebevoll wie möglich miteinander umzugehen. Genauso, wie es beim Zeitlimit der Fall war, grenzte dies die Möglichkeiten ein. Das machte es einfacher, eine Antwort zu finden. Aber es half uns auch dabei, uns darauf zu konzentrieren, was wir *wirklich* von unserem Zuhause erwarteten. Indem wir uns eine bessere Frage stellten, waren wir dazu in einer Weise in der Lage, wie es anhand der Frage *An welchem Ort wollen wir leben?* niemals möglich gewesen wäre.

Den Welleneffekt berücksichtigen

Und dies ist die Änderung, die wir an der Frage zuletzt vorgenommen haben, um einen Wohnort zu finden, an dem wir uns wohlfühlen könnten: *der uns die geeignete Umgebung bietet, um für unsere Kinder ein sicheres und liebevolles Zuhause zu schaffen.*

Wir mussten einsehen, dass die Antwort auf unsere Frage nicht nur uns beide persönlich betreffen würde. Wie jede Entscheidung, die wir im Leben treffen, würde sie sich auch auf andere Menschen auswirken. Wir wollten das Gefühl haben, dass der Ort selbst etwas Tragendes für unsere Familie hat. Und das ist der letzte Aspekt, der zu beachten ist, wenn es darum geht, sich selbst bessere Fragen zu stellen: Berücksichtigen Sie die Welleneffekte, die sie auf die Gemeinschaft haben werden, und wie diese sich umgekehrt auf Sie auswirken.

Entwickeln Sie Ihre eigenen Fragen

Diese drei Bausteine helfen Ihnen nicht nur dabei, systematisch eigene Fragen zu entwickeln, sondern auch dabei, diese auf Ihre persönlichen Bedürfnisse zuzuschneiden und dann zu sehen, welche Möglichkeiten sich daraus ergeben. Das ist ermutigend, spannend und, was das Wichtigste daran ist, es versetzt Sie in eine Position der Handlungsfähigkeit. Schauen wir uns ein paar Beispiele an.

Für welchen Job soll ich mich entscheiden? Das ist eine Frage, die sich wohl viele von uns stellen, ob es dabei nun um unsere erste Arbeitsstelle oder um einen Wechsel des Arbeitsplatzes geht. Und sie birgt eindeutig Potenzial, die Form der Selbstbefragung zu verbessern. Zunächst einmal sollten wir sie mit einem Zeitrahmen versehen. Vielleicht hilft es, etwas den Druck herauszunehmen, wenn wir sie so abändern: *Welchen Job sollte ich als nächsten Schritt meiner Karriere anstreben?* Auf diese Weise handelt es sich lediglich um den nächsten Abschnitt im Arbeitsleben. Es ist ein nächster Schritt, nichts weiter.

Ergänzen wir nun die Frage um unser zweites Element zur Formulierung besserer Fragen: wie Sie sich dabei fühlen. Wie wäre es mit: *Welcher Job könnte mich zu einem nächsten Karriereschritt motivieren?* Oder vielleicht fühlt sich eine der folgenden Varianten für Sie besser an: *Worauf lege ich beim nächsten Schritt in meiner Karriere am meisten Wert? Für welchen Job könnte ich mich als nächsten Schritt meiner Karriere begeistern? Welchen Job traue ich mir nicht zu, obwohl er mich als ein nächster Karriereschritt reizen würde? Welcher Job wäre als nächster Karriereschritt für mich die größte Herausforderung? Welcher Job ist als nächster Schritt in meiner Karriere strategisch am sinnvollsten?* Es bleibt ganz Ihnen überlassen, welche Adjektive und Gesichtspunkte Sie hinzufügen, um eine Antwort auf die Frage zu erhalten, wie Sie sich in diesem Job fühlen würden oder wie er sich auf Ihr Leben auswirken würde.

Fügen wir nun die dritte Ebene hinzu, also den Aspekt, welche Auswirkung die Antwort auf Ihre Fragestellung auf die Menschen in Ihrem Umfeld hat. Hier könnten Sie die Frage *Welcher Job könnte mich zu einem nächsten Karriereschritt motivieren?* zum Beispiel auf diese Weise ergänzen: *Welcher Job könnte mich zu einem nächsten Karriereschritt motivieren, indem er es mir ermöglicht,* (ergänzen Sie selbst:) [*in meiner Branche den optimalen Beitrag zu leisten / meine Familie in dieser schwierigen Zeit best-*

möglich zu unterstützen / andere dazu zu bewegen, sich gemeinsam mit mir den meiner Meinung nach dringendsten Herausforderungen der heutigen Zeit zu stellen]. Wie immer Ihre eigene Version lauten mag: Jedenfalls können Sie sehen, wie sich aus dem Spiel mit diesen drei Komponenten einer Fragestellung viele verschiedene Möglichkeiten ergeben. Ihr Verstand ist ganz hervorragend darin, Antworten zu finden. Achten Sie also darauf, ihm ebenso hervorragende Fragen vorzulegen.

Nehmen wir noch ein anderes Fragebeispiel: *Warum bin ich nicht so gut in Form, wie ich es gerne sein möchte?* Wie Sie schon sehen, ist diese Frage so konstruiert, dass sie Ihnen Ungemach bereitet. Sie können darauf eigentlich nur negative Antworten erhalten. Anstatt zu fragen: *Warum bin ich nicht so gut in Form, wie ich es gerne sein möchte?*, könnten wir der Frage eine ermutigende Wendung geben, indem wir den Zeitrahmen hinzufügen, sodass sie nun lautet: *Was kann ich innerhalb der kommenden drei Wochen tun, um besser in Form zu kommen?* Wir gestalten sie bereits positiver, indem wir *Was kann ich tun* hinzufügen, was Sie nach Handlungsoptionen Ausschau halten lässt. Und Sie setzen sich einen überschaubaren Zeitrahmen – die kommenden drei Wochen –, um entsprechende Ideen in die Tat umzusetzen.

Lassen Sie uns diese Frage nun noch weiter differenzieren und präzisieren. Was bedeutet »besser in Form« konkret? So ist das noch zu weit gefasst. Konzentrieren wir uns darauf, wie Sie sich dabei fühlen wollen: *Was kann ich innerhalb der kommenden drei Wochen tun, um mich kraftvoller und fitter zu fühlen?* Auf diese Weise stellen Sie sich selbst die Aufgabe, innerhalb eines bestimmten Zeitrahmens und mit einer klaren Vorstellung davon, welche Auswirkung das Resultat auf Sie haben soll, motivierende Lösungen und Ideen zu entwickeln.

Und schließlich fügen wir wieder als dritten Aspekt hinzu, wie sich dies auf andere Menschen auswirkt. Wie wäre es also, wenn die Frage lauten würde: *Was kann ich innerhalb der kommenden drei Wochen tun, um mich kraftvoller und fitter zu fühlen, sodass ich mich beim Spielen mit meinen Kindern aktiver einbringen kann?* Oder: … *damit ich mit den Kindern eine dreistündige Wanderung unternehmen kann?* Auf diese Weise können Sie zu großartigen, konkreten und motivierenden Antworten gelangen, zu denen die Frage in ihrer ursprünglichen Fassung: *Warum bin ich nicht so gut in Form, wie ich es gerne sein möchte?* nicht hingeführt hätte – durch eine Form von Fragestellung, die Sie zum Handeln auffordert, die durch einen zeitlich begrenzten Rahmen umsetzbar ist und die auch andere Menschen auf positive Weise einbezieht.

Schauen wir uns abschließend noch die Frage an: *Wie werde ich jemals darüber hinwegkommen?* Wenn etwas wirklich Schlimmes passiert, könnte das eine Frage sein, die Sie beschäftigt. Wie wäre es, wenn wir sie abändern in: *Wie sähe es für mich aus, in einem Jahr mental und emotional gesund zu sein?* Auf diese Weise klären wir, was »darüber hinwegkommen« bedeutet – nämlich mentale und emotionale Gesundheit –, und geben dem Genesungsprozess einen zeitlichen Rahmen. Und dabei können wir noch einen Schritt weiter gehen. Wenn wir eine Antwort auf die Frage suchen: *Wie würde sich dieser Zustand der mentalen und emotionalen Gesundheit für mich konkret anfühlen?*, warum geben wir ihr nicht eine noch positivere Form: *Wie sähe es für mich aus, mich in einem Jahr erfüllt und glücklich zu fühlen?* Sehen Sie, wie allein der zusätzliche Aspekt, wie sich etwas für Sie anfühlt, Sie in eine ganz andere Richtung führen kann?

Fügen wir auch hier noch die letzte Ebene hinzu, nämlich die der Auswirkung auf andere Menschen. Dann kann die Frage etwa so lauten: *Wie sähe es für mich aus, mich in einem Jahr erfüllt und glücklich zu fühlen, sodass ich in der Lage bin, meine Familie positiv zu unterstützen?* Oder: *Wie gelingt es mir, zu einem Gefühl von*

Glück und Erfüllung zu finden, sodass ich in einem Jahr in der Lage bin, für andere Menschen eine Stütze zu sein, die Ähnliches durchmachen? Indem wir einer Frage einen zeitlichen Rahmen geben, machen wir sie wie gesagt für uns konkret und umsetzbar. Und indem wir in ihr formulieren, wie wir uns fühlen wollen und welchen Einfluss das auf andere haben kann, verleihen wir der möglichen Antwort darauf nicht nur eine präzisere Form, sondern stärken auch unsere Motivation, bei deren Umsetzung am Ball zu bleiben.

Spielen Sie ruhig ein wenig mit diesen drei Komponenten einer Frage. Tauschen Sie die jeweiligen Inhalte gegen andere aus, und sehen Sie, mit welcher Variante Sie sich am wohlsten fühlen. Wie ergeht es Ihnen damit? Welche Alternative führt Sie am ehesten in Ihre Kraft, Ihre Handlungsfähigkeit, Ihre Kompetenz? Das ist es, was ich meine, wenn ich davon spreche, bessere Fragen zu stellen, anstatt nach Antworten zu suchen. Und je kreativer Sie dabei vorgehen, desto aussagekräftiger und motivierender wird die Antwort sein, die Sie erhalten.

Der tiefere Sinn der Übung

Wenn wir lernen, uns bessere Fragen zu stellen, geht es aber nicht allein darum, leichter Antworten zu finden; letztlich erfährt dadurch die ganze Art, wie wir das Leben erfahren und die Welt um uns herum wahrnehmen und widerspiegeln, eine grundlegende Veränderung. Wenn Sie mehr Bewusstsein dafür entwickeln, wie sich Ihre Entscheidungen auf Ihre Gefühle auswirken, indem Sie von vornherein diesen Aspekt in der Formulierung Ihrer Fragen berücksichtigen, werden Sie deutlicher erkennen können, was auf Ihrer lebenslangen Reise zu persönlicher Erfüllung, der seelischen

Entwicklung, der Erweiterung und Vertiefung Ihrer Erfahrungen für Sie funktioniert und was nicht. Es bringt in die Art, wie Sie Ihr Leben führen, das Element der Selbstbestimmung und Eigenverantwortung. Und wenn Sie die Belange der Menschen um Sie herum in Ihre Fragestellung einbeziehen, wird Sie das auf ganz natürliche Weise dazu bringen, zu sehen, wie eng verbunden wir als Menschen miteinander sind – als ein und dieselbe Spezies, die denselben Planeten bewohnt. Und wenn Sie sich stets vor Augen halten, dass Zeit ein kostbares und begrenztes Gut ist, wird Sie das daran erinnern, dass alles ein Ende hat, um so Ihr Denken mit dem natürlichen Fluss des Lebens in Einklang zu bringen.

Anstatt sich also die Frage zu stellen: *Ist das der Mensch, mit dem ich für immer zusammen sein möchte?*, fragen Sie sich lieber: *Ist das der Mensch, mit dem ich den nächsten Abschnitt meines Lebens verbringen möchte? Mit dem ich mich auf einen Weg des Wachstums und des Lernens begeben kann, der uns beide bereichern wird, bis dieser Abschnitt endet?* Das ist eine Frage, auf die Sie stolz sein können, denn es ist eine Frage, die der Wahrheit in Ihnen, der Wahrheit in Ihrem Partner oder Ihrer Partnerin und der Wahrheit des Universums gerecht wird. Denn jeder Lebensabschnitt hat irgendwann ein Ende. Die einzige Konstante im Leben ist der Wandel und das einzig Sichere daran ist, dass wir eines Tages sterben werden. Ich kann mir jedoch keine bessere Art denken, die Zeit zu verbringen, die wir auf Erden haben, als zu den Menschen, mit denen wir diese Zeit teilen, bewusst enge, lebendige und erfüllte Beziehungen aufzubauen. Das zu tun – und es auf rückhaltlose, mutige und offene Weise zu tun – macht das Leben lebenswert. Es kann sogar den Augenblick, in dem wir mit der Einsicht konfrontiert sind, dass alle Dinge enden, zu einer süßen und schönen Erfahrung werden lassen.

Abschließende Gedanken: Zwischenmenschliche Beziehungen sind universell

Im Jahr 1995 hatte ich das große Glück, zwei indigene Stämme tief im Regenwald des Amazonas besuchen zu dürfen. Ich verbrachte zwei Wochen mit den Stämmen der Asurini und Araweté, die mit der westlichen Zivilisation erst in den 1970er-Jahren in Berührung gekommen waren. Eines Abends war ich bei den Asurini zu einer Heilungszeremonie für eine alte Frau eingeladen, deren Leben sich dem Ende zuneigte. Am Eingang der großen Hütte warf ich einen Blick ins Innere. Ein kräftiger Geruch von Tabak und Rauch erfüllte den Raum, in dem beinahe zwanzig Menschen Platz fanden. In der Mitte der Hütte brannte ein Feuer, an dem ein Schamane stand. Neben ihm lag eine alte Frau, die im Grunde nur noch Haut und Knochen war, in ihrer Hängematte. Durch den dichten Rauch war von ihr kaum mehr zu erkennen als ihre leuchtenden Augen, in denen sich das Feuer und die Szene um sie herum widerspiegelten. In konzentrischen Kreisen war um sie herum ihre Familie versammelt. Angefangen bei den anderen Ältesten ihrer Generation über ihre erwachsenen Kinder und deren Partner*innen bis hin zu ihren Enkelkindern, die am Rande der Hütte verstreut saßen und anscheinend nichts von dem bevorstehenden Ereignis mitbekamen. Während der Schamane sang und sein Werk verrichtete, sah ich fasziniert dabei zu, wie sich diese alte Frau im Kreis ihrer Freunde, Kinder und Enkelkinder umschaute. Dies war die Gemeinschaft von Menschen, mit denen sie ihr Leben verbracht hatte. Und auch wenn sie zu schwach war, um sich zu bewegen oder zu sprechen, lag in ihren Augen ein intensiver Glanz, als sie zu ihnen hinübersah. Wenn sie in ihren letzten Momenten Frieden und sogar Freude fand, so schien es mir offensichtlich, dann aufgrund der Verbindung, die sie im Laufe ihres Lebens zu all diesen geliebten Menschen aufgebaut hatte. Wie viele von uns werden einen so liebevoll umsorgten Übergang in den Tod erfahren? Wie viele von uns werden erleben, dass unsere Beziehungen mit so viel Anmut und Herzlichkeit in die Zukunft hinein weiterwirken?

Die Bedeutung unserer zwischenmenschlichen Beziehungen ist universell. Sie reicht über die Kulturen und sogar über die Zeiten hinweg. Der Aufbau dieser Beziehungen ist ein bleibendes Geschenk, das wir einander und uns selbst machen können. Je enger unsere Lebensgeschichten mit denen der Menschen verwoben sind, die uns am nächsten stehen, desto glücklicher und gesünder werden wir sein. Und diese Geschichten miteinander zu teilen, durch ein so einfaches Mittel wie ein Gespräch, ist nichts Geringeres als Medizin.

Welche Gaben sind Ihnen aus Ihrer Lebenserfahrung erwachsen, mit denen Sie nun andere beschenken können? Mir selbst sind in meinem Leben viele solcher Gaben zuteilgeworden, die ich mit meinen bescheidenen Möglichkeiten an Sie weiterzugeben versuche. Die Scheidung meiner Eltern, meine lange und mühsame Suche nach Nähe, die unzähligen Stunden, in denen ich miterleben durfte, wie Menschen sich in ihrer Verletzlichkeit einander offenbaren, die Freude und die Einsichten, die {THE AND} in mein Leben gebracht hat – all das sind Erfahrungen, die mir das Leben geschenkt hat und die ich Ihnen hier nun als Geschichten und hoffentlich auch als Medizin anbiete. Schauen Sie sich in Ihrer Vergangenheit, in Ihrer Gegenwart und auch in Ihrer Zukunft nach Ihren eigenen Gaben um. Mit welchen Lebenserfahrungen wurden Sie beschenkt, die Sie nun mit anderen teilen können? Geben Sie sie so oft wie möglich an Ihre Mitmenschen weiter. Wenn wir alle das tun, kann die Welt zu einem sehr viel liebevolleren Ort werden.

Und haben Sie keine Angst vor dem Schmerz und dem Unbehagen. Lassen Sie beides zu, vor allem im Umgang mit den Menschen, die Sie lieben. Liebe ist etwas, das es zu üben gilt. Und wie können wir uns ihr hingeben, wenn wir nicht in den Raum dazwischen eintreten – den Raum, in dem die magnetische Kraft der Verbindung zwischen uns Menschen wirksam ist?

DANK

Zuallererst möchte ich mich bei allen Teilnehmer*innen von {THE AND} von ganzem Herzen bedanken. Mein Team und ich haben den Raum und die Plattform zur Verfügung gestellt, um eure Geschichten anzuhören und zu Gehör zu bringen, aber letztlich seid ihr es, die Akteur*innen, die den Mut aufgebracht haben, sich mit ihren Partnerschaften und ihren verletzlichen Seiten vor uns zu präsentieren. Ohne euch hätte es weder {THE AND} als Filmprojekt noch dieses Buch gegeben. Eure Gespräche sind der Keim, aus dem dieses Projekt erwachsen ist und alle Erkenntnisse, die wir aus ihm gewinnen konnten. Ein aufrichtiges Dankeschön euch allen.

Weiterhin gilt mein Dank all jenen, die mit mir den Weg zum Aufbau von The Skin Deep als Studio für Erlebnisdesign gegangen sind. Es sind zu viele Namen, um sie hier alle anzuführen, aber zu den wichtigsten Unterstützer*innen, die sich nicht nur mit ihrer Zeit, sondern auch mit ihrem Herzen eingebracht haben, zählen: Nicholas D'Agostino, Julia Gorbach, Carla Tramullas, Chris Mcnabb, Dane Benko, Meriem Dehbi Talbot, Nazareth Soberanes, Candice Frazer, Heran Abate, Alison Goerke, Alvaro Garza Rios, Anndi Liggett, Ashika Kuruvilla, Bojana Ceranic, Chelsea Weber, Fernando Espinosa Vera, Kat Hennessey, Rosie Gardel, Grace Larkin, Hans Leuders, Jaydin Lopez, Levy Toredjo, Melanie Rosette, Nick Dunlap, Paige Polk, Rebecca Diaz, Sydney Laws, Julian Dario Villa und Tyler Rattray. Ihnen allen danke ich für ihren Beitrag und ihr Engagement in Form der vielen Arbeitsstunden, die sie geleistet, und der schönen Herausforderungen, die Sie gemeistert haben.

Nennen möchte ich an dieser Stelle ebenfalls: Nathan Phillips, Lior Levy, Jeremiah und Noemie Zagar, Jacob Bronstein, Richard Tripp, Christian Contreras, Jun Harada, Mike Knowlton, Mark Harris, Lindsey Cordero, Anthony Cabraal, Armando Croda, Justin Thomson, Tracey Smith, Adrian Belic, Jarrin Kirksey, Brian Fountain, Peter Riedel, Camillia BenBassat, Tricia Neves, Thomas Droge, Kevin Courtney, Lilianna Legge, Rich Bodo, Andrew Hoppin, Gabriel Noble, Marjan Tehrani, Paola Mendoza sowie Michael und Martha Skolnik. Vielen Dank für eure wertvollen Ratschläge und die Beiträge, die ihr im Laufe der Jahre für The Skin Deep und all seine Projekte geleistet habt. Eure Herzen sind so groß wie eure Einsichten. Danke, dass ihr mir beides auf dem gemeinsamen Weg der vergangenen zehn Jahre geschenkt habt.

Dann gibt es eine Reihe von Menschen, die mich vom ersten Tag an, als ich mit vierundzwanzig Jahren begann, Filme zu machen, und in den seither vergangenen dreiundzwanzig Jahren unterstützt haben. Sie boten mir finanzielle Hilfe, als ich sie am meisten benötigte, unnachgiebigen Rat, als ich seiner am meisten bedurfte, und einen Ort, an dem ich Trost fand, als ich nicht wusste, wohin ich mich wenden sollte: Kristoph Lodge, Ersin Akarlilar, Ben Edwards, Santiago Dellepiane, Shoham Adizes, Dana und Danny Gabriel, Jonathan Price, Adam Somner, Carmen Ruiz de Huidobro und Ivan Saldana. Euer unerschütterlicher Glaube an mich gab mir angesichts all der vielen Zweifel und Herausforderungen den Halt, ohne den nichts von dem, was ich mir erträumt habe, in Erfüllung gegangen wäre. Danke dafür, dass ihr mir eine Stütze wart und seid.

Weiterhin geht mein Dank an meine Mentor*innen Tom Sturgess, Donny und Jackie Epstein, Nathaniel D.R., Tamahau Rowe, Pekaira Rei und Ramses Erdtmann. Ihr habt mir meinen Pfad auch dann erhellt, als ich selbst nicht hinsehen wollte. Ihr habt mein Verständnis dafür erweitert, was möglich ist und wie man dorthin gelangen kann. Und vor allem habe ich euch die so wertvolle und harte Lehre zu verdanken, was es bedeutet, als Mensch die Verantwortung zu übernehmen, sich mit allem, was man ist, für etwas Größeres einzusetzen.

Ein weiterer Dank dem Verlagsteam, bestehend aus Tony Ong (Design), Isabella Hardie (Redaktion), Melat Ermyas (Volontariat) und Jen Worick (Verlagsleitung), die den Entstehungsprozess dieses Buches zu einer wahren Freude haben werden lassen; sodann Jill Saginario, der wunderbaren Lektorin dieses Buchprojekts, deren unbeirrbare Weitsicht mir Kompass und Ansporn zugleich auf dem Weg zu dem von uns angesteuerten Ziel war.

Ben Grenrock, dein Engagement, dein Formulierungstalent, das du in dieses Buch hast einfließen lassen, und deine Gabe zur Strukturierung der in ihm vorgetragenen Ideen sind einfach unbezahlbar. Zander Blunt, danke, dass du mich dazu gedrängt hast, die hier vorgestellten Konzepte zu formulieren und auf diese Weise zu vermitteln. Juan Jorge García Mendez, danke für die schöne, ruhige Umgebung, mit der du mir die Möglichkeit gegeben hast, mich tief in meine Arbeit der letzten zehn Jahre zu versenken und dieses Buch zu schreiben. Und ein herzliches Dankeschön an Eric Raymen, meinen Beistand in Sachen Medienrecht und erfahrenen Führer durch die Verlagswelt.

Sonya Renee Taylor, danke für deine schönen Zeilen im Vorwort und dafür, dass du mich in den letzten sechs Jahren an deiner Lebensgeschichte hast Anteil nehmen lassen. Ich habe nicht nur Achtung vor deinem Weg, sondern noch mehr vor der Liebe und dem Glauben, mit dem du ihn gehst. Wir sind Seelengeschwister, und es ist mir jedes Mal eine Ehre, wenn wir die Logbücher unseres Lebens miteinander teilen.

Meine Eltern und Geschwister: Danke dafür, dass es euch gibt. Tria, Ichak, Nurit, Shoham, Atalia, Nimrod, Cnaan und Sapphire: Ihr seid die Familiengemeinschaft, die mich zu dem Menschen gemacht hat, der ich heute bin, und es ist dieser uns allen gemeinsame Raum der Vertrautheit, aus dem ich stamme. Der Familie meiner Frau in Mexiko danke ich für die Warmherzigkeit und Großzügigkeit, mit der sie mich in ihren Kreis aufgenommen hat. Ich werde immer dankbar für die Ehre sein, zu ihm zählen zu dürfen.

Schließlich geht mein ganz besonderer Dank an Icari, meine Lebensgefährtin: Du bist das Beste, was mir je passiert ist. Alles Schöne erblüht aus der Kraft deiner Liebe. Danke dafür, dass du mich die essenzielle Erfahrung von Nähe gelehrt hast und dich unablässig mit mir in der Kunst des Liebens übst. Meinen beiden Kindern, Cosmos und Lylah Oceana, wünsche ich, dass dieses Buch euch eines Tages dabei helfen wird, euren eigenen Weg der Nähe, Liebe und Verbundenheit zu gehen.

ZUSÄTZLICHE FRAGEN

Frage 1: Welche sind für dich unsere drei schönsten gemeinsamen Erlebnisse, und was macht sie dazu?

- Wann wusstest du zum ersten Mal, dass ich dich liebe?
- Wann wusstest du zum ersten Mal, dass du mich liebst?
- Was ist das Verrückteste, das ich je für unsere Liebe getan habe?
- Was hättest du ohne mich nie getan?
- Wenn ich aus irgendeinem Grund mein Gedächtnis verlieren sollte, was wäre das Erste, das du mir über uns erzählen würdest?

Frage 2: Was war dein erster Eindruck von mir, und wie hat er sich im Laufe der Zeit verändert?

- Wie würdest du unsere erste Begegnung aus meiner Sicht beschreiben?
- Welchen Rat würdest du dir aus heutiger Sicht selbst im Hinblick auf eine Beziehung mit mir geben?
- Was ist mir deiner Meinung nach von unserem ersten Treffen am besten in Erinnerung geblieben und warum?
- Welche meiner Lebenserfahrungen hat deiner Ansicht nach am meisten dazu beigetragen, dass ich für diese Beziehung bereit bin, und warum?

Frage 3: Wann fühlst du dich mir am nächsten und aus welchem Grund?

- Was ist es, das uns deiner Meinung nach verbindet?
- Was ist deiner Ansicht nach das Besondere an unserer Beziehung?
- Was ist es, das uns zu einem Wir macht?
- Welche meiner Unvollkommenheiten magst du besonders und warum?
- Welche Eigenschaft, die mir selbst nicht bewusst ist, liebst du an mir?
- Welche meiner Eigenschaften macht mich für dich noch liebenswerter?

Frage 4: Gibt es etwas, das mich zu fragen du zögerst, und warum ist das so?

- Was traue ich mich deiner Meinung nach nicht dich zu fragen, und warum?
- Was traue ich mich deiner Meinung nach nicht dir zu sagen, und warum?
- Was traust du dich nicht mir zu sagen, und warum?
- Was ist deine größte Sorge, über die du noch nicht mit mir gesprochen hast?
- Worüber vermeiden wir es deiner Meinung nach zu sprechen und aus welchem Grund?

Frage 5: Was ist im Moment die größte Herausforderung in unserer Beziehung, und was können wir deiner Ansicht nach daraus lernen?

- Wo gibt es deiner Meinung nach in unserer Beziehung noch Entwicklungspotenzial?

- Was kann ich aus deiner Sicht tun, um unsere Beziehung zu verbessern, und warum?
- Was fehlt derzeit in unserer Beziehung und was können wir tun, um das zu ändern?
- Welche war in letzter Zeit die größte Herausforderung für uns als Paar und was haben wir bei ihrer Bewältigung übereinander gelernt?

Frage 6: Welches Opfer hast du gebracht, ohne dass ich es anerkenne, und warum ist das deiner Meinung nach so?

- Wann habe ich dich am meisten enttäuscht und wie denkst du jetzt darüber?
- Was ist dir in unserer Beziehung am schwersten gefallen, ohne dass ich es wahrgenommen oder verstanden habe?
- In welcher Hinsicht hast du das Gefühl, dass ich dich noch immer nicht verstehe, und woran liegt das deiner Meinung nach?
- Was brauchst du von mir und kann ich es dir geben?

Frage 7: Welchen Schmerz würdest du gerne in mir heilen können und aus welchem Grund?

- Wann machst du dir am meisten Sorgen um mich und warum?
- Welchen Fehler mache ich deiner Meinung nach immer wieder und aus welchem Grund?
- Was könnte die Wunden in mir heilen, die ich während und vor der Zeit unserer Beziehung erlitten habe?
- Von welcher Erfahrung wünschst du dir, dass ich sie nie gemacht hätte, und was habe ich deiner Meinung nach daraus gelernt?

Frage 8: Von welcher gemeinsamen Erfahrung wünschst du dir, dass wir sie nie gemacht hätten, und warum?

- Welche Erfahrung hat uns deiner Meinung nach am meisten geprägt und aus welchem Grund?
- Welchem Thema gehen wir deiner Meinung nach am meisten aus dem Weg, und wie können wir das ändern?
- Wann hast du das letzte Mal daran gedacht, die Beziehung zu beenden, und was hat dich davon abgehalten?
- Welcher war unser schlimmster Streit und was hast du dabei über deine Liebe zu mir gelernt?

Frage 9: Was glaubst du, von mir lernen zu können?

- Inwiefern hast du dich durch mich verändert?
- Wann bist du am meisten von mir angetan, ohne dass ich es weiß?
- Was denkst du, warum ich in deinem Leben bin?
- Was hast du im vergangenen Jahr über mich erfahren, das mich in deinen Augen noch liebenswerter macht?
- Welche besondere Kraft besitze ich, die mir nicht bewusst ist?
- Wann hast du mich am verletzlichsten erlebt und was hat dich das über deine Liebe zu mir gelehrt?

Frage 10: Was würdest du gerne unbedingt mit mir gemeinsam erleben und warum?

- Was erwartest du dir von unserer Beziehung innerhalb der kommenden fünf Jahre?
- Was würdest du mir wünschen und aus welchem Grund?
- Wenn du uns drei Wünsche erfüllen könntest, welche wären das und warum diese?

Frage 11: Wenn dies unser letztes Gespräch wäre, was sollte ich deiner Ansicht nach niemals vergessen?

- Was sollte ich mir deiner Meinung nach anhören und aus welchem Grund?
- Was, glaubst du, will mich das Leben jetzt lehren und weshalb?
- Aus welchem Grund hat das Leben uns deiner Meinung nach zusammengeführt?

Frage 12: Warum liebst du mich?

- Wie fühlt sich meine Liebe zu dir an?
- Wie zeige ich dir meine Liebe?
- Was ist für dich das Schönste an meiner Liebe zu dir?
- Was ist für dich das Schönste an meiner Liebe zu dir, das mir vielleicht nicht bewusst ist?

Birgit Fehst

Harte Wahrheiten aus dem Leben einer Paartherapeutin

Für alle, die in einer Beziehung sind, mal in einer waren oder es endlich gerne wären

Wie du endlich die Liebe findest, die du verdienst

Warum sind Dating und Beziehungen oft so kompliziert? Die bekannte Paartherapeutin Birgit Fehst erklärt, was hinter Paarproblemen steckt und wie du sie löst. Auf Basis der Bindungstheorie und vielen Fallbeispielen aus ihrer Praxis zeigt die Autorin, wie du beim Dating achtsam mit dir selbst umgehst, dich aus toxischen Beziehungen befreist und gut durch eine Trennung kommst.

Erfahre mithilfe eines ausführlichen Selbsttests, welcher der vier Bindungsstile deiner ist und wie sich das auf dein Liebesleben auswirkt. Egal, ob du Dauersingle bist oder in einer Langzeitbeziehung lebst: Birgit Fehst hilft dir dabei, die Liebe zu finden und eine erfüllende Beziehung zu führen.

KNAUR BALANCE